Adolf Friedrich von Schack

**Mosaik**

Vermischte Schritfen

Adolf Friedrich von Schack

**Mosaik**
*Vermischte Schritfen*

ISBN/EAN: 9783743696884

Hergestellt in Europa, USA, Kanada, Australien, Japan

Cover: Foto ©ninafisch / pixelio.de

Weitere Bücher finden Sie auf **www.hansebooks.com**

# Mosaik.

## Vermischte Schriften

von

## Adolf Friedrich Graf von Schack.

Stuttgart 1891.

Verlag der J. G. Cotta'schen Buchhandlung

Nachfolger.

Druck der Union Deutsche Verlagsgesellschaft in Stuttgart.

# Inhalt.

# Die Totenbestattung.

Schad, Mozart.

Wenn wir dem Ursprung des Lebens auf der Erde nachforschen, müssen wir uns an eine Zeitrechnung gewöhnen, in welcher Jahrtausende nur als Sekunden zählen. Kein sterblicher Blick vermag den grenzenlosen Nebel zu durchdringen, der sich um uns breitet. Aeonenlang hat unter ihm eine wüste, gestaltlose Masse, aus welcher sich nach und nach unser Planet zu seiner jetzigen Form gebildet, in wallendem, halbflüssigem Zustande gelegen. Denken wir uns nun, wir seien Wesen von unendlicher Lebensdauer und mit unermeßlicher Sehkraft, so würden wir nach unberechenbar langen Zeiträumen den Nebel sich nach und nach lichten und den Himmelskörper, der sich allmählich zu unsrer Erde gestalten soll, in dämmernden Umrissen durch die wallenden Dünste aufragen sehen. Schweigen des Todes breitet sich unter uns, ein matter, einförmiger Schein ist über unermeßliche Flächen ausgegossen; in endlos langer Folge reihen sich, jede in äonenlanger Dauer, jene vorhistorischen Perioden aneinander, welche die Wissenschaft mit den Namen der silurischen, triassischen u. s. w. bezeichnet.

Hier wogen und fluten unermeßliche Wassermassen; In=
seln, Vorgebirge und Kontinente tauchen bald aus diesen
empor, bald werden sie wieder von den Wellen ver=
schlungen. Nach und nach gewinnen die Formen be=
stimmtere Gestalt; die Kontinente ringen sich aus der
Tiefe los, die Ozeane fügen sich in festere Grenzen, und
soviel unser Blick durch die Risse der dichten Dunsthülle
zu erspähen vermag, sieht er Ströme ihre ungeheuren
Wassermassen hier zwischen hochragenden Felsengebirgen,
dort zwischen grünen Savannen dem Ozean zuwälzen.
Wir glauben, aber nur in schwanken, ineinander zer=
rinnenden Umrissen, vielfache Formen des Lebens zu ge=
wahren, unbestimmte Massen vorüberschwanken, dann
wieder in der Dunsthülle verschwinden zu sehen. Sind
es nur Schatten von Nebelgebilden, welche das ein=
brechende Licht nach unten wirft? Sind es nie gesehene
Riesentiere, die Beherrscher dieser wunderbaren Welt?
Rauchsäulen flammender Vulkane mengen sich mit dem
Dunst, um alles wieder in Nacht zu hüllen. Wenn der
Nebel sich lichtet, glauben wir, noch zweifelnd, ob der
Blick uns nicht getäuscht, Wesen zu erkennen, deren Ge=
stalt der unsrigen gleicht. Im steten Kampfe mit den
Tierkolossen und mit der sie umgebenden gigantischen
Natur, die sie bei jedem Schritte zu zermalmen droht,
ringen sie Stunde für Stunde ihr Dasein mühsam dem
Untergange ab. Hier begräbt sie der Gipfel eines himmel=
hohen Berges unter seine zusammenstürzenden Massen,
dort reißt die zum Weltorkan aufgepeitschte Meerflut,

ganze Erdstriche in ihre Tiefen verschlingend, sie in den
Untergang. Jahrhunderttausende hat dieses Schauspiel
gewährt, dann kommt ein Wandel in die Scene. Be-
graben in den Flözschichten der Berge, in den Abgrün-
den der Ozeane liegen viele Lebewesen der früheren Welt.
Die Rinde des Planeten ist erstarrt, eine weite Decke von
Eis und Schnee hat sich über ihn von Pol zu Pol hin-
gebreitet. Zerronnen ist die Dunsthülle. In ewig hellem
Lichtglanz strahlen von der blauen Himmelsdecke Sterne
herab, die vielleicht schon lange erloschen waren, als ihr
Schein nach jahrhunderttausendlangem Fluge die kleine
Erde erreichte. Auf diesen unermeßlichen Schneeflächen,
welche die ganze Erde überziehen, erkennen wir deutlich
die Vorfahren unsres Geschlechts. In Felle gehüllt, auf
von Renntieren gezogenen Schlitten ziehen sie rastlos von
Pol zu Pol, um durch die Flechten und Moose der aus
den Gletschermassen aufragenden Felsen oder durch Pfeile,
die sie dem fliehenden Wanderhirsch und Elentier nach-
senden, die spärliche Nahrung jedes Tages zu erringen.
Scharen von gierigen Wölfen folgen den Fliehenden und
die Blutspuren im Schnee, die Knochen, welche rings den
Boden bestreuen, zeigen, wie viele ihrem Blutdurst erlegen. — Wieder kommt ein Wandel in das Bild. Nach
Perioden, für deren Dauer es unserm Zeitsinn am Maßstabe fehlt, sind die Eismassen wieder zerronnen. Tropische
Sonnenglut hat die Erde mit überreichem Pflanzenwuchs
umkleidet. Nur himmelhohe Berggipfel strahlen im Glanze
ewigen Eises. Allhin über die Erde haben sich die Ge-

schlechter der Menschen verbreitet, aber im Kampfe mit einer übermächtigen Natur und mit Riesentieren, welche die eigentlichen Herrscher der Erde sind, vermögen sie sich nur mühsam zu erhalten. Kolossale Dinotherien drohen sie unter ihren Hufen zu zerstampfen; von den Gipfeln der Felsen lecken die Guanas, die gigantischen Eidechsen der Urwelt mit den gierigen Zungen nach ihnen; tief in den Bergesschluchten, in Höhlen, unter den Betten der Ströme suchen sie Zuflucht vor den Ungeheuern. Dort findet man noch die Skelette dieser Urweltsöhne um einen Steintisch hingelagert, wo eine grause Mahlzeit gehalten worden; dort erblickt man auch die ältesten Begräbnis= stätten von Menschen, die bisher auf der Erde vorhan= den gewesen. Wenn in der Eisperiode noch die Leichen im Schnee oder im Schlunde gieriger Untiere ihr Grab gefunden, so beginnt nun das Streben der Menschen den Resten ihrer Angehörigen sichere Ruhestätten zu bieten.

Beim ersten dämmernden Anbruch der Geschichte findet sich dies Streben übermächtig bei den Aegyptern, welche ihr Land in eine große Leichenhalle verwan= delten. Mehr als vier Jahrtausende hindurch von dem König Menes bis zum letzten der Ptolemäer hat dieses Volk das Stromthal zu beiden Seiten seines heiligen Nils mit den schweigenden Geschlechtern seiner Toten erfüllt, so daß alle Lebenden, welche jetzt dies Land bewohnen, nur ein winziger Bruchteil der unzählbaren Scharen sind, welche in seinen unterirdischen Katakomben, in den Grüften seiner Pyramiden, den weiten Höhlungen

seiner Felsen begraben ruhen. Der Anblick jener un=
geheuren Schar von Abgeschiedenen würde Schauder er=
wecken, wenn man diese in endlosen Windungen sich
von den Mündungen des Nils bis in das Innerste
Afrikas hinaufziehenden Grabstätten aufgedeckt sehen
könnte; denn während die Leichen der andern Völker in
ihre Atome zerbröckelt sind, äffen diese noch den Schein
des Lebens. Obgleich die Augen in ihren Höhlen er=
loschen, die Glieder erstarrt sind, scheint dies Volk der
Toten sich doch mit seinem Schicksal nicht zufrieden geben
und auf ruchlose Weise dem allgemeinen Gesetze Trotz
bieten zu wollen. Auch der Geringste der Aegypter konnte
sich nicht mit dem Gedanken versöhnen, sein Leib werde
in Staub zerfallen. Wenn die Pharaonen sich in eigene
Riesenpyramiden betteten und die Vornehmeren in aus=
gezeichneten in die Felsen oder in den Erdboden ge=
sprengten Hallen beigesetzt wurden, suchten selbst die
Aermsten während ihres Lebens so viel zu ersparen, um
einst ihre erstarrten Glieder mit balsamischen Flüssigkeiten
durchdringen zu lassen und vor der Verwesung zu schützen.
Neben Leichen der Mütter findet man noch solche von
Säuglingen, die sie an ihre Brust drücken. Aber nicht
allein die Menschen, auch die Tiere, die besondere Ver=
ehrung genossen, die Stiere, Ibisse, Katzen, Ratten u. a.,
wurden auf gleiche Weise vor dem Zerfallen ihrer Ge=
stalt bewahrt. Es lag dieser Sorge für die Erhaltung
der Körper der Abgeschiedenen der Gedanke zu Grunde,
daß deren Seelen, welche von der Metempsychose von

Körper zu Körper getrieben werden, nach unendlichen
Wanderungen von Generation zu Generation in ihre
frühere Hülle zurückkehrten, welche daher vor dem Verfall
geschützt wurde, um die früheren Bewohner, nachdem sie
ihren Kreislauf vollbracht, wieder aufzunehmen. Daher
war die Pflicht, für die Leichen zu sorgen, eine der
heiligsten, und die Zahl der Diener, welche mit der kunst=
vollen Bemalung der Särge betraut waren, die Ein=
balsamirung und Bestattung der Abgeschiedenen be=
sorgten, sowie darüber zu wachen hatten, daß die in den
Grabstätten Gebetteten nicht in ihrem jahrtausendlangen
Schlummer gestört würden, belief sich ins Ungeheure.
Seit dem ersten grauenden Morgen der Geschichte — länger
als irgend eine der andern Religionen — hatte dieser
bizarre Fasching, wo der Tod die Maske des Lebens
annahm, gewährt. Aber seine Fortdauer war davon
bedingt, daß seine Heimat, das Nilthal, in strenger Ab=
geschiedenheit von allen andern Völkern beharrte. Wenn
fremde Nationen in das Nilthal eindrangen und den
tollen Mummenschanz gewahrten, der mit den Leichen
von Tieren wie Menschen getrieben wurde und in dem
einer Ratte, einem Ichneumon gleiche Verehrung gezollt
wurde wie einem König der Ramessiden, mußte sein Ab=
sterben beginnen, denn er verfiel dem Fluche der Lächer=
lichkeit. Als Cambyses mit seinen wilden Perserscharen
die Riesentempel des hundertthorigen Theben zu Boden
wälzte, drang er auch in die Grabhallen der Mumien,
welche sich in endlose Fernen in das libysche Gebirge

hineinziehen, und riß die Deckel von den bemalten Särgen, in denen, die Hände auf der Brust gekreuzt, mit geschminkten Wangen und geschwärzten Augenbrauen, die Sprossen der alten Königsdynastien dem Tage ihrer Wiedererstehung entgegenharrten. Damit war der magische Ring gebrochen, an den die Fortdauer des alten Pharaonenreiches gebunden war. Wohl schleppte sich der frühere Kultus noch durch Jahrhunderte fort, festliche Chöre von Priestern und Priesterinnen glitten nach wie vor unter Feiergesängen auf buntbewimpelten Nachen unter den Palmen des geweihten Stromes dahin, noch führten einzelne Ortschaften erbitterte Kriege miteinander, weil die Bewohner der einen Katzen, der andern Krokodile als ihre Gottheiten verehrten. Allein seitdem nach dem Vorgange des Herodot mehr und mehr Fremde in das Land kamen und seine Heiligtümer mit profanen Augen betrachteten, mußte es scheinen, als ob dessen Bewohner eine abgeschmackte Farce aufführten. Aber, obgleich man ein mitleidiges Lächeln kaum unterdrücken kann, wenn man an die Wahnvorstellungen denkt, aus welchen die ägyptischen Monumente, ihre Tempel und Grabdenkmale hervorgegangen, so haben sie doch durch das Imposante und Geheimnisvolle, das an ihre Erscheinung geknüpft ist, der Folgezeit lebhaftes Interesse eingeflößt. Schon die Römer führten die Obelisken trotz der ungeheuren Wucht auf eigens dazu gebauten Schiffen in ihre Hauptstadt, um deren Plätze damit zu schmücken. Und nachdem dieselben im Mittelalter unter dem Schutt

der gestürzten Tempel begraben worden, blicken sie nun
wieder von den Hauptplätzen der ewigen Stadt auf die
Beschauer nieder. Ihre geheimnisvolle Hieroglyphen=
schrift, die fast zwei Jahrtausende hindurch auf die vor=
überschreitenden Generationen hinabgeschaut, ohne ihren
Sinn dem Verständnis zu erschließen, hat durch unsre
Gelehrten wieder ihre Bedeutung gewonnen. Mehrere
solcher Riesensäulen ragen auch in andern Haupt=
städten Europas empor, und in einem heißen Sommer
sah man Eidechsen, wie sie nur im Pharaonenlande
heimisch sind, die mit dem Obelisken von Luxor, in
dessen Rissen sie sich verkrochen, nach Paris herüberge=
kommen, auf dem Konkordienplatz sich in der Julisonne
wärmen. Wie aber in den Hauptmuseen Europas, be=
sonders zu Turin, Berlin, London und Paris so viele
Denkmale des Nillandes aufgehäuft sind, daß man, wenn
man sie durchschreitet, glauben kann, in Memphis oder
Abydos zu wandeln, so schlummern dort auch in ihren
Byssusgewanden zahlreiche Bürger des ältesten Reiches
der Welt, der Stunde harrend, wo der lebenspendende
Hauch wieder ihre starren Glieder erwecken soll, damit sie
einen neuen Kreislauf durch die Welt der Körper beginnen.

Von wie anderem und höherem Geiste fühlen wir
uns angeweht, wenn wir uns aus den ägyptischen Grab=
höhlen und Tempeln zu der Religion der Iranier wen=
den, welche man, da die christliche nur in ihrem ersten
Anfang, aber unmöglich in ihrer früh eingetretenen Ent=
stellung so genannt werden kann, wohl als die reinste

und edelste der Welt bezeichnen darf. Am frühen Hinter-
grunde der Zeiten erschien Zoroaster, von den Höhen des
ewig schneegekrönten Paropamisus das Lichtgesetz in das
Sonnenland Iran herabzutragen. Er lehrte nicht eitle
Formen und Bräuche, nur reinen Lebenswandel, Milde
und Liebe gegen alle Wesen, die sich nicht in Dienst des
ruchlosen Ahriman begeben haben. Als Boten sandte er
seine Schüler aus, daß sie das Land durchwandelten,
die Ströme und die Pflanzen segneten und das Wasser
der Bergesquellen auf die Neugeborenen sprengten, damit
sie rein würden gleich ihnen. Auf den Höhen aber zün-
deten sie an jedem Morgen Opferflammen, die den guten
Geist, den in Glanzesfülle thronenden Ormuzd, feierten.
Noch höher jedoch auf den Bergesgipfeln waren die
Stätten, an welchen die Verstorbenen nicht begraben,
sondern unter dem freien Himmel ausgesetzt wurden, damit die Seele den verwandten Gestirnen zueilen könne.
Welch ein Abfall von dieser uralten heiligen Religion,
die jahrtausendelang in einem weiten Ländergebiet ge-
herrscht hatte, zu dem rohen Mohammedanismus, der
ihren Bekennern bis auf wenige noch heute in verschiedenen kleinen Kolonien wohnende Feueranbeter nach dem
Sturze der letzten Sassaniden mit Feuer und Schwert
die Glaubenssatzungen des Korans aufzwang.

Schwerlich in viel günstigerem Lichte als die letztere
erscheint die Religion der Hebräer mit ihrem starren
Formelwesen und ihren engherzigen Satzungen, die eine
Scheidewand zwischen diesem kleinen Menschenhaufen und

allen übrigen Erdbewohnern ziehen. Es ist zu verwun=
dern, daß aus der Mitte dieses Völkchens, welches unter
einem so beschränkten Horizonte lebte, doch herrliche Geistes=
erzeugnisse entstehen konnten, welche die Bewunderung
aller Zeiten bilden werden. Aber auch in diesen, so
hochherrlich sie sind, macht sich doch ein beschränkter Geistes=
horizont bemerkbar, der alles nur auf den kleinen Erd=
strich am Mittelmeer und auf die engen Schranken eines
Menschenlebens bezieht. Denn was hierüber hinaus
liegt, ist nur der Fluch oder Segen des bösen oder guten
Thuns, der auf die Kinder oder Kindeskinder übergeht.
Der düstere Scheol, in den die Abgeschiedenen hinunter=
steigen, erscheint aber in einem kläglichen Licht gegen die
hohe Ahnung der Unsterblichkeit, die selbst viele Weise
der alten Griechen und Römer ausgesprochen haben.

Freilich wurden auch unter ihnen Stimmen laut,
welche von dem Düstersten, was die moderne pessimistische
Weltanschauung ausgesprochen, nicht überboten werden.
Schon der alte Homer sagt, daß die Geschlechter der
Menschen den Blättern des Waldes glichen, die im Herbst
zur Erde rauschen und vom Winde verweht werden.
Eine berühmte Stelle des Sophokles, welche übrigens
wohl nicht die Lebensanschauung des Dichters', sondern
nur die ihn in jenem Moment der fraglichen Handlung
erfüllende Empfindung des Chors ausdrückt, preist es als
das beste Schicksal, nicht geboren worden zu sein, oder
doch früh in den Tagen der Kindheit zu sterben. Eine
von den in der Anthologie enthaltenen Grabschriften,

welche zu den schönsten Gedichten dieser unschätzbaren Sammlung gehört, lautet so:

„Ewige Zeiten entflohn, o Sterblicher, eh' du zum Taglicht
    Aufstiegst; ewige Zeit weilst du in Aides Reich.
Was denn bliebe dem Leben zurück? Ein unendlich Geringes,
    Kaum ein Pünktchen vielleicht, oder was kleiner noch ist.
Kurz und kärglich zusammengedrängt und das wenige selbst ist
    Leer an Genuß und schier bittrer als feindlicher Tod.
Darum fliehe des Lebens Orkan und laufe wie Pheidon,
    Knitos rüstiger Sohn, ein in den Hafen der Ruh!"

Wir lesen von dem Philosophen Hegesias, er habe seinen Zuhörern die zahllosen Leiden des menschlichen Daseins auf so erschütternde Weise vor die Seele zu führen verstanden, daß viele derselben sich infolge davon freiwillig den Tod gaben.

Schon eine freundlichere Anschauung gibt sich in der Geschichte kund, wie die vornehmsten Bürger Athens ihre Lieblingskinder zu einer Opferfahrt nach Delphi sendeten und die Knaben sämtlich angesichts der Küste mit dem Schiffe untergingen, so daß sie von den tosenden Wellen verschlungen wurden, worauf ein Götterspruch den betrübten Eltern den Trost spendete, es sei das größte Glück, in der Blüte der Jahre zu sterben. Aehnlichen Sinn hat die Erzählung von Kleobis und Biton, welche sich an einem Festtage vor den Wagen ihrer Mutter, einer Priesterin der Juno, spannten und sie zum Tempel zogen. Da flehte diese zu der Göttin, den Söhnen für ihre Frömmigkeit den größten Lohn zu gewähren, der den Menschen zu teil werden könnte. Juno aber ließ die beiden frommen Söhne in jener selben Stunde eines sanften Todes sterben. Vielfach und schon früh wurden Stimmen solcher laut, welche dem Tod als dem Ende alles Daseins fest ins Auge sahen. So läßt Xenophon den sterbenden Cyrus sprechen: „Als Knabe und Jüngling, als Mann und Greis habe ich alles Gute erlebt und genossen, was man nur in einer dieser Perioden des menschlichen Daseins erleben und genießen kann. Meine Kräfte und mein Glück nahmen mit den Jahren dergestalt zu, daß ich kaum den Uebergang von der Jugend zum Alter erlebt habe. So weit meine Erinnerung reicht, habe ich nichts gewünscht, auch nie etwas unternommen, was nicht ein günstiger Ausgang gekrönt hätte. Mein zuvor unbekanntes Vaterland habe ich durch ganz Asien berühmt gemacht. Mein ganzes bisheriges Leben war so glücklich, daß ich noch immer etwas zu erleiden fürchtete, was die ununterbrochene Fortdauer meiner Heiterkeit bis ans Ende meiner Tage unmöglich machen könnte. Aber jetzt bei meinem herannahenden Tode verlasse ich euch, meine Kinder, ebenso wie die Götter euch mir geschenkt haben und ebenso mein Vaterland, sowie meine geliebten Freunde in einem beneidenswerten Zustande der Glückseligkeit. — Ich habe mehrere Gründe, zu hoffen, daß meine Seele nach dem Tode des jetzt zusammenbrechenden Körpers nicht untergehen, auch die ihr eigenen Vorzüge nicht verlieren werde. Allein, sollte sie auch mit dem Leibe sterben, so vermag auch dies Schicksal mich nicht niederzuschlagen. Was könnte einem Menschenfreunde

süßer sein, als die Vorstellung, wieder mit der Erde ver=
einigt zu sein, die alles Gute und Schöne erzeugt, er=
nährt und ihn selbst so lange getragen und erhalten hat?"

In Platons Phädon sagt Sokrates: „Ich würde mit
Recht wider die mir bevorstehende Todesart aufgebracht
sein, wenn ich nicht so fest von der Unsterblichkeit der
Seele überzeugt wäre. Jetzt aber gehe ich freudig und
mit der großen Hoffnung, in einen bessern Zustand versetzt
zu werden, dem Tode entgegen, weil ich weiß, daß er
mich in die Gesellschaft eben so guter Götter und besserer
Menschen, als ich hier verlasse, führen wird."

In demselben herrlichen Dialog Phädon, welcher
ganz der Unsterblichkeitslehre gewidmet ist, sagt Platon:
„Wenn die Wahrheit in der Erkenntnis unveränderlicher,
ewiger und unumstößlicher Begriffe und Sätze, Glück=
seligkeit in einer Annäherung zur Gottheit oder in einer
Gleichheit mit ihr besteht, so erreichen wir beide, nach
denen wir uns im Leben doch so sehr sehnen, entweder
gar nicht oder wir gelangen zu ihrem Besitze erst in
einer bessern Welt, in die der Tod uns hinüberführt.
Auf dieser Erde wird unser unsterblicher Geist durch die
heftigen Eindrücke von Schmerz und Vergnügen, die die
äußeren Sinne erschüttern, und durch die unbändigen
Leidenschaften, die die irdischen Scheingüter erregen, in
einem beständigen Taumel erhalten und von der Auf=
suchung der ewigen und unveränderlichen Wahrheit zu=
rückgezogen. Alle unsre Sinne sind ebenso trüglich, als
die Gegenstände außer ihnen unwahrnehmbar sind. Jene

dringen nicht in das innere zusammengesetztere Wesen,
deren Oberfläche sie nicht einmal auf eine gleichförmige
Art wahrnehmen, und diese sind in unaufhörlichen Ver=
wandlungen, nichts als fließender Staub, ohne feste un=
verlierbare Eigenschaften. Alle Kenntnisse also, die unsre
Sinne uns liefern, sind nichts als Tand, als betrügerische
Täuschungen, die eine nach Wahrheit dürstende Seele
unmöglich befriedigen können."

Eine freundliche Aussicht auf den Tod, als das zu
ersehnende Ende aller Trübsal, eröffnen manche Gedichte
der Anthologie.

„Saon, Dikons Sohn, der Akanthier, schlummert im Grab hier.
Heiligen Schlaf, nicht Tod, nenne der Seligen Ruh."

Auf den Tod eines Jünglings:

„Neidisch entführte der Tod in erblühendem Alter den
Jüngling.
Eh' ihm wolliger Flaum rötend die Wangen umzog,
Manches begonnene Werk vielkundiger Hände verlassend.
Ach, welch herrliche Saat mähtest du, neidischer Gott!
Leicht umfaß, o Erde, mit liebendem Arm Aßylinos
Holde Gestalt und umher kränze mit Blumen das Grab,
Blumen, am Indos erblüht, und Arabiens süßen Geschenken.
Daß wohlriechender Duft steige am Hügel empor,
Allen verkündend, es schlummere hier der Unsterblichen
Liebling
Opfer und Weihrauchs wert, aber dem Jammer entrückt."

Epikur sagt: „Der Tod, den man mit solcher Ueber=
treibung das Schrecklichste unter allen Schrecken genannt
hat, kann uns Lebende gar nicht treffen; wenn er ist,
so sind wir nicht mehr; und solange wir noch leben,

ist er nicht da. Er kann also weder Lebenden noch
Toten Uebel zufügen, weil er nicht existiert, solange jene
noch sind, und diese noch nicht da sind, wenn er sich
einstellt. Er ist daher niemals ein gegenwärtiges, wahres
Uebel und nichts ist daher unvernünftiger und wider=
sinniger, als Furcht vor einer künftigen Veränderung,
die uns selbst alsdann, wenn sie da ist, kein Leid zufügt."

Als Diogenes von Sinope seinen Tod herannahen
fühlte und von seinem Arzte befragt wurde, wie er sich
befinde, erwiderte er, daß ein Bruder, der Schlaf, den
andern, den Tod, zu umfangen beginne.

"Möge der Tod, sagt Seneca, das Ende alles Lebens
oder der Anfang eines bessern sein, so ist es immer un=
erträglicher Stolz, wenn man sich einem allgemeinen Ge=
setze der Natur entziehen will, die alles, was sie geschaffen,
auch wieder zerstört, und eben dahin zurücknimmt, von
wo sie es hervorgezogen hatte. — — —

Wenn dir jemand eine Reise in eine große herrliche
Stadt anböte, aber zuvor alle ihre Schönheiten und Ver=
gnügungen sowohl, als ihre Mängel und Unbequemlich=
keiten hervorhöbe, so würdest du kein Recht mehr be=
halten, dich über widrige Zufälle, die dir begegnen
könnten, zu beklagen. — Ebensowenig dürfen wir den
Tod zum Anlaß von Vorwürfen wider die Natur machen,
da sie nur unter dieser Bedingung sich bereit gefunden
hat, uns alle Freuden des Lebens empfinden zu lassen,
damit wir andern den Genuß derselben wieder abtreten
sollen."

Die Lehre der Unsterblichkeit, die in den angeführten Stellen der Alten nur vereinzelt zu Tage kommt und oft von dem Gedanken an einen ewigen Untergang des Geistes nach dem der Materie erstickt wird, bildet den Mittelpunkt der eleusinischen Geheimnisse. Proserpina, dem Licht und der Oberwelt geraubt, wurde die Königin des Schattenreiches und die Hüterin jener Mysterien. Auf antiken Vasen erblickt man sie, wie sie einen eben aus der Oberwelt in das dunkle Reich herabgestiegenen Jüngling empfängt, welchen ihr ein geflügelter Genius zuführt. Diese und ähnliche Darstellungen sind so reizend, daß sie uns mit Sehnsucht nach solchem von allen Erden= leiden befreiendem jenseitigem Dasein erfüllen könnten. Wie viel lockender sind solche Vorstellungen als jene über= schwenglichen unverstandenen Entzückungen, die uns nach Schiller in dem jenseitigen Dasein erwarten sollen!

Zu dem Herrlichsten, was uns aus dem großen Altertum aufbewahrt ist, gehören die Chöre der in die Mysterien Eingeweihten aus den Fröschen des Aristophanes, der sich hier, wie in andern Partien seiner Lustspiele als ein selbst dem Aeschylus, Dante und Shakespeare nicht weichender Dichter offenbart. Als in dieser herrlichen Komödie Dionysos und Xantius nach der Ueberschiffung des Styx am jenseitigen Gestade landen, erblicken sie duftende Fackeln, deren Schimmer einen Myrtenwald er= hellt; sie hören den Klang von Flöten und Gesang. Es ist die Hymne der Eingeweihten von Eleusis, welche die Mysterien feiern.

„Jacchos, der du weilst auf dem vielherrlichen Wohnsitz,
        Jacchos!
   Jacchos, Jacchos!
Komm herbei zu dem Chortanz auf der Blumau in den
        Schwarm deiner Geweihten,
Und im Schwung schüttle den vollbeerigen Kranz, der von
        Myrten duftend
Dir ums Haupt schwillt; mit dem Fuß keck aufstampfend
Zu dem regellos neckisch sich entwirrenden Festreihn,
Der in holdseliger Anmut und Unschuld sich bewegt
     Mit entsündigten Geweihten.

Auf! Auf denn! In der Hand schwingend die Glutfackeln
        daher wandelnd kommt er:
    Jacchos, o Jacchos!
Nächt'ger Feier ein lichtsprühender Stern; sieh, wie die
        Au flimmert von Funken,
Und dem Greis auch sich das Knie schwingt und er schleu=
        dert weg die Sorgen
    Und die Last alternder Jahre
    In der heiligen Festlust. Nun, so führe, o Sel'ger,
Mit der Fackel voranleuchtend, zu dem Sumpfblumengefild
Hin die reih'nschlingende Jugend!

    Und wandelt all' ihr furchtlos
    Zu den blumigen Gründen der Wiesen
    Aufstampfenden Fußes hinab
    Und verspottet, was kommt,
    Mit Scherzen und höhnischem Necken.

    So laßt uns auf die Rosenau'n,
    Die Blumenwiesen wallen,
    Und scherzen nach altem Brauch
    Im lieblichen Reigentanz,
    Den segnende Göttinnen,
    Die Mören, vereinen.

Denn uns allein scheint Helios
Und heitre Tageshelle,
    Nur uns, den Geweihten, die
    Stets frommen Gebrauch geübt
    An jeglichem Fremdling wie
    An Söhnen des Landes."

Wenn höhere Ideen vom Jenseits bei den Griechen nur als eine Geheimlehre in den Mysterien walteten, sich nur vereinzelt in den Ausstrahlungen des Geistes derjenigen Hellenen kundgeben, die sich am höchsten über die im Volke herrschende Weltanschauung erhoben, so bilden sie dagegen im Christentum den Mittelpunkt und erheben dasselbe trotz aller Entstellungen hoch über die Religion der Juden, aus welcher es hervorgegangen. Man könnte jedoch sagen, Jahrhunderte hindurch sei der Unsterblichkeitsglaube zu sehr in den Vordergrund gestellt worden.

Der Gedanke an den Tod und die Furcht vor den Schrecknissen, zu denen er führen konnte, war lange Zeit hindurch so übermächtig, daß das Leben beinahe von ihm erdrückt wurde. Und bei diesem Gedanken standen vielmehr die Qualen und die Schrecknisse, die uns in einem künftigen Leben erwarteten, im Vordergrunde, als die Wonnen, auf die man hoffte. Man betrachte nur eines der vielen mittelalterlichen Bilder, welche das jüngste Gericht oder wie Dantes Komödie, Hölle, Fegfeuer und Paradies, vorstellen. In wie lebendig sinnlicher Weise, die uns noch heute Schrecken einflößt, sind darauf die Leiden der Verdammten in allen möglichen von einer

heutigen Phantasie kaum noch zu erdenkenden Martern
dargestellt, während die Wonnen und Entzückungen des
Paradieses, die der Pinsel in dem obern Raum derselben
Bilder vorzuführen strebte, doch nur matt und einförmig
erscheinen. Der Gedanke an das künftige Dasein und
die Furcht vor dessen Schrecknissen vernichtete beinahe die
Freude an dem jetzigen. Da die Begräbnisplätze fast
ausschließlich innerhalb der Städte waren, mußten die
Kirchen und die sie umgebenden Friedhöfe binnen kurzem
eine größere Bevölkerung von Toten zählen, als die Städte
lebende Bewohner hatten. Denn nur wenige und Aus=
erwählte konnten in Grabkapellen vor den Altären eine
Ruhestätte finden, wo das blasse Licht einer ewigen Lampe
mit mattem Schein auf sie herniederzitterte. Die un=
geheure Mehrzahl wurde in den Gotteshäusern selbst unter
Steinplatten oder in den Friedhöfen, welche in deren
Nähe lagen, bestattet. Dadurch entstanden die furcht=
baren Seuchen, welche fast in jedem Jahrzehnt ihre schreck=
lichen Triumphzüge durch alle Städte der Christenheit
hielten, und um das Unheil zu vermehren, neue Leichen=
haufen zu den andern, welche der Boden kaum noch
fassen konnte, fügten. Der Gedanke an den Tod gewann
dergestalt eine Allmacht über die Gemüter, daß das Leben
dagegen gleichsam zu einem blassen Schattenbilde wurde.
Es begannen gegen das Ende des Mittelalters die grausen
Totentänze, deren Bilder auf uns noch in fratzenhaften
Gestalten in den Mauern einiger Friedhöfe, z. B. derer
zu Basel und zu Lübeck, herabstarren, die aber ursprüng=

lich mimische Darstellungen waren. Während die Pest
und andre furchtbare Epidemien die Bevölkerung de=
zimierten, hielten Scharen von Bürgern in Vermummung
Umzüge durch die Gassen und Kirchen und führten
Tänze auf, bei denen sich das Grause mit dem Lächer=
lichen vereinigte und die bizarren Vermummungen, ver=
bunden mit den von den Tänzern angestimmten Reim=
versen die Lachmuskeln anregen würden, wenn sie nicht
vor Entsetzen erstarrten. Allen diesen mimischen Dar=
stellungen liegt die Idee zu Grunde, daß Freund Hein
der allmächtige Herrscher der Erde, und sämtliche Staub=
geborene vor ihm gleich seien. Voran tanzt der Knochen=
mann, die Fiedel in den Händen und ladt den heiligen
Vater zum Reigen ein. Wie dieser folgen sein Kardinäle
mit halb gravitätischen, halb grotesken Bewegungen wider
Willen. Dreister noch springt dann der Knochenmann
rittlings auf die Schultern des Kaisers und entwendet
ihm seine Krone. Weiter macht er die Runde bei dem
König, welcher, sich sträubend, nachfolgt, der Kaiserin,
den Bischöfen, den Großen des Reiches u. s. w. Wenn
er bei den untern Würdenträgern anlangt, übernimmt er
die Rolle, welche der Narr in den Mysterien des Mittel=
alters spielt und welche geadelt noch bei den spätern
englischen und spanischen Dramatikern vorkommt. Den
Lenker des Klosters mit einem mächtigen Leibesumfange
und einem dreifach gestaffelten Kinn beraubt er seiner
Ordensmütze und zerrt mit lächerlichen Bewegungen an
seinem geistlichen Gewande, es ihm abzureißen u. s. w.

Es sei mir erlaubt, eine Erinnerung aus längst=
vergangener Zeit einzuflechten, die, wie ich glaube, hier
am Platze sein wird. Es war gegen Ende des Winters,
als ich mich in Paris befand und durch verschiedene Um=
stände verhindert war, die französische Hauptstadt zu ver=
lassen, obgleich der Aufenthalt daselbst gerade in jener
Zeit nicht besonders angenehm schien. Die Cholera näm=
lich richtete fürchterliche Verheerungen dort an. Trotz
des Schreckens, der viele erfüllte, ließ ein großer Teil
der Bevölkerung sich nicht in den Freuden des Karnevals
stören, der sich in entfesselter Lust nicht nur in den
Wirtshäusern, sondern auch auf den Straßen und Plätzen
durch das bunte Maskengetreibe verriet. Es ist seltsam,
wie gerade in Zeiten des größten öffentlichen Jammers
und während des ärgsten Notstandes eine rasende Ver=
gnügungslust sich der rohen Menge bemächtigt. Was
Boccaccio von den frohen Gesellschaften erzählt, die sich
zu der Zeit, als der schwarze Tod die furchtbarsten Ver=
wüstungen zu Florenz anrichtete, in der Villa am Ab=
hang des Hügels von Fiesole lustige Geschichten erzählten,
ist nur ein schwaches Beispiel davon; es gibt stärkere.
Zur Zeit des Dreißigjährigen Krieges, als das Schwert,
die Hungersnot und ansteckende Seuchen zwei Dritteile der
Bevölkerung hinwegrafften, und, wie ein Augenzeuge er=
zählt, die halb verhungerten Kinder wie eine Schafherde
vor die Thore der Städte geführt wurden, wo sie mit
rasender Begierde über die spärlichen Grashalme herfielen,
welche dem verwüsteten Boden entkeimten, herrschte eine

tolle Vergnügungssucht unter der Bevölkerung, die sich
in zahllosen Tanzfesten und darin kundgab, daß die fast
durchgehends verarmten Bürger der Städte ihr letztes Geld
ausgaben, um sich in ausschweifender Modetracht mit
bunten Goldflittern zu behängen. Nie waren die Theater
von Paris so überfüllt, wie unter der Schreckensherrschaft
Robespierres und Marats. Nicht nur zu diesen Schauspielen drängte sich die Menge dermaßen, daß täglich
Tausende von den Kassen zurückgewiesen werden mußten,
sondern auch unmittelbar neben der Guillotine, auf welcher
die Häupter Ludwig XVI. und Marie Antoinettes fielen,
wurden Schaubuden aufgeschlagen, vor denen nach Beendigung des Blutschauspieles die vergnügungssüchtige
Menge begierig saß, um sich an den Sprüngen tanzen-
der Affen und Hunde zu weiden. Von etwas Aehnlichem,
wenn auch in vermindertem Grade, war ich um die genannte Zeit Zeuge. Wie ich schon an andern Orten
und Perioden, als der Würgengel aus Indien seinen
Triumphzug durch Europa hielt, bemerkte, ließen keine
Dünste, welche die reinen Lüfte getrübt hatten, ahnen,
welch ein unheimlicher Gast seinen Einzug in die Stadt
gehalten habe. Die Luft war klar und rein und oft
hätte man glauben können, der Frühling habe schon
seinen Einzug in die Straßen gehalten, wenn nicht hie
und da noch Schneegestöber an den noch nicht be-
endeten Winter gemahnt hätten. An einem milden Abend
war ich eben die Straße St. Honoré hinunter geschritten
nd sah mich plötzlich, ohne daß ich meinem Gange ab-

sichtlich eine bestimmte Richtung gegeben hätte, in der
Nähe des Kirchhofs Père la Chaise, der sicher einer
der schönsten der Welt ist. Da ich schon so weit ge=
kommen, konnte ich mich nicht entschließen umzukehren
und ging das Grab eines Mannes zu besuchen, der
meiner Erinnerung teuer war. Es hatte schon zu dunkeln
begonnen, als mir auf dem Rückwege nicht fern vom
Ausgange des Friedhofes ein langer Zug von Leichen=
wagen begegnete, die in endlosen Reihen durch die
Straße herankamen, um die Opfer, welche der Seuche
am vorhergehenden Tage erlegen, zur letzten Ruhestätte
zu bringen. Nachdem ich mich lange jedes Gedankens
an die Trauerscenen, deren Schauplatz damals Paris war,
entschlagen hatte, bemächtigte sich derselbe plötzlich meiner
mit fürchterlicher Gewalt. Die Führer des Trauerzuges
mit ihren Fackeln, die Wagen und die Bahren schwankten
wie Spukerscheinungen der Unterwelt vor meinem Blick
und mit Entsetzen glaubte ich dazwischen die Figuren
des Karnevals: Truffaldin, Pantalon, Harlekin und Bri=
ghella, im grausen Mummenschanz hin und her hüpfen zu
sehen. Der ganze weite Kirchhof schien mir binnen kurzem
von den Gestalten derer, die in die Gruft gescharrt wer=
den sollten, und den Lebenden, die sie auf dem letzten
Gang begleiteten, erfüllt zu sein. Aber die letzteren
flößten mir noch tieferes Grausen ein, indem ich dachte,
wie auch sie in ihren buntscheckigen Maskenkostümen bald
dort eingescharrt werden sollten. Noch lange nachdem
ich wieder zu Hause angekommen, zitterten diese Gedanken

in mir nach. Ich dachte an die zahlreichen Fälle, von
denen man täglich liest, wie Totgeglaubte, schon ein=
gescharrt, wieder zum Leben erwacht und nur durch einen
glücklichen Zufall, weil man Verdacht geschöpft, vom
furchtbaren Schicksal eines grausen Sterbens in der Tiefe
gerettet worden seien, wie aber dieses Schicksal unzweifel=
haft noch fortwährend manche andre ereile. Und wie
unzähligemal müssen erst in früheren Jahrhunderten, be=
sonders in Zeiten großer Seuchen, solche Fälle gewesen
sein, als die Totgeglaubten achtlos und in großen Haufen,
ohne Untersuchung, ob wirklich jeder Lebensfunken aus
ihnen entwichen, in die weiten Leichenäcker eingescharrt
wurden! Noch lange Zeit nach diesem Erlebnis konnte ich
nur mit Schauder an den Friedhöfen vorübergehen. Ich
wurde zugleich aufmerksam darauf, wie auch die schönsten
und besten von diesen, z. B. die italienischen und derjenige
in München doch einen Dunst der Verwesung aushauchen, der
bei längerem Aufenthalt in ihrer Nähe sicher Nachteil übt.

Möge denn das Jahrhundert, an dessen Ausgange
wir stehen, nicht zu Ende gehen, ohne daß zum mindesten
im größten Teile Europas die grause Sitte der Leichen=
verscharrung beseitigt wäre. Schwer läßt sich hoffen, daß
bei den Anhängern des mohammedanischen Glaubens,
welchen Schopenhauer nicht mit Unrecht nur als eine
Sekte der beiden andern Religionen, welche heute die ver=
breitetsten in Europa sind, bezeichnet, und welcher sich
leider besonders in das Innere von Afrika immer weiter
verbreitet, so daß er bald mehr Bekenner zählen wird

als irgend eine andre Religion, dieser Brauch ver=
schwinde. Denn der Islam mit seinen rohen und ma=
teriellen Vorstellungen über das jenseitige Leben wurzelt
noch fest in den Seelen der Anhänger des Propheten,
und wer je einen mohammedanischen Kirchhof besucht hat,
weiß, mit wie brünstiger Andacht dieselben an den Gräbern
ihrer Teuren knien, angstvoll erwartend, ob die Todes=
engel Monkir und Nekir nicht bald nahen werden, um
das letzte Verhör mit den Entseelten anzustellen, das sie
in die Wonnen des Paradieses einführen oder in die
grausen Abgründe der Hölle stürzen soll. Aber der größte
Teil der Bevölkerung Europas hat sich zu höheren Vor=
stellungen erhoben, und sicher würde schon im 16. Jahr=
hundert nach dem glorreichen Wiedererwachen der Künste
und Wissenschaften eine Bewegung zu Gunsten der ur=
altheiligen Sitte der Griechen eingetreten sein, wenn nicht
gegen Ende dieses Jahrhunderts die alte Finsternis wieder
hereingebrochen wäre. Selbst wofern wir uns losreißen
müßten von dem Gedanken an ein jenseitiges Leben, wenn
ewige Vernichtung unser Los wäre, könnte dieser Ge=
danke nicht so furchtbar sein, wie derjenige, drunten im
Schoß der Erde eine Speise der Würmer zu werden
und mit unsern modernden Resten noch den kommenden
Generationen die Luft zu verpesten. Der edle Dichter
Ugo Foscolo hat in seinen „Sepolchri“ geklagt: auch die
Hoffnung, die letzte Göttin, fliehe die Gräber. Bei dem
Gedanken an diese weiten Lagerstätten des Todes vermochte
er sich nicht einmal zu der Anschauung zu erheben, welcher

Sokrates bei Plutarch) so beredt Ausdruck gegeben hat:
„Wenn auch," sagt dieser, „der letzte Moment des Lebens
und der erste Augenblick des Todes der Beginn eines
Zustandes ewiger Unempfindlichkeit sein sollte, so würde
ich dennoch den Tod für einen großen Gewinn halten,
weil er dann einer ruhigen traumlosen Nacht gliche. Wenn
wir alle (und hier nehme ich selbst den großen König
in Persien nicht aus) eine einzige Nacht unsres ganzen
Lebens aussuchen, in der wir, durch keinen Traum gestört, sanft und tief geschlummert haben, so werden wir
finden, daß alle übrigen Tage und Nächte unsres Lebens,
die an Annehmlichkeit mit einer solchen Nacht zu vergleichen wären, sehr leicht gezählt werden könnten. Wenn
also der Tod ein tiefer, alle Sinne des Menschen be-
täubender Schlummer ist, so sehe ich die ganze Ewigkeit
von Zeit nach diesem Leben als eine einzige lange Nacht
an, die ich in dem tiefsten und eben deswegen süßesten
Schlafe zubringen werde." Aber die großen Entdeckungen
der Naturwissenschaft in unsrer Zeit drängen uns eine
neue höhere Ueberzeugung auf, wonach das Ende unsres
Erdenlebens nicht das unsres Daseins ist. Es ist unmöglich, daß jene Macht, welche uns von den untersten
Stufen an durch Jahrhunderttausende des Daseins geführt, die einen Plato und Phidias, einen Galiläi und
Kant, einen Shakespeare und Goethe aus unsrer Mitte
erweckt hat, uns nun plötzlich in die alte Nacht zurück-
sinken ließe. Nein, wir dürfen mit dem großen Freunde
des letzteren sagen:

„Raphael, an deinem Arm, o Wonne,
Wag auch ich zur großen Geistersonne
Freudig den Vollendungsgang."

Mögen denn, da man sich von einem so alten Brauche
nicht auf einmal ganz losreißen kann, diejenigen, welchen
die Möglichkeit dazu gegeben ist, sich in den Kirchen vor
den Altären oder eigenen Grabkapellen betten; doch sollten
sie sich dabei bewußt sein, wie auch diese Ruhestatt keine
sichere ist, wie die Gebeine so vieler deutschen Kaiser von
den fränkischen Verwüstern der Pfalz aus der Gruft des
Domes von Speier hervorgerissen und die Reste der
Könige Frankreichs von den Unholden der Revolution
aus ihrer Ruhestätte zu St. Denis heraufgewühlt worden
sind, um Mummenschanz mit den halbvermoderten Knochen
und den sie umhüllenden verblaßten Königsgewändern
zu treiben. Die ungeheure Mehrzahl der Menschen aber,
denen es nicht gestattet ist, sich solche gesonderte Lagerstätten über der Erde zu wählen, mögen ihre irdischen
Reste, so wie es die Inder, die Hellenen und die Römer
gethan, den reinigenden Flammen weihen. Es scheint
in der menschlichen Natur zu liegen, daß man sich schwer
von der Sitte losreißt, auch den irdischen Resten teurer
Verwandten und Freunde, statt sie nur im Herzen und
in der Seele fortleben zu lassen, eine körperliche Dauer
zu verleihen. Wen dieses Gefühl beherrscht, der möge
denn die Asche seiner Teuern an geweihten Stätten auf-
bewahren. Doch wird man sich dem Gedanken nicht ver-
schließen können, daß dies immer nur eine beschränkte Zeit
sein kann. Unzählbare Generationen der Menschen sind

schon dem allverheerenden Tod zum Opfer gefallen und
der Staub ganzer Völker ist wieder so verwest, daß kein
Atom von ihm übrig geblieben. Nur die Aschenkrüge,
welche ihn einst aufbewahrt, haben noch der zerstörenden
Zeit Trotz geboten, aber auch sie werden in Staub zer=
fallen. Dieser allgemeinen Vernichtung werden die Seelen
der Weisen und Guten entronnen sein, und sie werden,
durch die befreienden Flammen von den Erdenbanden ge=
löst, höheren und höheren Zielen entgegengehen.

Italien, diese große Mutter der neueren Kultur, ist
auch das Land, das die uralte heilige Sitte der Toten=
verbrennung, welche von dem edelsten Volke der Erde
gepflegt wurde, wieder in Europa einzuführen bestimmt
scheint. Nachdem vor einigen Decennien die Leiche eines
indischen Rajah an den Ufern des Arno, seiner letzt=
willigen Verfügung nach, in den Cascinen, wo ein Denk=
mal die Stätte bezeichnet, verbrannt worden, sind in der
Stadt des Dante und Michel=Angelo von Jahr zu Jahr
mehr dergleichen Feuerbestattungen begangen worden, und
auch in Deutschland, obgleich die meisten Regierungen
noch widerstreben, ist zu Gotha eine Freistatt errichtet
worden, wo solche, die ihren Geist mit alter Philosophie
und Dichtkunst genährt haben und denen der Gedanke
ein tröstlicher ist, am Schluß ihres Lebens ein gleiches
Asyl für ihre irdischen Reste zu finden, wie die Edelsten
und Weisesten der Griechen es gefunden, dem Schicksal
des Vermoderns im Erdenschoße entrinnen können.

# Die Enthusiasten.

— —

# I.

Wie wohl die meisten derjenigen, welche schon eine
beträchtliche Reihe von Jahren hinter sich liegen haben,
beschäftige ich mich in Gedanken weit mehr mit den Er=
innerungen an meine Jugend, als mit denen an irgend
eine spätere Periode meines Lebens. Glücklich, wer
wenigstens einen Teil der Wärme und Frische des Ge=
fühls, die ihn ehemals beseelten, bis in sein Alter be=
wahrt! Glücklich schon, wer sich, wenn auch nur auf kurz,
in geweihten Augenblicken, jene Zeit vorzaubern kann,
und wen damit zugleich der Hauch der Begeisterung durch=
strömt, der ihn damals erfüllte. Ich kann den Himmel
preisen, der mir dieses Glück gewährt. Nach allen
bitteren und trüben Erfahrungen, die das Schicksal mir
nicht erspart hat, werden mir doch, wenn auch nicht so
häufig als in früheren Jahren, Stunden zu teil, wo
derselbe Enthusiasmus mein Herz in gleich hohen Schlägen
klopfen läßt wie im Jünglingsalter. Aber damit zu=
gleich kommt auch die Erinnerung an teure Freunde, die
von der gleichen Flamme der Begeisterung entzündet, sich
in derselben verzehrten und früh zu Grunde gingen, be=

Schack. Mosaik.                                                  3 vor sie das Ziel ihres ungestümen Strebens erreichten. Oft standen, besonders in den schlummerlosen Nächten während einer Krankheit, die ich im vorigen Winter zu bestehen hatte, ihre Gestalten vor mir, und es war mir bisweilen, als mahnten sie mich, einiges von den Erinnerungen niederzuschreiben, die ich nach so vielen seitdem verflossenen Jahren noch so frisch in mir bewahrt habe, als wären sie von gestern. Es ist tief schmerzlich und fordert zu einer Anklage gegen den Ordner der Weltgeschicke heraus, daß nur selten dem, welchem der Trieb, Höheres in Kunst oder Dichtung zu leisten eingepflanzt ist, auch so viel Glücksgüter in die Wiege gelegt werden, daß er sich rückhaltlos der Ausbildung seines Talentes widmen könne. Sehr stark organisirten Naturen wird vielleicht die Kraft durch den Kampf, den sie zu bestehen haben, noch gestählt und sie dringen zu endlichem Siege vor, aber die Schwächeren, durch ihre Begabung vielleicht zu Hohem berufen, erliegen im Kampfe.

Zu diesen gehörte ein junger Mann, der, mittellos in der Welt dastehend, es doch durch ungeheure Anstrengung möglich gemacht hatte, sich ganz der Musik, zu welcher er ein ungewöhnliches Talent besaß, hinzugeben. Er bestritt, nachdem er sich zum Meister auf der Violine ausgebildet, seine Lebensbedürfnisse dadurch, daß er Unterricht gab oder, was ihm noch erwünschter war, Freunde des Klavierspieles mit der Geige accompagnirte. Sein heißes Streben war durch Zurücklegung der kleinen Summen, die ihm dies eintrug, so viel zu

erwerben, daß er unabhängig leben und sich ganz der
Komposition widmen könne. Dies Ziel, nach dem er rang,
lag ihm nicht mehr fern; die Zahl seiner Eleven wurde
nach und nach eine große, und alle seine Tagesstunden
waren besetzt. Mir, der ich beträchtlich jünger als er
war, wurde er empfohlen, als ich einen Meister suchte,
der mich beim Klavierspiel mit der Violine begleitete.
Ich bedurfte sehr eines solchen, der den wilden Dilettan=
tismus meines Spieles bändigte. Aber obgleich er strengen
Tadel gegen mich nicht sparte, und dadurch meine Eigen=
liebe oft kränkte, gewann ich ihn doch bald lieb. Da
ich die Musik nur als Nebenbeschäftigung getrieben und
keine Ahnung von Kontrapunkt hatte, konnte ich mich
keines sehr geläuterten Geschmackes rühmen, und viele
Kompositionen, die mein neuer Freund, dessen Namen
ich verschweigen und den ich nur Robert nennen will,
als Schund bezeichnete, gefielen mir sehr. Doch war er
nicht allzu einseitig und fügte sich darein, mit mir die
damals allbeliebten glänzenden Duos von Beriot, Bene=
dikt, Thalberg, Ed. Wolf u. s. w. über Opernmotive zu
spielen. Bald indessen warf ich diese beiseite, als ich
mit ihm die ersten der Beethovenschen Sonaten und in
rascher Folge die andern vornahm. Besonders wurde ich
nicht müde, die große in C=Moll, die an Herrlichkeit der
Symphonie in derselben Tonart nicht nachsteht, so lange
zu spielen, bis ich glaubte, mich in Konzerten damit hören
lassen zu können. So weit verstieg ich mich nun zwar
in meinem Ehrgeiz nicht, doch trug ich die Sonate in

einer Privatgesellschaft vor. Nach beendigtem Spiele trat
die Gemahlin eines Diplomaten von hohem Range an
den Flügel und sagte, nachdem sie mir Lobeserhebungen
über mein Spiel gemacht, zu Robert, er möchte mir doch
in Zukunft bessere Stücke zum Spielen empfehlen, im
Grunde seien diese Kompositionen von Beethoven, Haydn,
Mozart doch veraltet. Bei diesen Worten konnte sich
mein Freund nicht halten; er sagte der Exzellenz (auf
diesen Titel machten auch die Frauen von Gesandten
Anspruch), wenn auch nicht mit demselben Worte, doch
dem Sinne nach, sie sei eine Gans. Der Hausherr er=
teilte dem jungen Musiker eine Rüge, und da ich lebhaft
seine Partei nahm, entstand ein Wortwechsel, der die
Aufmerksamkeit der ganzen Gesellschaft auf sich zog und
infolgedessen wir beide jenes Haus verließen, um es nie
wieder zu betreten.

Im Theater suchte ich, so oft eine gute Oper ge=
geben wurde, einen Platz neben Robert zu bekommen,
denn es war mir angenehm, durch ihn auf manche Schön=
heiten aufmerksam gemacht zu werden, die mir sonst
vielleicht entgangen wären. Doch setzte er mich oft in
Verlegenheit, und ich fürchtete, er würde sich Unannehm=
lichkeiten zuziehen, wenn er aufsprang, dicht an das
Orchester hinstürzte und dem Dirigenten ziemlich ver=
nehmbar zurief, er solle doch das Tempo nicht so rasch
nehmen, oder einen der Spieler ermahnte, das G, das
As reiner zu greifen. Eine überschwengliche Bewunderung
hegte er für den Freischütz und sagte, selbst die Pausen

darin seien mehr wert als andre ganze Opern, eine Be=
merkung, die mir nicht übertrieben scheint, wenn ich denke,
welche Wirkung ein paarmal die Pausen in Webers gött=
lichem Meisterwerke machen, wo sich in ihnen die atem=
lose Entzückung sammelt und zu neuem noch höherem
Schwunge ermannt. Halb im Scherz, halb von Be=
geisterung getrieben verfiel er darauf, mit Bekannten, zu
denen auch ich mich gesellte, die Wolfsschluchtscene auf=
zuführen. Während er, die Partitur vor sich, das Ganze
am Klavier dirigirte, oder die erste Violine übernahm,
wählten wir andern jeder eine uns zusagende Rolle.
Das Zimmer ward verdunkelt und durch Decken, die an
den Wänden aufgehängt und über die Möbel gebreitet
wurden, in eine wilde Gebirgsschlucht verwandelt. Einen
Uhu mit glühenden Augen und Geier, die an Bindfaden
von der Decke herabschwebten, mußten wir uns von der
Theaterdirektion zu verschaffen. Die andern Genossen
spielten jeder das Instrument, das er erlernt hatte; ich
mußte mich damit begnügen, in eine Trommete zu stoßen.
Diese Aufführung machte uns außerordentliche Freude,
und wir wiederholten sie öfter. Einer andern, die auch
bei meinem Freunde stattfand, erinnere ich mich mit
gleichem Vergnügen. Es war demselben gelungen, sich
die Partitur von Hektor Berlioz' großer Symphonie „Epi=
sode aus dem Leben eines Künstlers" zu verschaffen, die
damals in Paris viel Aufsehen machte. Die Stimmen
wurden verteilt, ich begnügte mich mit der Rolle eines
Zuhörers, wohnte aber den Proben von Anfang an bei

und wurde mit jeder von größerer Bewunderung für den
genialen Komponisten erfüllt. Die Scene auf dem Ball,
der Hinrichtungsmarsch, das Finale mit dem Hexensabbath
erschienen mir als ganz neue eigenartige Eingebungen des
Genius, und ich beneidete den Freund, der als Musiker
alle Schönheiten noch tiefer erfaßte und empfand, und
wochenlang unter der Wucht der empfangenen Eindrücke
beinahe zu erliegen schien. Wenn er in jener Zeit über=
haupt redete, so sprach er von Berlioz' Episode, in der
er jeden Tag neue Schönheiten entdeckte. Ein großes
Kunstwerk gleicht dem leuchtenden Sternenhimmel, aus
welchem, je mehr man ihn betrachtet, desto mehr Sonnen
und Milchstraßen von Sonnen emportauchen.

Ich wußte durch andre, daß Robert früher eifrig
der Komposition obgelegen, aber er selbst hatte mir gegen=
über nie etwas hiervon verlauten lassen und ich glaubte
daher, er produzire längst nichts mehr auf musikalischem
Gebiete; es schien mir letzteres bei seiner rastlosen Thätig=
keit im Unterrichtgeben auch fast unmöglich. Es über=
raschte mich daher ungemein, als er mir einst mitteilte,
daß er fortwährend komponire und jede Nacht mehrere
Stunden dazu verwende. Meinem Wunsch, daß er mich
einiges von seinen Arbeiten hören lasse, willfahrte er ohne
Zögern. An einem Sonntag, als ich ihn auf seinem
Zimmer besuchte, öffnete er einen ungeheuren Schrank,
der ganz mit beschriebenen Notenblättern gefüllt war.
Es waren Sonaten, Duos, Trios, Quartette, Sympho=
nien und Lieder; kurz, kaum ein Fach fand ich unver=

treten, außer das der damals beliebten Mazurkas und
Phantasien über Opernthemas. Robert setzte sich ans
Klavier und spielte mir eine ganze Reihe von Kompo=
sitionen vor, die mich in Erstaunen setzten. Ich glaubte
in ihnen einen Genius ersten Ranges zu erkennen. Man=
ches mochte noch ungeklärt und chaotisch sein, aber große
Geistesblitze brachen unverkennbar überall hervor. Be=
sonders machte sich eine Neigung zum Gigantischen be=
merkbar. Gedankenblöcke waren auf Gedankenblöcke ge=
türmt. Ich halte es für unmöglich, daß ich nur infolge
meiner jugendlichen Unerfahrenheit in geringen Arbeiten
etwas gesehen hätte, was nicht vorhanden gewesen wäre.
Er vertraute mir dann, er gedenke eine große Kantate
zu komponiren und hoffe, daß es ihm gelingen werde,
sie in Speier durch Vermittelung seiner dort wohnenden
Verwandten, besonders eines Vetters, der selbst Musiker,
zur Aufführung zu bringen. Da ihm noch ein Text ab=
ging, lag es nahe, daß er mich bat, einen zu verfassen.
Mir fiel sogleich ein Thema, das mir passend dafür
schien, ein, und in kurzem war mein Textbuch zu der
Kantate fertig. Der Titel war „Die Kaisergruft“ und
die Hauptpartien hatten Germania, sowie die deut=
schen Kaiser, deren Gebeine im Dom von Speier ruhten,
bis die Franzosen bei ihrer Verheerung der Pfalz die=
selben aus den Särgen rissen. Da ich noch das Kon=
zept meines Machwerkes aufgefunden habe, will ich ein
paar Stellen daraus anführen; wer sie schülerhaft findet,
muß wissen, daß ich wirklich noch Gymnasiast und

kaum sechzehnjährig war, als ich sie schrieb. Germania
sprach:

> O Volk! wie lang soll man dich schänden!
> Sieh und erröte deiner Schmach,
> Wie dir der Feind mit Frevelhänden
> Die teure Kaisergruft erbrach!
> Als sich das Räuberheer von Westen
> Vergriff an den geweihten Resten,
> Ward deine eigne Größe Staub.
> So stumm nicht waren deine Toten
> Wie du, als deine Tempel lohten
> Bei deines schönsten Kleinods Raub.

Der Chor der Kaiser rief die in den Nischen und
Blenden des Doms befindlichen Erz- und Steingestalten,
sowie die unter den Gräberplatten des Bodens ruhenden
Toten zum Rachewerk auf:

> Ihr Toten alle, aus der Asche
> Wühlt euer moderndes Gebein!
> In Harnisch hüllt und Panzermasche,
> Was euch noch übrig bleibt vom Sein.
>
> Ihr Ritter! euren Eisenrossen
> Die Sporen in die Weichen drückt,
> Und euren fliegenden Geschossen
> Fliegt nach, das Racheschwert gezückt!
>
> Herolde, stoßt in die Trommeten,
> Die rostigen, vom vielen Sieg,
> Die Fahnen, die euch einst umwehten,
> Scharrt aus der Gruft zu neuem Krieg!
> Die ihr hinsankt im Schlachtgewühle,
> Ihr Knappen, von dem dunklen Pfühle

Dort unten rafft euch auf! Erwacht!
Und bringt den bärt'gen Lanzenknechten
Den Becher her, aus dem sie zechten
Am Abend vor der letzten Schlacht.

Zuletzt wird das Volk aufgerufen, die deutsche Fahne wieder auf den Münster von Straßburg zu pflanzen:

Wenn Straßburgs hohe Münsterhallen,
Wo deutsche Siegeslieder schallen,
Frei ragen in die deutsche Luft,
Dann hallt, o greiser Dom von Speier,
Zur Sühnung eine Totenfeier
An deiner alten Kaisergruft!

Mein Freund war entzückt von dem Text und führte die Komposition in unglaublich kurzer Zeit aus. Als er sie mir zum Klavier, so gut es ging, vorsang, wich das bange Zagen, mit dem ich ihm zuerst das Libretto mitgeteilt und beide, von gleicher Begeisterung erfaßt, beschlossen wir, in den eben anbrechenden Ferien eine Fußreise nach dem nicht sehr fernen Speier anzutreten, um dort die im voraus als sicher betrachtete Aufführung unsres gemeinsamen Werkes zu erzielen. Wir besuchten zuerst das schön gelegene Anweiler, bestiegen dann die alte Kaiserfeste Trifels und glaubten uns von den Schatten des Richard Löwenherz und seines treuen Blondel umschwebt. Dann ging's nach Speier, um durch Roberts Verwandten die öffentliche Aufführung der Kantate zu erwirken. Wir sahen uns im Geiste schon als die großen Männer Deutschlands gefeiert und waren nicht weit davon entfernt, zu glauben, die Aufführung des Werkes

werde durch die allgemein erregte Begeisterung auch die
Regierungen zu einer Kriegserklärung gegen Frankreich
und zur Wiedereroberung des Elsaß fortreißen. Aber
ach! Roberts Freund, der, jung und unerfahren wie wir,
sich wirklich bemüht hatte, die Ausführung unsrer Ab=
sicht durchzusetzen, berichtete niedergeschlagen, er sei nicht
nur bei seinen Verwandten, sondern überall auf Wider=
stand gestoßen. Wir beabsichtigten trotzdem einen Saal
zu mieten und die Proben mit den Musikern, die leicht
zu haben waren, zu beginnen; allein auch dies mußten
wir aufgeben, als uns übereinstimmend gesagt wurde,
die Polizei würde die Aufführung nie gestatten. So
wanderten wir enttäuscht und mißmutig, da jede Aus=
sicht auf Realisirung unsrer Hoffnung geschwunden war,
an unsern früheren Aufenthaltsort zurück. Beide waren
wir mißgestimmt, aber Robert noch mehr als ich, und
nun bemerkte ich zuerst, daß er sehr leidend aussah. Ich
drang in ihn, er solle sich längere Zeit des Unterricht=
gebens ganz enthalten, was ihm durchaus möglich war,
da er schon die Mittel angehäuft hatte, von denen er
monatelang sorglos leben konnte. Er versprach mir dies
zu thun, allein Naturen wie der seinen ist langer Müßig=
gang nicht möglich. Die Musik war die Lebensluft, in
der allein er atmen konnte, und wenn er auch nicht kom=
ponirte, so machte er doch sein Zimmer zu einem musika=
lischen Studiensaal, indem er in Gesellschaft von Freun=
den, die ihn abwechselnd umgaben, alle ihm erreichbaren
Werke älterer und neuerer Zeit, insoweit er sie nicht als

geringfügig erkannte, zur Aufführung brachte. Der Lärm, den dies in seinem Hause verursachte, war so groß, daß mehrere Mitbewohner deshalb auszogen, da nach den polizeilichen Vorschriften jeder Mieter bis Mitternacht so viel musiziren konnte, wie er wollte. So wurden von ihm teils allein, teils in Gesellschaft seiner Bekannten, welche verschiedene Instrumente spielten oder sangen, außer Beethoven besonders Mozart und Haydn gründlich und wiederholt durchgenommen. Dann folgte Schubert, der damals noch lebte, aber bald darauf der Welt in jungen Jahren entrissen wurde, und Robert, der ihn bis dahin nicht gekannt, wurde sein enthusiastischer Verehrer. Er sagte mir einst mit einem Blick auf einen hohen Stoß von dessen Werken höchst niedergeschlagen, es sei doch fruchtlos, überhaupt noch etwas zu komponiren, da dieser eine junge Mann schon so unermeßlich viel Herrliches geschaffen habe, daß ein ganzes Menschenalter dazu ge= hörte, es gründlich zu genießen. Dächte man nun, er lebte und schaffte noch 50 Jahre lang fort, was bei seiner Jugend leicht möglich wäre, so müßten es Wunderwerke werden, die über alle Fassungskraft gingen und vielleicht erst nach Jahrhunderten verstanden werden könnten. In solchen Momenten des Entzückens über den großen Meister und des Zweifels, ob er je etwas Nennenswertes werde leisten können, sprach er dann auch mehrmals die Absicht aus, alles von ihm Niedergeschriebene zu verbrennen. Nur mit Mühe konnte ich ihn hiervon abhalten. Die Maß= losigkeit seines Wesens, die frühere Ueberschätzung seines

Talentes und die Ueberanstrengung beim Komponiren, sowie seine jetzige Verzagtheit flößten mir Besorgniß für ihn ein und ich suchte ihn zu zerstreuen, indem ich ihn zu weiten Spaziergängen mit mir veranlaßte, auch in Gesellschaft andrer junger Leute von meiner Bekanntschaft führte. Aber es ist traurig, wie wenig die meisten Menschen, auch solche, welche man gescheit nennt, im Stande sind, auf die Geistesrichtung von höher Strebenden einzugehen. Robert fand in ihrem Kreise kein Behagen, ja es empörte ihn, wenn er sie sagen hörte, Musik und Kunst seien doch nur Allotria, ganz gut, um eine müßige Stunde damit auszufüllen, allein der eigentliche Lebenszweck werde nur durch die praktische Thätigkeit als Arzt, Jurist, Pfarrer u. s. w. erreicht. Rasch floh er diese Kreise, über deren Beschränktheit er sich nicht, wie er hätte thun sollen, durch ein heiteres Gelächter hinwegzusetzen wußte, und die Musiker, die ihm freilich auch viel zu lau waren, so daß er sagte, sie hätten Fischblut in ihren Adern, zogen ihn wieder in ihren Kreis. In Händel ging ihm ein neues ungeahntes Gestirn auf und von Saul, Judas Makkabäus und Messias sagte er, daß sie ein Dreigestirn seien, so herrlich wie die drei funkelnden Sterne im Gürtel des Orion, welche man in der Winternacht von seinem Fenster aus gewahrte. Von Händel ward er zu Bach geführt, den er zuerst kalt und gelehrt fand, von dem er aber später sagte, er werde wärmer und wärmer, je mehr man sich mit ihm beschäftige, und in seinen Fugen habe er in erstaunlicher Weise gezeigt, wie die höchste Kunst und die höchste Wissenschaft eins seien. Diese wunderbaren, den Laien kalt erscheinenden Tongebilde hätten ihm oft Thränen der Begeisterung entlockt.

Auch die Partituren oder Klavierauszüge zahlloser Opern wurden von ihm durchgenommen. Ich erinnere mich, daß er mir auch von einigen wenig mehr bekannten mit Bewunderung sprach und mir einzelnes daraus vor= spielte, so aus dem „Oedipus in Kolonos" von Sacchini und „Echo und Narziß" von Gluck. Auch vor Schu= mann und Mendelssohn, die damals erst im Beginne ihrer Laufbahn standen, hatte er großen Respekt, und wenn er andre gering achtete, so ist es unzweifelhaft, daß nicht Neid oder Mißgunst, sondern wirkliche Ueber= zeugung der Grund war. Das Feuer des Musizirens verloderte nach einiger Zeit in Robert, und lebhaft er= wachte in ihm wieder der Drang nach eigener Produktion. Doch wurde er von Woche zu Woche leidender, und der Arzt widerriet ihm dringend ernste Beschäftigung. Nach nicht lange sagte er mir, seine Lebenszeit sei gemessen, da er an einer rasch vorschreitenden Lungenkrankheit laborire, und so wolle er alle seine Kräfte aufbieten, um ein würdiges Denkmal seines künstlerischen Schaffens zu hinterlassen. Ein älterer Dichter hatte einen Operntext für ihn geschrieben, und er, der seit lange dem Unter= richtgeben entsagt, hatte vor einiger Zeit mit der Kom= position begonnen. Während seine letzten Aeußerungen hoher Bewunderung für so viele andre mich hatten fürchten lassen, er sei eher in Zagnis wegen seines eigenen Talentes

verfallen, sprach er plötzlich wieder mit großer Ueber=
spanntheit von dem Gewaltigen, was er zu leisten hoffe.
Nur wenn er etwas noch nicht Dagewesenes hervorbringe,
könne es ihn befriedigen. An eine solche Leistung wolle
er alle seine Kräfte setzen, auch wenn er daran zu Grunde
gehe. Er las mir den Inhalt des Librettos vor; aber
ich kann nichts mehr davon sagen, als daß es aus der
Edda geschöpft war, daß die Sage von Baldurs Tod
darin vorkam, wie die Götter mit Speeren nach dem
durch Eisen Unverwundbaren werfen, und der tückische
Loki ihn zuletzt durch die Mistelstaude tötet. Eine andre
Scene war im großen Tempel des Odin zu Upsala, wo
die Kriegsgefangenen geopfert werden. Die Stellen und
Scenen, die er mir aus seiner Komposition vorspielte,
schienen mir bewundernswert, und ich schickte jeden Abend
Bitten zum Himmel, daß es meinem Freunde gewährt
werden möge, sein Werk zu vollenden, um damit ein
dauerndes Andenken auf Erden zu hinterlassen. Aber seine
Kräfte brachen zusammen, er mußte jeden Versuch zu wei=
terer Arbeit aufgeben und starb noch nicht 21 Jahre alt.

## II.

Den zweiten der jungen Männer meiner Bekannt=
schaft, denen ich diese Zeilen widme, kann ich mit Namen
nennen. Er hieß Adolf Dörr und war aus Darmstadt
gebürtig. Da sein Vater gestorben und seine Mutter,
völlig mittellos, auf ihn als ihren Ernährer angewiesen
war, hatte er es nur durch kleine Unterstützungen von
Verwandten und außerordentliche Anstrengungen möglich
gemacht, das Gymnasium zu absolviren. Dann aber
zwang ihn die Mittellosigkeit, eine kärglich bezahlte
Stelle bei der Taxischen Post in Frankfurt anzunehmen.
Hier lernte ich ihn etwa im Jahre 1845 kennen. Er
kam zu mir mit einem Briefe einer Frau Luise von
Plönnies in Darmstadt, einer sehr begabten Dame, die
mehrere Bände erzählender und lyrischer Dichtungen
herausgegeben hatte, welche von großem Talent zeugten
und nicht verdienten, so unbekannt zu bleiben, wie dies
der Fall gewesen. Ich erfuhr alsbald von Adolf Dörr,
daß er von früh an von heißer Liebe zur Poesie erfaßt
sei und jede Stunde, die er den drückenden auf ihm
lastenden Amtspflichten abringen könne, ihr weihe. Er
hatte viel Poetisches gelesen; sein Idol war, wie das
bei so vielen jungen Dichtern jener Zeit der Fall, Byron,
und durch diesen war in ihm die Sehnsucht nach dem
Süden und dem Orient entflammt worden, der er so=
gleich bei meiner ersten Begegnung mit ihm lebhaften
Ausdruck gab. Ich begann mich sogleich für den jungen

Mann zu interessiren und lud ihn ein, mich häufiger zu
besuchen, auch zog ich in Erwägung, ob es möglich wäre
ihn seiner für ihn drückenden Situation zu entreißen.
Allein ich erkannte bald, dies sei für mich unmöglich.
Ich selbst besaß noch kein eigenes Vermögen, und, wäre
dies auch der Fall gewesen, so hätte ich doch nicht die
Sorge für die ganze Existenz Dörrs auf mich nehmen
können. So konnte ich demselben denn nichts andres
Freundliches erweisen, als daß ich ihm stets Bücher aus
meiner Bibliothek lieh, wonach er sehr begierig war. Die
Gespräche mit ihm waren immer anregend für mich.
So teilte er mir, freilich mit Zagen, manches aus der
großen Menge von Gedichten mit, die er verfaßt hatte.
Diese schienen mir nun allerdings noch sehr unreif, doch
zeugte manche Stelle von echter poetischer Glut, wogegen
manches Stümperhafte, ja Lächerliche desto mehr abstach.
Was mich bedenklich machte, war, daß er diese Gebrechen
selbst gar nicht zu fühlen schien. Doch mußte ich die
unglücklichen Verhältnisse wieder in Erwägung ziehen,
unter denen diese Verse entstanden waren, daß der Dichter
sie, wie er mir selbst sagte, nach drückender Tagesarbeit
in den Nachtstunden geschrieben habe, oft nicht nur selbst
von Mangel am Nötigsten, sondern auch von Sorge um
seine Mutter gequält. Diese Sorge war nun etwas ge=
schwunden, aber wie kann eine befriedigende litterarische
Leistung zu Stande kommen, wenn man den ganzen Tag
am Postschalter stehen oder im Bureau arbeiten muß?

Ihn in eine Lage zu versetzen, in welcher er sich,

wenn auch nicht gänzlich, so doch während einiger Stunden des Tages der Verfolgung von strengen Studien, die er bisher versäumt und der weiteren Ausbildung seines Talentes widmen könnte, erschien mir sehr wünschens= wert. Aber wie ließ sich das erreichen? Er äußerte einmal, daß er daran denke, sein Amt aufzugeben, um sich, zunächst als Journalist der schriftstellerischen Thätig= keit zu weihen. Doch hiervon mußte ich ihn aufs ent= schiedenste warnen, da ich aus Erfahrung weiß, wie viele schöne Talente auf diese Art zu Grunde gegangen sind. Dagegen erschien mir eine Stelle als Privatsekretär oder Bibliothekar erstrebenswert für ihn, und ich machte durch mir bekannte Personen auch Versuche, so etwas zu er= reichen. Allein diese fielen fruchtlos aus, und dies war vielleicht gut, denn ich habe später erfahren, daß solche Stellen meistens eine so angestrengte geschäftliche Thätig= keit erheischen, daß sie alle Kräfte absorbiren. Während ich mich so betrübte, nichts für Dörr thun zu können, was ihn seiner Niedergeschlagenheit zu entreißen vermocht hätte, überraschte mich derselbe plötzlich durch die Mit= teilung, ein Buchhändler in Darmstadt habe sich bereit finden lassen, ein Bändchen Gedichte von ihm zu verlegen, und dieses würde demnächst erscheinen. Ich war wenig erfreut hierüber, da ich die Unvollkommenheit dieser Pro= dukte kannte, und fürchtete, sie würden dem Verfasser keine Lorbeeren eintragen können. Wenn ich geahnt hätte, daß nicht lange nachher zahlreiche Gedichte und Gedichtsamm= lungen, die an Stümperhaftigkeit mit den schlimmsten

Schad. Mozart                                                4

Strophen der Dörrschen wetteiferten, während sie auch
nicht eine einzige der Schönheiten dieser besaßen, vom
Publikum und der Kritik mit Beifall überschüttet werden
würden, so würde ich über Dörrs Mitteilung erfreut ge=
wesen sein, denn ich hätte denken können, er werde wenig=
stens augenblicklich durch das Erscheinen seiner Samm=
lung Trost für die trüben Erfahrungen seines bisherigen
Lebens finden. Uebrigens ging meine Besorgnis in Er=
füllung. Die Gedichte, welche unter dem Titel „Titan
und Eros" erschienen, wurden, während das Publikum
sie ganz unbeachtet ließ, von der Kritik mit Spott über=
schüttet. Uebrigens enthielt die Sammlung, abgesehen
von den Schwächen, die jede Seite entstellten, manche
wirkliche Schönheiten. Solche fanden sich besonders in
einer kleinen Erzählung in Versen, welche das traurige
Ende zweier Liebenden vorführt, die aus Verzweiflung,
weil sie ihre hochfliegenden Pläne nicht erreichen konnten,
sich den Tod gaben. Mich erfüllte dies Gedicht mit Be=
sorgnis für den Verfasser, denn ich erinnerte mich, Aeuße=
rungen aus seinem Munde gehört zu haben, welche mich
annehmen ließen, er trage sich mit Selbstmordgedanken.
Uebrigens ist solchen hingeworfenen Aeußerungen wohl
nicht viel Bedeutung beizulegen. Schon der alte Herodot
hat trotz seiner heiteren Weltanschauung gesagt, es gebe
wohl keinen Menschen, der nicht schon an irgend einem
Tage gewünscht hätte, dieser möge der letzte seines Le=
bens sein.

Die erschienenen Gedichte hatten übrigens günstige

Erfolge für Dörr. Nachdem er sie seinem Chef, dem
Generalpostmeister, überreicht und dieser durch mich gehört,
wie unglücklich der Dichter in seiner Stellung sei, dis=
pensirte er ihn von mancher zeitraubenden Beschäftigung.
Dörr widmete nun die größere gewonnene Freiheit teils
der Produktion, teils der Lesung solcher Werke, die jeder,
der etwas auf poetischem Gebiete leisten will, kennen muß.
Er hatte einen mächtigen Zug nach dem Orient und las
alles, dessen er auf diesem Gebiete (natürlich in Ueber=
setzungen) habhaft werden konnte, mit Begier. Aber so
viel ich mich selbst auch mit den morgenländischen Sprachen
abgegeben, hatte ich doch schon damals die Meinung, der
ich immer treu geblieben, daß es durchaus eine Verirrung
sei, wenn man die Formen der arabischen, persischen oder
gar indischen Poesie nachahmen wolle. Es gelang mir
auch, Dörr hiervon abzubringen und er versprach mir, sich
zwar von dem Geist der Dichter der Sonnenaufgangs=
länder durchdringen zu lassen, aber keine Versuche in der
Ghaselen=, Makamen= und Kassidenform zu machen. — In
der neugewonnenen Muße erkannte Dörr bei einem Rück=
blick auf seine früheren Kompositionen deren Mängel,
welche hauptsächlich durch die fieberhafte Hast, mit der
er sie hingeworfen, verschuldet waren. Er beschloß alle
Kraft und Sorgfalt aufzuwenden, um etwas wirklich
Gutes hervorzubringen. Das episch-lyrische Gedicht, jene
Gattung, welche besonders im neuen England mit so
glänzendem Erfolg kultivirt worden ist, reizte ihn sich
darin zu versuchen, und er fand in Sismondis Geschichte

der italienischen Republiken einen Stoff, der ihm dazu
geeignet schien. Es war die später von F. Halm in
einem wenig bekannt gewordenen Trauerspiele behandelte
Geschichte der Imelda Lambertazzi, jener jungen Bolog=
neserin, welche zur Zeit der Kämpfe zwischen Guelfen
und Ghibellinen ihrem Geliebten das Gift aus der Wunde
saugte, welches ihm ihre Verwandten durch einen gegen
ihn geschleuderten Pfeil eingeflößt hatten. Als er mir
das vollendete Gedicht zeigte, war ich von den Fort=
schritten überrascht, die er in seiner Kunst gemacht hatte.
Wenn dasselbe neben wahren Schönheiten auch sehr störende
Mängel aufwies, so lag dies besonders daran, daß Dörr
sich nicht von dem Einfluß verschiedener Dichter hatte
freimachen können, welche damals Mode waren. Konrad
Schwenk, ein jetzt wohl ziemlich vergessener, geistvoller
Schriftsteller jener Zeit, hat in einem manches Interessante
enthaltenden Bande litterarischer Charakteristiken die er=
wähnten Dichter einer schneidenden Kritik unterworfen,
ihre stümperhafte Sprachbehandlung, ihre falschen bei den
Haaren herbeigezogenen Bilder, sowie sonstige Fehler un=
barmherzig gegeißelt. Vielleicht ist diese Kritik zu scharf
und verkennt die einzelnen Schönheiten, die sich bei einigen
derselben (keineswegs bei allen) finden. Daß aber auch
letztere durchaus nicht geeignet sind, andern als Vorbilder
zu dienen, sollte doch allgemein anerkannt werden. Dörr
verschloß sich dieser Einsicht und ich riet ihm deshalb, sein
Produkt noch liegen zu lassen, später würde er sicher
dessen Schattenseiten erkennen. Allein plötzlich überraschte

er mich durch die Nachricht, er habe einen Verleger ge=
funden und durch Vermittelung von Verwandten die Er=
laubnis erhalten, sein Gedicht der Großherzogin Mathilde
von Hessen zu widmen. Es war tief niederschlagend für
Dörr, an diesem mit Liebe und Begeisterung erzeugten
Produkt seiner Muse die traurige Erfahrung zu machen,
die freilich in Deutschland dem wahren Dichter nicht leicht
erspart wird, daß niemand davon Notiz nahm. Nicht
Auflage über Auflage, wie so oft gerade das Mittel=
mäßige oder ganz Schlechte sie bei uns erlebt, hatte er
erwartet oder auch nur gewünscht, aber doch ein Zeichen,
daß sein Gedicht hie und da das Herz eines Lesers höher
schlagen lasse. Daß diese Erwartung betrogen wurde,
mißstimmte ihn tief, und wenn ich ihn noch kurz vorher
hatte warnen müssen, sein Talent nicht zu überschätzen,
da er mir zu glauben schien, er habe schon das Höchste
erreicht, verbrannte er jetzt in einem Anfall von Ver=
zweiflung einen ganzen Stoß jüngst verfaßter Gedichte.
Da überraschte ihn plötzlich eine Nachricht, die ihn nicht
nur seiner trüben Seelenstimmung entriß, sondern ihn in
einen Taumel des Entzückens versetzte. Die Großherzogin
von Hessen, welcher er die Imelda Lambertazzi gewidmet,
hatte ihren Vater, den König Ludwig von Bayern, be=
stimmt, dem Verfasser ein Stipendium auszusetzen, welches
ihm einen mehrmonatlichen Aufenthalt in Italien er=
möglichte. Was der Traum und die Sehnsucht schon
seiner ersten Jugendjahre gewesen war, was er auch nur
zu hoffen kaum gewagt hatte, sollte nun in Erfüllung

gehen. Das Verlangen nach dem Süden, besonders nach Italien, scheint, wie den Künstlern so auch den Dichtern des Nordens von der Natur ins Herz gepflanzt zu sein. Schon den alten Chaucer trieb es dorthin, Shakespeares rauhe, nordische Sprache gewinnt weichere Accente, wenn er von der Nachtigall spricht, die nachts auf dem Granatbaum singt, und aus Miltons Versen weht uns der Hauch der Sommernacht an, wenn der Mond über dem Kloster von Vallombrosa leuchtet. Die bedeutendsten neueren Dichter Englands, Shelley, Byron, Browning, haben sich in Italien inspirirt und den unglücklichen Keats trieb seine Sehnsucht noch sterbend nach dem Monte Pincio, wo er von seinem Schmerzenslager an der spanischen Treppe den Blick über die ewige Stadt hingleiten ließ. Viele Dichter Deutschlands, vor allem Goethe, haben sich auf den Ruinen und in den Villen Roms begeistert. Platen sagte, während er als bayrischer Lieutenant die Wache kommandiren mußte, er werde nach Rom reisen und wenn er sich durchbetteln müßte. Der mehr durch seine Dichtungen als durch seine Bilder hervorragende Maler Müller brachte den größten Teil seines Lebens in der ewigen Stadt zu, und der unglückliche Hölderlin verzehrte sich in fruchtloser Sehnsucht nach dem Himmel des Südens. Wohl fragte sich Dörr, der gerade den letzteren zu seinem Liebling gemacht hatte, wodurch er es verdient habe, durch das Schicksal vor diesem also bevorzugt zu werden, aber er gelobte sich bei der Abreise, wie er mir selbst sagte, alle seine Kräfte einzusetzen, um sich

eines solchen Vorzuges würdig zu erweisen. Er sah
Venedig, Florenz, Rom und Neapel und vom frühen
Morgen bis in die Nacht hinein trieb es ihn rastlos von
Straße zu Straße, von Platz zu Platz durch diese herr=
lichsten Städte der Welt, damit ihm keine ihrer Schön=
heiten entginge. In einem Schreibbuch, das er immer
bei sich führte, legte er entzückte Schilderungen des Ge=
sehenen nieder. Aber nur zu schnell rauschten die Wochen
und Monde an ihm vorüber und der Gedanke, daß er
bald in den Norden zurückkehren müsse, warf bittere
Tropfen in den Taumelkelch, den er mit hastigen Zügen
leerte. Man denke sich, mit welchen Empfindungen er
sich nach einem Vierteljahr seliger Freiheit wieder an seinen
Postschalter gebannt fand. Ich sah ihn nicht wieder, da
ich inzwischen Frankfurt verlassen hatte, aber lange Briefe,
die er in mitternächtiger Stunde schrieb, sagten mir, daß
er am Rande der Verzweiflung stehe. Sein Chef, ein
durchaus wohlwollender Mann, that nach wie vor alles,
was er konnte, um seine Lage zu erleichtern, aber hier=
mit war ihm nicht geholfen. Jene Rüstigkeit und Ge=
schmeidigkeit, durch welche es Amadäus Hoffmann und
Immermann bei einer angestrengten amtlichen Thätigkeit
möglich war, noch litterarische Werke von Bedeutung her=
vorzubringen, war ihm nicht verliehen. Er schrieb mir,
er habe den festen Entschluß gefaßt, der Poesie ganz zu
entsagen. Dies geschah aber in Worten, welche sogleich
erkennen ließen, daß hiermit sein eigenes Todesurteil be=
siegelt sei. Seine Lage ging mir innig zu Herzen, aber

ich mühte mich vergeblich, eine Besserung derselben zu er=
wirken. Die Verhältnisse, welche auch mich damals nötigten,
mich jahrelang ausschließlich einer mir wenig zusagenden
amtlichen Thätigkeit zu weihen, machten, daß er auf
längere Zeit meinen Blicken entschwand. Doch war mein
Interesse an ihm, ebenso wie seine Zuneigung zu mir,
zu lebhaft, als daß unsre Beziehungen zu einander ganz
hätten aufhören können. Als ich selbst zwar noch nicht
die langersehnte Freiheit gewonnen hatte, aber doch in
eine Situation versetzt war, in der ich aufatmen konnte,
knüpfte ich wieder den Briefwechsel mit ihm an, und
erfuhr von ihm, daß es ihm gelungen, mit einer kleinen
Pension in den Ruhestand versetzt zu werden, und daß
er jetzt in einem Dorfe in ländlicher Einsamkeit lebe.
Ein Band Gedichte von ihm, die sämtlich sich auf Italien
bezogen und unter denen sich einige anziehende befanden,
war erschienen, und er arbeitete an einem Trauerspiel,
dessen Held Ferucci, der letzte Verteidiger der florentini=
schen Freiheit gegen Karl V. und die Mediceer war.
Wenn ich über diese Nachrichten Freude empfand, so ward
dieselbe dadurch getrübt, daß Dörr mir vertraute, es habe
sich seit einem Jahre bei ihm ein Brustleiden gezeigt, das
stets bedrohliche Fortschritte mache. Meine bangen Be=
fürchtungen wurden nur zu bald bestätigt, denn schon
nach wenigen Monaten empfing ich die Nachricht von
Dörrs Tode. Mir wurden einige Hefte mitgeteilt, die
er in seiner letzten Zeit mit Zeilen seiner Hand voll=
geschrieben. Sie erschütterten mich mehr als irgend eines

seiner Gedichte. Auf seinem Krankenlager in einem ab=
gelegenen Dorfe war, wie diese Schriftstücke bekundeten,
unter Entbehrungen aller Art, die ihm seine beschränkten
Mittel auferlegten, seine Phantasie in Griechenland und
dem Orient, in den er sich schon seit früher Jugend
hineingeträumt, umhergeschweift. Manche Schilderungen
auf diesen Blättern waren so lebendig, daß sie an Visio=
nen gemahnten. In rhythmischer Prosa, die oft in wirk=
liche Verse überging, pries er darin das Glück des Dichters,
der auf dem Krankenlager, in Not und Elend doch reicher
sei als alle Kaiser. Er gebiete dem Schicksal, ihm legten
alle Länder ihre Herrlichkeiten zu Füßen, die frühste Ver=
gangenheit wie die fernste Zukunft schlössen ihre Pforten
vor ihm auf. Möge, was er gesungen, in alle Winde
verhallen, dadurch, daß er Großes gefühlt und gedacht,
sei er beglückt vor allen Sterblichen und brauche keinen
Gott zu beneiden. Dann folgten Rhapsodien, in denen
er sich nach Griechenland versetzt glaubte und mit einem
Schwarm von Bacchanten und Bacchantinnen den Thyrsus
schwingend und Zimbeln schlagend dem Zuge des Dio=
nysus folgte. Andre Blätter schienen Bruchstücke eines
größern Gedichtes zu enthalten, in dem er sich selbst als
Renegaten darstellt, der im Turban und Kaftan die
Pilgerfahrt nach Mekka macht, und beim Umzug um die
heilige Kaaba seine frühere Geliebte gleichfalls als Moham=
medanerin wiederfindet. Beim Lesen der letzterwähnten
Blätter erinnerte ich mich, daß ich ihn schon viele Jahre
vorher mit der Lektüre von Rosenzweigs Uebersetzung des

Gedichtes Jussuf und Zuleicha von Dschami beschäftigt
gefunden, und daß er mir mit Bewunderung davon ge=
sprochen hatte. Ich hatte ihn damals vor dieser Lektüre
oder wenigstens vor deren Einfluß auf seinen eigenen
Stil gewarnt, da der genannte Perser, wie fast alle spä=
teren Orientalen, stark an Schwulst und Bombast leidet.
Aber das war in den Wind gesprochen gewesen.

Wenn die vorhergehenden Zeilen einige Aufmerksam=
keit auf den unglücklichen, nun seit lange im Grabe ruhen=
den Adolf Dörr richten und den oder jenen veranlassen
sollten, seine wahrscheinlich längst zu Makulatur gewor=
denen Dichtungen antiquarisch suchen zu lassen, so muß
ich doch dem Obigen sogleich hinzufügen, daß er im besten
Falle nur ein Dichter zweiten Ranges gewesen. Ob er,
selbst wenn ihn die Umstände in einem längeren Leben
so begünstigt hätten, wie sie ihm bisher entgegen ge=
wesen, je etwas Bedeutendes geleistet hätte, ist sehr
zweifelhaft. Aber sein feuriges Ringen, die unauslösch=
liche Begeisterung, mit der er noch auf dem letzten
Schmerzenslager an der geliebten Poesie hing, sollten
bewirken, daß in der Reihe der zahlreichen, unglücklich
zu Grunde gegangenen Dichter wenigstens sein Name
nicht vergessen werde.

## III.

Später als den unglücklichen Dörr lernte ich einen andern Dichter kennen, der ihm zwar an Begabung sicher weit überlegen, ihm aber darin verwandt war, daß er vom Tode ereilt wurde, ehe er das Ziel eines glühen= den, leidenschaftlichen Strebens erreicht hatte. Es war dies Otto Ludwig. In einem thüringischen Städtchen geboren, fühlte er von früh an lebhafte Neigung zur Musik, konnte sich aber wegen seiner beschränkten Ver= mögensverhältnisse, die ihn als Lehrling an einen Han= delstisch bannten, lange nur in den Nebenstunden ihr widmen, bis es ihm gelang, sich von dem lästigen Zwange frei zu machen, um zunächst den Kontrapunkt zu studiren. Er schrieb sodann eine ganze Reihe von Sonaten, Trios und Quartetten, von denen mir mehrere seiner Freunde versicherten, sie hätten große Erwartungen erregt. Allein nach einigen Jahren gewann in Ludwig die Neigung zur Dichtkunst die Oberhand über die zur Musik und er entsagte dieser, um sich ganz jener zu widmen. Es ist hierüber bemerkt worden, sein Talent könne doch kein sehr hervorragendes gewesen sein, denn ein solches würde von Anfang an nicht gezweifelt haben, sich der Kunst zu weihen, zu der es sich unwiderstehlich hingerissen fühlte. Mozart habe nie geschwankt, ob er nicht etwa Maler, Shakespeare nie, ob er nicht Musiker werden solle. Allein dagegen kann man anführen, daß Goethe noch auf der Universität zu Leipzig ernstlich mit dem Gedanken um=

ging, sich ganz der Malerei zu widmen, und daß hin=
gegen der treffliche Maler Ingres sein Leben lang be=
klagte, nicht lieber Musiker geworden zu sein. Jedenfalls
haben wir es nicht zu bedauern, daß Ludwig sich der
Poesie widmete, denn in ihr hat er einiges geschaffen,
was nicht unterzugehen verdient. Sein ernstes unab=
lässiges Ringen, auf dem Gebiete des Dramas etwas
Würdiges hervorzubringen, verdient bewundernde Aner=
kennung. Allein hiermit muß das Bedauern Hand in
Hand gehen, daß damit von Anfang an ein ängstliches,
zweifelhaftes Grübeln verbunden war, so daß die Früchte
seines hohen Talentes teilweise zerstört wurden und ver=
kümmerten, und wodurch es gekommen ist, daß er, der
nahezu dasselbe Alter erreichte wie Shakespeare (er wurde
1812 geboren und starb 1862) nur etwa vier Dramen
hinterlassen hat. Der Dämon, der dies verschuldete, war
der des Grübelns und Kritisirens, eben jener Geist, der
den großen schöpferischen Perioden in England und Spa=
nien fremd war, oder doch, wo er sich regte, im großen
und ganzen keinen Einfluß gewinnen konnte. Ludwig
verehrte Shakespeare als seinen Gott, gehörte aber doch
eigentlich zur Schule des Ben Jonson. Obgleich er diesen
an Begabung sicherlich überragte, ging er doch, wie er,
von der Kritik aus und suchte von ihr erst zur Poesie
vorzudringen. Dies erhellt aus seinen im Nachlaß vor=
gefundenen Schriften, welche den Titel „Shakespeare=
studien" führen, aber sich fast ebensoviel wie mit dem
Briten mit den Werken andrer, besonders Schillers, be=

schäftigen. Wenn man sieht, wie er namentlich dessen „Wallenstein" und „Kabale und Liebe" Ungereimtheiten aller Art, von denen sie wimmelten, vorwirft, müßte man annehmen, daß diese Werke elende Stümpereien sind. Man kann nun viele dieser Mängel nicht wegleugnen, aber man müßte alle von sterblichen Menschen geschaffenen Werke verdammen, wenn man nur deren Fehler ins Auge fassen wollte und nicht auch die Vorzüge, durch welche sie aufgewogen werden. Ludwig leugnet zwar nicht einzelne Schönheiten in Schillers genannten Stücken, allein zum mindesten ist doch klar, daß er dieselben für alles andre als die Meisterwerke hält, als die sie bisher angesehen wurden.

Ich will es Ludwig nicht vorwerfen, daß er Schiller auf weit niederere Stufe stellt als Shakespeare, auch ich halte diesen für einen ungleich größeren Dichter; aber ganz ungerechtfertigt ist es doch, daß er von letzterem so spricht, als sei er, wenn auch nicht völlig (einmal macht er an Hamlet beträchtliche Ausstellungen), so doch fast gänzlich von den Fehlern frei, die bei Schiller so zahl= reich vorhanden sein sollen. Daß bei dem Briten sich mindestens ebensoviele Gebrechen finden wie bei Schiller, ist von neueren Kritikern behauptet worden; aber diese suchen nun wieder Schillers Dramen als makellos hin= zustellen. Die Wahrheit ist: ein fehlerloses Werk, sei es ein solches der Malerei, Skulptur, der Musik oder Dicht= kunst, ist nie von Menschen geschaffen worden und wird auch nie geschaffen werden. Wird vielleicht in einer an=

dern höheren Welt von höher organisirten Wesen etwas
derartiges zu Stande gebracht werden, in unsrer wesent=
lich unvollkommenen wird dies nie der Fall sein. In
Aeschylus und Sophokles, wie in dem größten Werke der
deutschen Litteratur, im Faust, sind Fehler oft der ärgsten
Art entdeckt worden. Wo große Schönheiten vorhanden
sind, kommen einzelne Fehler kaum in Betracht. Dagegen
kann ein Werk mit sehr wenigen Fehlern behaftet sein,
und doch des Wertes entbehren, indem es keine Schön=
heiten besitzt und daher kalt und tot ist. In Palmas
herrlicher heiliger Familie mit Johannes dem Täufer in
der Dresdener Galerie ist eine arge Verzeichnung des
Armes der Madonna; aber wer würde für dies kleine
Bild nicht alle korrekt gezeichneten Gemälde des Guido
Reni hingeben?

Otto Ludwig, um auf ihn zurückzukommen, ruinirte
seinen Genius, denn einen solchen besaß er unbestreitbar,
systematisch durch diesen Geist des Grübelns. Er glaubte
durch fortwährendes Studium seines Abgottes Shake=
speare das Geheimnis des Abakadabra entdecken zu
können, durch welches dieser seine Werke geschaffen haben
sollte. Aber durch solche Formeln werden nur Homunkuli
erzeugt. Kann man sich denken, daß Shakespeare auch
nur das geringste seiner Werke hervorgebracht hätte, wenn
er auf der Fährte Otto Ludwigs gewandelt wäre?

Glücklicherweise, wie sehr sich auch der Geist der
Grübelei und Krittelei seiner bemächtigt hatte, ließ er
sich doch nicht immer von ihm beherrschen, und auf dem,

was er unabhängig von ihm in glücklichen Stunden der Begeisterung schuf, beruht seine Bedeutung als Dichter und Dramatiker. Die beiden wichtigsten unter seinen Werken sind: „Der Erbförster" und „Die Makkabäer", denn seine beiden früheren Dramen, von denen das eine eine Dramatisirung von Hoffmanns Erzählung „Das Fräulein von Scudery" ist, zeigen, obgleich sie hervorragende Begabung verraten, dieselbe doch noch weniger entwickelt. Der „Erbförster" gehört zur Gattung der bürgerlichen Schauspiele. Es ist unbegreiflich, wie diese, die jetzt wieder einen so breiten Raum auf der Bühne einnimmt, hie und da als etwas ganz Neues bezeichnet werden kann. Dieselbe ist beinahe so alt wie die neuere Litteratur. Unter den in Dodsleys Sammlung enthaltenen altenglischen Schauspielen gehören manche dahin, besonders von Middleton, Heywood, Dekker, auch das noch von Schlegel Shakespeare zugeschriebene „Trauerspiel in Yorkshire" und Fords treffliche „Hexe von Edmonton", ein Stück, welches Shakespeare selbst sicher nicht desavouiren würde. In der That kann man auch Goethes Stella und Clavigo mit diesem Namen bezeichnen, ebenso wie viele Schauspiele seiner Zeitgenossen, namentlich Lenz und Klinger. Auch Jfflands Familienstücke gehören hierher und ich möchte glauben, daß dessen „Jäger" nicht ohne Einwirkung auf den Erbförster geblieben sind. Allerdings überragt der Erbförster jene, die doch sicherlich nicht zu verwerfen sind, bei weitem, nicht in der Komposition, jedoch an Feuer und Leidenschaft. Freilich, daß dies Drama große Schattenseiten hat, darüber darf man sich nicht täuschen. Die Hauptperson, von der es den Namen trägt, ist ein Hirnverbrannter. Alle um ihn her wissen, daß die Försterei, welcher er vorsteht, von dem Gutsherrn nach Belieben besetzt werden kann, er aber ist von der firen Idee besessen, die Stelle sei erb= lich, und hält an dieser Idee mit einer Hartnäckigkeit fest, die ihn zum Kandidaten des Irrenhauses macht. Aber der Dichter hat die immer wachsende Verblendung des Unglücklichen mit einer Kraft und Lebendigkeit dar= gestellt, daß nicht bloß der Zuhörer, sondern auch der Leser in dieselbe hineingerissen wird und an dem Schick= sal des Försters, als der Gutsherr von seinem unzweifel= haften Rechte, ihn abzusetzen, Gebrauch macht, teilnimmt, als ob ihm das himmelschreiendste Unrecht geschähe. Der kalte, kritische Verstand ließ sich freilich von Anfang an, trotz des Beifalles, mit dem das Werk aufgenommen wurde, nicht über den wunden Fleck täuschen. Der geist= volle Verfasser der Litteraturgeschichte des 18. Jahrhunderts, H. Hettner, zerriß dasselbe in unbarmherziger Weise, während er im Gegensatz zu Ludwig, den er als elenden Poetaster hinstellte, Friedrich Hebbel in den Himmel hob. Aber mag letzterer auch Ludwig an kritischem Verstande überlegen gewesen sein, so überragte ihn dieser bei weitem an dichterischem Feuer, und hierauf kommt es doch in der Poesie besonders an.

Nachdem er mit dem Erbförster teils ermutigende, teils niederschlagende Erfahrungen gemacht, beschloß Lud=

wig, das bürgerliche Drama zu verlassen und alle seine
Kraft daran zu setzen, um eine Tragödie hohen Stiles
zu schaffen, welche würdig wäre, seinen Namen der Nach=
welt zu überliefern. Zum Stoff wählte er die schon von
Calderon und Zacharias Werner behandelte Geschichte des
Heldenkampfes und Unterganges der Makkabäer. Die
kritische Schärfe, mit welcher er bei andern Dramatikern,
besonders Schiller, Fehler über Fehler entdeckt hatte, legte
ihm in seinen Augen die Pflicht auf, alle seine An=
strengung dahin zu richten, daß seine Tragödie jedem
Einwand in Bezug des Baues, der Motive und Charakter=
zeichnung die Stirn bieten könne. Er machte einen Plan
nach dem andern und verwarf das, woran er Monate
gearbeitet hatte, immer von neuem, bis er zuletzt die
Tragödie zu Stande brachte, welche den Titel „Die Makka=
bäer“ führt und auf den meisten Bühnen nicht nur mit
Achtung, sondern stellenweise sogar mit Enthusiasmus
aufgenommen wurde. Der zweite und fünfte Akt sind
eines großen Dichters würdig. Aber es kann doch kein
Zweifel darüber walten, daß der Dichter gerade das,
was er erstrebte, wonach er in vielen schlaflosen Nächten
gerungen, auch nicht entfernt erreicht hat, daß sein Stück
alle jene Mängel, die er in andern aufgedeckt, in noch
viel höherem Maße bietet als diese. Die Erkenntnis da=
von scheint ihm auch gekommen zu sein und ihn verstimmt
zu haben. Längere Zeit drang, wenigstens ins Publikum,
keine Nachricht über neue dramatische Arbeiten von ihm.
Mehr durch das Bedürfnis, sich einen, bei seinen be=

schränkten Verhältnissen für ihn nötigen Erwerb zu schaffen,
als durch inneren Trieb bestimmt, schrieb er einige Erzählungen in Prosa. Diese, namentlich „Zwischen Himmel
und Erde", wurden mit Beifall überschüttet. Aber er
fühlte sich hierdurch beinahe gekränkt, da nur ein voller,
ganzer Erfolg in der Tragödie ihn befriedigen konnte.

Es war etwa im Jahre 1856, als ich hörte, Ludwig
arbeite seit langem an einem neuen Drama. Ich hatte
seinen Erbförster mit lebhaftem Interesse gesehen, seine
Makkabäer, obgleich ich mir über ihre Gebrechen kein
Hehl machte, mit Enthusiasmus begrüßt. Da ich mich
um jene Zeit in Dresden aufhielt, begab ich mich zu
Ludwig, teils von dem Wunsch, ihn kennen zu lernen,
getrieben, teils aus dem speziellen Anlaß, daß König
Max eine Preiskonkurrenz für das beste Trauerspiel aus-
geschrieben hatte, das poetischen Wert mit Bühnenfähig-
keit verbände. Da der Monarch an den Makkabäern
großes Wohlgefallen gefunden, war es sein Wunsch,
deren Verfasser möchte sich an der Konkurrenz beteiligen.
Mehrere Freunde des letzteren, zu deren wärmsten ich
mich zählte, knüpften hieran zugleich die Hoffnung, solche
Beteiligung werde im Falle des Sieges einen günstigen
Einfluß auf die äußere Lage desselben haben.

Ich fand Ludwig in einem traurigen Körperzustande,
in welchem er kaum seinen Lehnstuhl, geschweige denn
sein Zimmer verlassen konnte. Geistig schien er frisch zu
sein, und das Interesse an seinen Werken, das ich ihm
zeigte, flößte ihm bald Vertrauen ein, wie ich ihn denn

bei meinen wiederholten Besuchen persönlich wahrhaft lieb
gewann. Ich erkannte bald, daß die schneidenden Urteile
über die Werke andrer, die, wie ich hörte, er vielfach aus=
gesprochen, nicht aus Selbstüberhebung oder Neid her=
vorgegangen waren. Sie lagen vielmehr in einer Eigen=
heit seines Geistes, wie sie sich wohl bei bloß kritischen
Köpfen findet, die aber gewiß nur selten bei einem wirt=
lichen Dichter vorhanden gewesen ist. Er vertraute mir,
daß er seit lange an einer „Agnes Bernauer" arbeite,
das vollendete Werk mehrmals umgeworfen und dann
nach einem neuen Plan ausgeführt habe, aber nie zu=
frieden gewesen sei. Zuletzt habe er erkannt, daß eine
Aussöhnung des Herzogs mit dem Sohne, nach der durch
ersteren bewirkten Hinrichtung der Agnes, wie dies in
den bisherigen Behandlungen des Stoffes geschehen, un=
möglich sei, wie der Prinz durchaus im Empörungs=
kampfe wider den Vater fallen müsse. Auf diese Art
denke er sein Stück umzuarbeiten, möchten auch die Histo=
riker Zeter wegen der Verletzung der Geschichte schreien.
Ich gab ihm hierin durchaus recht. Er versprach sich
anzustrengen, um das Stück noch zur Konkurrenz ein=
senden zu können, allein dies geschah in einer Art, daß
ich an der Ausführung zweifelte, und ich habe damit
leider Recht behalten. Meiner Bitte, mir die schon voll=
endeten Teile des Stückes mitzuteilen, wollte Ludwig nicht
willfahren. Er sagte, wenn er das thäte, würde er sicher
das Ganze liegen lassen, und ich antwortete ihm, daß ich
seine Scheu vor einer Mitteilung dieser Art wohl begriffe,

indem sehr viele der Hörer nach Art unsrer Rezensenten, welche Bücher mit weiser Miene besprechen, von denen sie nur ein paar Blätter aufgeschnitten haben, sogleich mit Kritiken und Einwänden bei der Hand sein würden, die ihn irre machen könnten, aber ich würde es gewiß nicht so machen. Er holte dann mehrere Mappen mit Manuskripten hervor, welche Entwürfe zu Dramen und einzeln ausgeführte Scenen enthielten. Er selbst beurteile sie jetzt wie die Arbeiten andrer, und obgleich er nur hie und da etwas Gutes an ihnen finde, sie aber im ganzen verurteilen müsse, wolle er mir doch einiges daraus vorlesen. Selbst wenn ich das wegwerfendste Urteil darüber aussprüche, würde es ihn nicht verletzen. Er begann nun mit mehreren umfangreichen Scenen aus einem Trauerspiel Marino Falieri, indem er zugleich summarisch den Abriß der ganzen Handlung gab. Der Stoff ist vielfach behandelt worden, von Byron, Delavigne, Franz Kugler, Albert Lindner und sicher noch andern, liegt auch dem Libretto einer Oper von Donizetti zu Grunde, aus der wenigstens eine reizende Barcarole erhalten zu bleiben verdient. Was so viele dazu hingezogen, ist mir nicht recht begreiflich, denn daß ein achtzigjähriger Doge durch ein auf seine Gemahlin und ihn geschleudertes Epigramm so in Wut versetzt wird, daß er sich in eine Verschwörung zum Umsturz der Verfassung Benedigs einläßt, scheint mir ein für die tragische Muse nicht sonderlich geeigneter Vorwurf. Ludwig war selbst während seiner Arbeit dieser Ueberzeugung geworden.

Die Scenen, die er mir vorlas, zeichneten sich jedoch
durch so hohe Schönheit aus, daß ich die Nichtvollendung
des Ganzen beklagte. Einen viel glücklicheren Griff schien
er mir mit der Genoveva gethan zu haben. Auch dieser
Stoff war schon vor ihm mehrfach behandelt worden,
wie von Maler Müller, Tieck, Hebbel, Raupach und als
Oper von Robert Schumann. Maler Müller schrieb seine
Tragödie im Stile der Stürmer und Dränger. Sie
überragt an Kraft und Leidenschaft bei weitem diejenige
von Tieck, welche einst von den Romantikern auf nahezu
gleiche Höhe mit Goethes Faust gestellt wurde, jetzt aber
wohl nur noch wegen der trefflichen burlesken Scenen
Leser findet. Hebbel hat in seiner Genoveva den ersten
seiner Vorgänger lange nicht erreicht, den zweiten mindestens nicht übertroffen. Diejenige Raupachs, dieses
zwar begabten, aber, weil er der poetischen Ader entbehrte,
kaum zu den Dichtern zu zählenden Dramatikers, die auf
nichts Höheres als den Rang eines wirksamen Bühnen-
stückes Anspruch machen kann, unterscheidet sich von den
genannten dadurch, daß die Heldin eine Schuld hat,
welche sie während ihrer Verstoßung in die Gebirgs-
wildnis abbüßt. Ludwig leugnete die Richtigkeit der von
den meisten Aesthetikern gepredigten, auf Aristoteles fußen-
den Lehre von der Notwendigkeit einer Schuld in der
Tragödie und berief sich dabei auf die Antigone, wie auf
Romeo und Julia, denen sich doch nur mit Verdrehung
aller Begriffe eine Verschuldung, wenigstens eine todes-
würdige, nachweisen lasse. Trotzdem verwarf er den Ge-

danten, daß er je zu diesem Entwurfe zurückkehren sollte,
wie er auch von einem dritten Sujet, das er lange mit
sich herumgetragen hatte, nichts mehr wissen wollte. Dies
war die in Hauffs Novelle „Jud Süß" behandelte Ge=
schichte eines Israeliten, der sich am württembergischen
Hofe zum allmächtigen Minister emporschwang. Er sagte,
da Shakespeare so viele seiner Stücke auf Novellen ge=
gründet, könne er sich zwar keinen Skrupel daraus machen,
in seine Fußstapfen zu treten, allein diese aufgegebenen
Dramenpläne litten an Gebrechen, die er nicht zu be=
seitigen vermöge. Er bereue es, den Erbförster und die
Makkabäer nicht in seinem Arbeitszimmer zurückbehalten
zu haben, und sei entschlossen, lieber gar nichts mehr an
die Oeffentlichkeit zu geben, als ein Werk, mit dem er
nicht nach allen Seiten hin zufrieden sein könne. Dies
werde hoffentlich mit der Agnes Bernauer der Fall sein,
er habe aber noch sehr viel daran zu thun. Ich erwiderte
ihm, nicht leicht werde ein Dichter oder Künstler das
Werk in der Herrlichkeit, in welcher es seinem Geiste vor=
geschwebt, ins Leben gerufen haben. Wenn alle denken
wollten wie er, so müßte jeder Maler und Dichter ver=
zagen, denn keiner von ihnen werde sich doch sagen, er
sei ein Raphael oder Shakespeare. Doch seien sie keines=
wegs so skrupulös gewesen wie er, und die Welt danke
ihnen, daß sie auch Werke, deren Mängel sie selbst kannten,
die sie aber nicht zu verbessern wußten, wofern sie wenig=
stens gute Seiten an ihnen erblickten, sorglos um den
Beifall oder das Mißfallen der Menge, in die Welt hin=

ausgehen ließen. Shakespeares Richard II., fuhr ich fort,
sei, wie dies oft genug bemerkt worden, in der ersten
Hälfte des gleichnamigen Trauerspieles ein ganz andrer
als in der zweiten. Der zu Anfang eitle, leichtsinnige,
grausame und wollüstige König spreche nach seinem Sturze
plötzlich Gedanken von einem Tiefsinn und einer Erhaben=
heit aus, wie sie mit einem solchen Charakter unverein=
bar seien. Nun gehöre aber dieser zweite Teil zu dem
Allerherrlichsten, was Shakespeare geschrieben, und der=
jenige müßte von allen Göttern verlassen sein, der
wünschte, der Dichter hätte das Stück wegen des Zwie=
spaltes zwischen der ersten und zweiten Hälfte unvollendet
gelassen oder gar vernichtet. Den Richard anfangs in
seinen hassenswerten Eigenschaften, wie er allen Eng=
ländern bekannt war, vorzuführen, konnte der Dichter
kaum vermeiden. Der des letzten Teiles aber hätte, wenn
er seine verächtlichen Leidenschaften behalten, keine Thräne
des Mitleids entlocken können. Daß diesem Werke des
Briten hierdurch ein Mangel anklebe, sei nicht zu leugnen,
aber derselbe werde durch dessen Vorzüge hoch in die Luft
geschnellt. Ebenso verhalte es sich mit „Maß für Maß“:
die demselben zu Grunde liegende Fabel, nach einer No=
velle des Giraldi Cintio, grenze ans Abgeschmackte; allein
die einzige Scene, in welcher Marianna den Herzog um
Gnade für den Bruder anfleht, breite, abgesehen von an=
dern Herrlichkeiten, einen solchen Glanz über das Ganze,
daß es sich dem Schönsten in der Dichtkunst anreihe. Die
Gebrechen, mit denen bei Shakespeare nur einzelne Stücke

behaftet seien, fänden sich bei seinen Zeitgenossen fast in
allem, was sie geschrieben, und trotzdem würden viele
von deren Schauspielen von den Engländern zu den
Kleinodien ihrer Litteratur gezählt. Marlow stehe durch
die Monologe seines Faust und durch die unvergleich=
lichen Kerkerscenen seines Eduard II. als ein großer
Dichter da; ebenso Webster durch die staunenswerten
Scenen in der „Herzogin von Malfy", wo die Schwester
des Herzogs von ihrem tyrannischen Bruder in ein Irren=
haus gesperrt ist, damit die sie umgebenden Wahnsinnigen
auch sie in Irrsinn und Tod treiben; dann in dem be=
rühmtesten Stücke Fords die sinnberückende Darstellung
der Liebe zwischen Giovanni und Annabella! So seien
auch in andern zahlreichen Schauspielen jener Zeit Par=
tien vorhanden, welche geschrieben zu haben jeder stolz
sein dürfte; Partien, den schönsten Scenen in den Makka=
bäern vergleichbar, und wenn Ludwig daran verzage, je
Ganzes zu schaffen, das ihm selbst genüge, so möge er
nur weitere Stücke von der Mangelhaftigkeit der Makka=
bäer schreiben, Deutschland werde es ihm Dank wissen.

Dies ungefähr war es, was ich, nicht bloß in der
Erregung des Augenblickes, sondern während mehrfach
wiederholter Besuche, dem Dichter gegenüber aussprach.
Denselben freute meine Teilnahme, er blickte mich, während
ich sprach, mit dem Ausdruck des Dankes an und drückte
mir die Hand. Als ich dann Dresden verlassen mußte
und von ihm Abschied nahm, hatte ich schon das nieder=
schlagende Gefühl, daß er sich schwerlich wieder aufraffen

würde. Obgleich leidend, hätte er sich doch vielleicht noch
zu frischem, freudigem Schaffen emporschwingen können,
wenn er nicht immer mehr in jenes kritische Grübeln
verfallen wäre, von welchem seine Nachlaßschriften, die
nur einen kleinen Teil dessen, was er niedergeschrieben,
enthalten sollen, ein so trauriges Zeugnis geben. Vielleicht hat die Litteraturgeschichte kein andres Beispiel,
wie ein genialer Geist sich selbst so systematisch zu Grunde
gerichtet hätte. Nach Berichten, die mir in den folgenden Jahren über ihn zukamen, war sein Gemütsleiden
im Verein mit seiner, in einer schmerzhaften Fistel be-
stehenden Krankheit in beständigem Zunehmen begriffen,
und ließ ihn nur noch selten dazu kommen, sich wieder
mit diesem oder jenem dichterischen Plan zu beschäftigen.
Im Jahre 1862 ward ich durch die Kunde von seinem
Tode betrübt, aber nicht überrascht. Hatte ich doch schon
sechs Jahre früher die Ueberzeugung mit hinweggenommen,
daß seine Tage gezählt seien. Als ich etwas später die
beiden von M. Heyderich mit Sorgfalt und Liebe heraus-
gegebenen Bände seines Nachlasses erhielt, erregte mir
der erste derselben zwar durch die vielen darin enthaltenen
geistvollen Bemerkungen großes Interesse, doch auch zugleich Betrübnis, indem der in Lob und Tadel her-
vortretende grüblerische Geist mir klar machte, aus welcher
Ursache der Dichter zu keiner weiteren Produktion gekommen. Glücklich ihr Aeschylus, Shakespeare, Calderon,
Goethe, die ihr rückhaltlos den Eingebungen eures Geistes
folgtet, glücklich selbst diejenigen geringeren Dichter, die sich

das Produziren nicht durch Grübeleien zur Marter machten,
sondern nach ihrem besten Können das zu Papier brachten,
was ihnen die Muse eingab. — Mit ungleich größerem
Interesse las ich den zweiten Band, der nachgelassene
Fragmente von Dramen und hie und da auch Abrisse
der Pläne hierzu enthält. Ich fand darunter nicht nur
das, was mir schon im Manuskript bekannt geworden,
sondern auch andres. Die spärlichen Bruchstücke eines
Dramas Christus lassen noch in keiner Weise erkennen,
wie er den Stoff zu gestalten dachte. Auch Grabbe und
Hebbel haben denselben bearbeiten wollen, sind aber nicht
über die ersten Ansätze dazu hinausgekommen, und dies
begreift sich leicht; denn obgleich beide, besonders der
zweite, ein weit kühneres Selbstvertrauen hatten als
Ludwig, sahen sie doch wohl ein, daß ihre dichterische
Kraft einer solch ungeheuren Aufgabe nicht gewachsen
sei, und daß ihr Christus wahrscheinlich hinter dem Ober=
ammergauer Passionsspiel, das aus dem ihnen wie
unsrer ganzen Zeit mangelnden Glauben hervorgegangen,
zurückstehen würde. Jedenfalls kann ich mir ein solches
Drama, wie es Ludwig projektierte, doch nur für das
Lesen bestimmt denken, nicht aber dafür, daß es öffent=
lich gespielt werde, denn die bei weitem meisten Hörer
müßten andre Reden, als die ihnen aus der Bibel be=
kannten, als Profanation betrachten. — Von einem
früheren Drama im Stile von Lenz und Klinger, das
sich, glaube ich, vollendet vorgefunden, aber im Nachlaß
nicht gedruckt ist, habe ich nichts Näheres erfahren. Wenn

es nicht, ohne daß ich davon gehört, neuerdings heraus=
gegeben worden ist, sollte dies doch jedenfalls geschehen.
Wird doch jetzt vielfach der geringste Plunder, nur weil
er der sogenannten klassischen Periode angehört, ans Licht
gezogen, und daß Ludwig etwas ganz Wertloses ge=
schrieben, läßt sich nicht glauben. — Eine Eigenheit
unsres Dichters war es, daß er, wie seine Makkabäer,
seine Genoveva und Agnes Bernauer, sein Marino Falieri
zeigen, Stoffe wählte, die schon häufig vor ihm bearbeitet
waren. Man kann zu Gunsten hiervon anführen, daß
die griechischen Tragiker beinahe immer die Mythen und
Sagen, die selbst vor Aeschylus schon bei der Dionysien=
feier gespielt worden waren, behandelten, daß es schon
vor dem Shakespeareschen einen Lear und König Johann
gab, daß Racine bei seiner Iphigenie und Phädra nicht
nur Euripides, sondern auch Rotrou zu Vorgängern hatte.
Es ist unbedenklich, wenn ein schwaches Stück, wie dies
in den ersten Fällen zutrifft, durch das eines großen
Dichters in Schatten gestellt wird. Minder jedoch findet
dies statt, wenn ein schon trefflich bearbeiteter Stoff noch=
mals behandelt wird, und Racine hat es sich ge=
fallen lassen müssen, daß Schlegel in einem ausführlichen
und geistreichen Aufsatze dessen Phädra weit unter den
Hipolyt des Euripides stellte. Welcher Dichter würde
noch wagen, einen Macbeth und Othello zu dichten?
Eine verwegene Idee von Ludwig war es daher, nach
Schiller einen Wallenstein schreiben zu wollen. Ich ver=
kenne nicht die Fehler, die er an dem Werk gerügt hat,

aber mit diesen sind so viele Schönheiten verwachsen,
daß diese Blumen von berauschendem Duft und blenden=
dem Farbenglanz uns das Unkraut vergessen lassen, welches
sie so überdecken, daß wir es gar nicht gewahren. Aller=
dings beabsichtigte Ludwig, den gewaltigen Mann und
seinen Untergang ganz anders darzustellen als Schiller.
Das Ganze sollte realistisch gehalten werden und genre=
artige Bilder, wie sie Schiller in dem unvergleichlichen
Lager vorgeführt, einen breiten Raum in dem Ganzen,
das in Prosa ausgeführt werden sollte, einnehmen. Eine
solche realistische Behandlung könnte auch gewiß ihren
Wert haben, wenn nicht Schillers Meisterwerk vorhanden
wäre; aber neben diesem im höchsten Stil der Poesie
ausgeführten Werke, würde Ludwigs projektirter Wallen=
stein doch eine traurige Rolle gespielt haben, ebenso wie
die sogenannten religiösen Bilder von Caravaggio und
Spagnoletto, auf denen die Figuren eher Banditen als
Aposteln gleichen, neben den herrlichen Grablegungen von
Raphael und Tizian. Mehr beklage ich, daß ein „Tiberius
Gracchus“ Ludwigs, von dem uns nur ein kurzes, schönes
Fragment erhalten blieb, nicht vollendet wurde. In ihm
wollte Ludwig wieder auf den Stil der Makkabäer zu=
rückgehen und die vielfach aufgestellten Behauptungen
widerlegen, nur ein Sujet aus der Zeit nach der Refor=
mation könne jetzt noch Teilnahme erregen. Die Zahl
der für das Trauerspiel geeigneten Stoffe ist nicht über=
groß, besonders wenn man die schon öfter behandelten
vermeiden will. Ziehe man daher unsern Dichtern doch nicht

Schranken, welche die Spanier, Engländer, Italiener und
Franzosen nicht gekannt haben, von denen die beiden
letzteren vielmehr antike Sujets vorzugsweise, wo nicht
einzig für den Kothurn der tragischen Muse geeignet
hielten.

## IV.

Als ich erst etwa 18 Jahre alt war, lernte ich einen
jungen Mann kennen, der eben so oft wie die vorher-
genannten in meiner Erinnerung auftaucht und mir das
Bedauern erregt, daß er die schöne Begabung, die ihm
verliehen war, nicht so weit hat ausbilden können, um
Werke zu hinterlassen, die noch den folgenden Geschlechtern
Zeugnis ablegten, daß sein heißes Streben mit Erfolg
gekrönt worden sei. Ich begegnete auf einer Fußreise
an der Riviera einem jungen, mir an Jahren etwa
gleichen Manne, der durch das Malgerät, das er trug,
sich sogleich als Künstler kundgab. Nachdem er schon
längere Zeit vor mir hergegangen, gewahrte ich, wie er
auf einer steilen Höhe seinen Feldstuhl niederstellte, sein
Gerät vor sich ausbreitete und die Aussicht auf Meer
und Küste, die sich hier besonders malerisch erstreckte, zu
malen begann. Nachdem ich längere Zeit unfern von
ihm auf einem Steinblock gesessen, trat ich an ihn hinan
und bat ihn auf französisch, mir zu gestatten, daß ich
seine Arbeit betrachtete. Seine Antwort bekundete ihn

als Deutschen, es entspann sich alsbald ein weiteres Ge=
spräch zwischen uns und wir setzten binnen kurzem den
Weg vereint weiter fort. Der größte Teil der westlichen
Riviera lag schon hinter uns. Diese wurde damals mit
Ausnahme von Nizza gewöhnlich nur auf der Durchreise
und flüchtig besucht, und die jetzt mit glänzenden Gast=
häusern prangenden, von Wintergästen überfüllten Orte
Mentone und San Remo, sowie das durch seine para=
diesische Lage berühmte, durch seine Spielhölle berüchtigte
Monaco boten dem Reisenden nur ein bescheidenes Unter=
kommen zum Uebernachten. Ich habe, als ich viele Jahre
später mehrmals den Winter in den genannten Orten
verbrachte, dieselben genauer kennen gelernt, bin aber zu
der Erkenntnis gelangt, daß schöne Gegenden allein mich
auf die Dauer nicht zu befriedigen vermögen. Gäbe es
in der Lüneburger Heide eine schöne Kunstsammlung und
eine reiche öffentliche Bibliothek, so würde ich den Auf=
enthalt daselbst vielleicht dem an der Riviera vorziehen,
welche nichts derartiges besitzt. Daß mein neuer Freund
als Landschafter für letztere schwärmte und sich nicht satt
an ihren Schönheiten schwelgen konnte, begriff ich jedoch
sehr wohl; auch war ich empfänglich genug für Reize
der Natur, um an den folgenden Tagen mit ihm auf
mehrere steile fast unzugängliche Felsspitzen zu klettern.
Einmal übernachteten wir in einem der alten Sarazenen=
türme, die hier besonders zahlreich von der Zeit Kunde
geben, als die Seeräuber von Algier und Tunis oft
unversehens an der Küste landeten, um Gefangene und

Beute davonzuschleppen, und in noch früherer Zeit in der
Gegend von Frejus eine dauernde Niederlassung hatten.
Ich bemerke hier, daß man unter dem Ausdruck „Sara-
zenenturm" teils solche alte Warten verstehen muß, die
den Christen zur Bewachung der Küste dienten, teils aber
auch solche, wo die Mauren selbst hausten, die vor ihrer
Niederlassung in der Provence Streifzüge nach der Grafschaft Nizza sowie den italienischen Ufern machten und
sich dort an einzelnen Punkten festsetzten. Auch die alte
römische Stadt Turbia besuchten wir, und mein Freund,
den ich Julius nennen will, suchte jeden malerischen
Punkt mit dem Bleistift oder Pinsel auf das Papier zu
bannen. Er hatte, als ich ihn im Herbst traf, schon
viele Monate auf Reisen verbracht und einen großen Teil
von Frankreich durchstreift. Am Abend ließ er mich seine
Zeichnungen sehen, darunter eine, die Aussicht von der
hoch über dem Meer gelegenen Kapelle Notre Dame de la
Garde bei Marseille, die er als großes Oelbild auszuführen gedachte. Seine höchst sorgfältigen Aufnahmen
der römischen Baudenkmale in Arles und Nimes, sowie
des Pont du Gard zeigten mir, daß er auch in der
Architekturmalerei Treffliches würde leisten können. Bevor
wir uns zur Ruhe begaben, pflegte ich an meinem Tage-
buch zu schreiben oder im Reigebaur zu lesen, der, Nachfolger des von Goethe gebrauchten Vollmann, als Vorgänger von Ernst Förster und Bädeker mein Reiseführer
war. Eines Abends, in dem kleinen Cogoletto, erinnerte
ich mich, daß dasselbe mit sechs andern Städten be-

hauptete, den Kolumbus zur Welt gebracht zu haben. Diese Meinung ist, glaube ich, jetzt die vorherrschende geworden. Vor einigen Jahren sah ich ein Haus von Cogoletto mit einer Inschrift, als sein Geburtshaus, ver= sehen, auch ein Café, das mit seinem Namen prangte. Wie wir aus unserm kleinen Gemache auf Meer und Küste hinabblickten, fiel mir eine alte Legende in Bezug auf den Entdecker von Amerika ein, die ich irgendwo gelesen hatte. Christoforo, der schon in früher Jugend ein leidenschaftlicher Seefahrer war, wurde einmal von einem Sturme weit in das Meer hinaus nach Westen zu verschlagen und erblickte plötzlich vor sich auf einer hoch aus der schäumenden Flut aufragenden Klippe eine riesige Gestalt, die mit der Rechten abendwärts wies. Diese Vision schwebte ihm dann immer vor Augen, und ließ ihm nicht Ruhe, bis er den fünften Weltteil ent= deckt hatte. Julius fand in dieser Anekdote Anlaß, noch an demselben Abende eine Skizze jener Bildsäule und des im Nachen umhergeschlenderten Knaben zu entwerfen, und ich schrieb eine kleine Ballade, welche den Stoff be= handelte, eines der frühesten meiner Gedichte, und weit später in die Sammlung der letzteren aufgenommen.

Genua überraschte und entzückte uns beide, wie wohl alle, die es zum erstenmal sehen, über die Maßen. In der Herrlichkeit seiner Lage könnte es fast Neapel den Preis streitig machen. Um diese von allen Seiten be= trachten zu können, ließen wir uns bald auf einem Boote durch den Hafen fahren, wo sich die Stadt mit ihren

Prachtgebäuden amphitheatralisch aus dem Grunde ihrer
üppigen Gärten erhebt, bald schweiften wir auf den sie
umgebenden Höhen umher. Aber in dem, was sie für
die Kunst geleistet hat, steht die stolze Stadt des Andrea
Doria nicht nur hinter den meisten Hauptstädten Italiens,
wie Venedig, Florenz, Rom, Mailand, sondern auch hinter
Siena, Perugia u. s. w. zurück. Die vorzüglichsten Gemälde, die Genua bewahrt, sind wohl die Steinigung
des h. Stephanus von Giulio Romano und eine Anzahl
von Porträts des van Dyck, der hier mehrere Jahre lang
lebte. Die zahlreichen luxuriösen Paläste der Großen,
deren jeder wert wäre, einem Kaiser zum Aufenthalte zu
dienen, enthalten noch manche gute Bilder; aber ich glaube
nicht, daß sie zusammen die Schätze aufwiegen, die das
kleine Modena besitzt oder gar die, welche die Galerie
von Parma aufweist. An der östlichen Riviera zeichnete
Julius die Ruinen von Luna, jener altrömischen Stadt,
die in der Zeit der Normannen noch aufrecht stand, aber
von diesen zerstört wurde, indem sie in kolossaler Verwirrung aller Ortsbegriffe dieselbe für Rom hielten. Das
kleine, jetzt viel genannte Lerici ließ ich beiseite liegen.
Sein Ruf als letzter Aufenthalts- und Zufluchtsort des
damals noch kaum genannten, von seiner Zeit verkannten
und verfolgten, 1822 auf einer Seefahrt bei Viareggio
ertrunkenen Shelley war damals noch nicht an mein
Ohr gedrungen.

In Pisa machte der Campo santo einen überwäl-
tigenden Eindruck auf mich, wie ich den gleichen bei jedem

späteren Besuche dieser jetzt so tief gesunkenen Stadt
empfunden habe. Wir brachten lange Stunden in dem
Gebäude zu, und keiner wagte das tiefe Schweigen, das
rings um uns waltete, durch einen Laut zu entweihen.
Beim Herausgehen sagte Julius zu mir: Auf diesem
Friedhof möchte ich begraben sein, Worte, die mich aus
dem Munde des jungen, von Kraft und Gesundheit
strotzenden Mannes überraschten und tief bewegten. Ich
ahnte nicht, wie lange ich, der ich von Jugend auf
schwächlich war, ihn überleben sollte. Es war mir, als
ich jüngst von neuem diesen Friedhof besuchte, als ob sich
die Freske des alten Orcagna, der Triumph des Todes,
von der Wand ablöse, und der graue Alte mit seinem
Gefolge an mir vorüberziehe und mir die Hand böte,
um mich in das dunkle Reich hinabzuführen, das meinen
jungen Freund schon vor so langer Zeit aufgenommen.

Umstände bestimmten uns, den Besuch von Florenz
auf später zu verschieben und uns zunächst nach Mailand
zu wenden. Die Besichtigung der Brera war für Julius'
spätere Laufbahn entscheidend. Das Bild die Findung
des Moses, früher dem Giorgione, jetzt dem Palma zugeschrieben, riß ihn zu höchstem Entzücken hin, wie es
denn auch sicher zu den schönsten Werken der Venetianer
gehört, und an Pracht und Schmelz der Farbe nie übertroffen worden ist. Das Sposalizio des Raphael, das
vielen für die Hauptzierde der Galerie gilt, besah er nur
flüchtig. Daß er sich für das gänzlich ruinirte Abend-
mahl Leonardos nicht begeistern konnte, wie viele dies

pflichtschuldigst thun zu müssen glaubten, vermochte ich
ihm nicht zu verargen. Sicher gibt der Stich des Raphael
Morghen einen bessern Begriff von dem, was dieses Werk
Leonardos einst gewesen, als dies rohe Wandbild, auf
dem wohl kein Pinselstrich des Meisters übrig geblieben,
das aber trotzdem noch immer von einem Heer von
Kopisten umlagert wird. Ueber den Bildern Leonardos
scheint ein eigner Unstern zu walten. Bisher hielt man
doch die ihm zugeschriebenen im Louvre, darunter die
Monalisa, an der er 20 Jahre gearbeitet haben soll, für
sicher echt; aber jetzt werden ihm auch die meisten von
diesen, wo nicht alle, abgesprochen, und es bleibt am
Ende nur noch die Untermalung der Anbetung der Könige
in den Uffizien und die kleine Madonna in S. Onofrio
in Rom übrig. Es herrscht jetzt in der Kunstwelt ein
wahrer Schwindel, alles wirbelt durcheinander, und wer
weiß, ob die in den neuesten und am trefflichsten gear-
beiteten Katalogen der Dresdener, Münchener und Berliner Galerien eingeführten Bezeichnungen nicht schon
binnen weniger Jahre andern weichen müssen. — Den
Genuß des Domes, der sicher eines der herrlichsten Bauwerke der Welt ist, ließen wir uns nicht dadurch trüben,
daß die Kunstrichter lehren, sein Stil sei unrein. Wir
gingen nie an seinem Thor vorüber, ohne hineinzublicken
und besonders in dem Rundgang hinter dem Chor zu
weilen, in den das Licht durch die gemalten Fenster
einen zauberhaften Dämmerschein wirft. Die Basilika
St. Ambrosius ist auch ein Bauwerk, das durch seine

einfach-grandiose Schönheit, wie durch die mit ihm ver=
bundenen Erinnerungen mächtig fesselt. Sie blieb fast
allein von allen andern Gebäuden auf den Trümmern
des von Barbarossa zerstörten Mailand stehen. Später
fand in ihr die Heirat Heinrichs VI. mit der Prinzessin
Konstanze von Sizilien statt, durch welche der Untergang
des Normannenreiches auf der südlichen Insel herbei=
geführt wurde. In der Umgebung von S. Ambrogio
wurde eine prachtvolle Zeltstadt aufgeschlagen, in welcher
wochenlang glänzende Feste gefeiert wurden. Hätte die
sizilische Königstochter die Folgen der Verbindung mit
dem Hohenstaufen vorausgeahnt, durch welche das herr=
liche Königsgeschlecht der Hauteville, dieser leuchtende
Stern in der Geschichte des Mittelalters, in den grauen=
vollsten Untergang gerissen wurde, wie würde sie von
der Festlust hinweggeflohen sein, um in düsterer Einsam=
keit die Hände zu ringen. Die Lage der Kassandra, wie
Schiller sie in seinem herrlichen Gedicht schildert, wäre
minder furchtbar gewesen, als die ihrige. Denn jene sah
nur den unvermeidlichen Untergang von Priams Geschlecht
voraus, dieser aber wäre klar geworden, daß durch ein
festes, der Heirat entgegengesetztes Nein vielleicht das
Geschlecht der Hauteville noch für Jahrhunderte auf dem
Throne erhalten bleiben könne.

Bei unserm Abschied von Mailand sagte mir Julius:
die Landschaftsmalerei sei doch ein untergeordnetes, der
Verfallzeit angehöriges Kunstgebiet und er werde sich nun
ganz der Historienmalerei zuwenden, und in der Lagunen=

stadt hoffe er seine eigene Kunst an der Sonne der großen
Venetianer zur Blüte zu bringen.

Das alte Brescia, ebenso durch seine schöne Lage,
wie durch mannigfaltige Sehenswürdigkeiten, die es enthält, zu den interessanten Städten Italiens zählend, war
unser nächster Rastort. Arnold, jener frühe Vorgänger
Luthers und Calvins, der eine Zeitlang in ganz Ober-
und Mittelitalien eine ungeheure Macht über die Geister
übte, aber zuletzt der Gewalt der Päpste erlag und hier
verbrannt wurde, schwebte vor unserm Geist, indem wir
die zum Teil düsteren, mittelalterlichen Straßen durchschritten. Nicht auf alle Teile Brescias paßt dieses
Epithet; es besitzt auch Plätze und Paläste, wo die Renaissance vorherrscht, und unter diesen ragt, wenigstens
durch seinen reichen Inhalt, das Gebäude, welches die
Gemäldesammlung enthält, hervor. Wer den Meister
Moretto kennen lernen will, muß ihn hier aufsuchen.
Das herrlichste seiner Bilder, eines der schönsten, welche
die Malerei überhaupt hervorgebracht hat, die heilige
Justina, befindet sich freilich im Belvedere zu Wien, zwei
andre treffliche im Städelschen Institut zu Frankfurt;
aber die weitaus größte Anzahl derselben ist in Brescia
verblieben. Die genannte Galerie wie die Kirchen besitzen deren zahlreiche. Die Fülle der Herrlichkeit, welche
dieser eine Maler aufweist, setzt wahrhaft in Erstaunen.
Wie glücklich waren die Künstler jener, vor allen andern
begnadigten Periode! So Vieles und Großes zu leisten,
ward ihnen nur dadurch möglich, daß sie schon in den

Knabenjahren als Farbenreiber in den Werkstätten der
Meister thätig gewesen und schon als Jünglinge sich ganz
und ausschließlich der Malerei widmen konnten, daß sie
um sich her nur edle hohe Kunstgebilde erblickten, und
daß keine verwirrenden falschen Vorbilder sie auf Irr=
pfade verlockten. Julius hätte gerne sein Gerüst sogleich
vor einem der Gemälde Morettos aufgeschlagen; aber
Venedig zog ihn doch zu mächtig an, als daß er in so
geringer Entfernung von ihm noch Rast gehabt hätte.
Als er dort angelangt war, vergingen ihm die ersten
Tage in einem wahren Taumel. Vom Morgen bis zum
Abend durchschweifte er die Straßen und Plätze der Stadt,
von deren Anblick er so berauscht war, daß er noch nicht
zur Besichtigung der Kirchen, Paläste und Kunstsamm=
lungen gelangen konnte. Der Blick von den Fondamenta
nuova auf die schneegekrönte Alpenkette mit dem hoch=
ragenden Monte Cristallo und Antilao, der von den
öffentlichen Gärten nach den Euganeischen Bergen, auf
den Canal grande und auf die in prachtvoller Ausdeh=
nung hingestreckte Stadt entzückten ihn, besonders bei
Sonnenuntergang, dermaßen, daß er schwankend wurde,
ob er nicht bei der Landschaftsmalerei verbleiben sollte.
Aber als er die Kirchen St. Johann und Paul und die
Frari, diese beiden Kunsttempel, reich wie Museen, als
er außer der Akademie auch die damals noch nicht an
die Newa transportirte Sammlung Barberigo, sowie die
noch nicht geplünderte des Palastes Manfrin gesehen hatte,
kehrte er wieder zu seinem frühern Entschlusse zurück.

Wie oft habe ich beklagt, daß er nicht die Perle letzterer
Sammlung, die Lautenspielerin Giorgiones, die jetzt im
Privatbesitz eines Engländers den Augen der Welt ent=
rückt ist, kopirt hat! Ein solches Kunstwerk egoistisch
nur zu seinem eigenen Genuß hinter seinen vier Wänden
den Blicken aller andern zu entziehen, die sich daran be=
geistern und vielleicht zu eigenen höheren Schöpfungen er=
heben könnten, ist in Wahrheit ein Verbrechen. Noch
verdienstvoller als eine Kopie der Lautenschlägerin wäre
eine solche des wundervollen Petrus Martyr von Tizian
und des Gian Bellin in St. Johann und Paul gewesen,
die beide später durch Brand untergingen. Aber Julius
hatte recht, daß er sich nicht sogleich an eine solch schwie=
rige und große Arbeit machte, sondern seine Kraft zuerst
an kleineren erprobte. Ich traf ihn eines Morgens in
der Sakristei des Redentore auf dem Gerüst vor einem
der drei herrlichen Bilder des Gian Bellin. Jetzt werden
diese von einigen sogenannten Kunstkennern, die sich be=
sonders mit dem Umtaufen von Bildern viel zu schaffen
machen, geringeren Malern zugeschrieben, aber ich lasse
mich dadurch nicht irre machen und halte sie nach wie
vor für vorzügliche Arbeiten des großen Meisters. Julius
kopirte nach und nach die drei Bilder dieser Sakristei
und die Kopien fielen befriedigend aus. Die Maler
jener Zeit besaßen noch nicht die Meisterschaft des Kolo=
rits, in welcher mehrere der neueren fast mit den großen
Venetianern wetteiferten; gerade diese Seite der Kunst
war von den trefflichen Männern, von denen deren

Wiedergeburt im erſten Dritteil unſres Jahrhunderts aus=
ging, noch vernachläſſigt worden. Zuerſt gaben wohl der
geniale Delacroix und Gallait in der Abdankung Karls V.
das Signal, jenen harten und trockenen Farbenton, welcher
die herrlichſten Kompoſitionen eines Cornelius, Füh=
rich u. ſ. w. nicht zur vollen Geltung gelangen läßt, einem
ſaftigeren und tieferen weichen zu laſſen; und hierin
haben ſie jüngere Künſtler als Nachfolger gehabt, die
namentlich im Porträt und in Kopien Außerordentliches
leiſteten.

Ich mußte Venedig verlaſſen. Am Tage des Ab=
ſchieds fand ich Julius, der mir ſchon früher den Ent=
ſchluß ausgeſprochen hatte, ganz daſelbſt zu bleiben, mit
einem Barett auf dem Haupt und in jener Künſtler=
tracht, welche an das maleriſche Koſtüm erinnerte, das
ſich auf Bildern aus dem Anfang des 16. Jahrhunderts
häufig findet und welches, wie ſich dies aus Porträts
erkennen läßt, auch Giorgione, Raphael, Dürer, in ſeiner
Jugend auch Kaiſer Karl V. getragen hatte. Ich verlor
ihn nun auf einige Zeit aus den Augen, aber etwas
mehr als ein Jahr ſpäter ſchrieb er mir aus der nord=
deutſchen Stadt, wo er zu Hauſe war, eine Krankheit
ſeines Vaters habe ihn zu ſeiner Familie zurückgerufen;
nun ſei letzterer geneſen und er werde nach Venedig zu=
rückkehren, denke aber vorher einige Zeit in Dresden der
Beſichtigung der Galerie zu widmen. Seiner Aufforderung,
dort mit ihm zuſammenzutreffen, entſprach ich, und bald
ſtand ich mit ihm vor der ſixtiniſchen Madonna.

Die Herrlichkeit dieses Bildes bemächtigte sich seiner so ganz, daß er an demselben Tage nichts anderes mehr sehen wollte, eine gute Lehre für die Reisenden, und deren Zahl ist Legion, welche ganze Galerien in einer Stunde durchlaufen. Als diese wohl herrlichste aller Madonnen in Dresden anlangte, und in das Schloß ge= bracht wurde, erhob sich König August von seinem Thron und befahl, das Bild auf denselben zu setzen. Diese Liebe für das Echte und Hohe in der Kunst, in einer Zeit, als der Geschmack aufs tiefste gesunken war, muß uns — das hier beiläufig gesagt — für den sonst keineswegs tadellosen Fürsten einnehmen. Kunst, Poesie und Wissen= schaft sind etwas so Herrliches, daß wir denjenigen, die sie geachtet und gefördert haben, einen Teil der Hoch= schätzung zukommen lassen sollten, die wir denen zollen, welche selbst Großes auf ihrem Gebiete geleistet haben. Die sixtinische Madonna steht so unerreicht am Himmel der Kunst, daß selbst der tüchtigste Maler beim Versuche, sie zu kopiren, um ganze Siriusweiten hinter ihr zurück= bleiben muß; wie selbst Herschels Riesenteleskop den fernsten Firsternen dem Auge des Astronomen nicht näher bringt, wird er sie immer in unendlicher Ferne über sich er= blicken. So war es denn nur begreiflich und zu billigen, daß Julius mit ehrfurchtsvoller Scheu vor dieser Sixtina stand, von seinem Herzen aber mehr zu andern Bildern der unvergleichlichen Galerie hingezogen ward, denen er sich ohne Zögern nähern konnte. Besonders entzückt war er von der wundervollen Anbetung der Könige von Paul

Veronese und dem herrlichen „Jakob und Rahel", das
damals für Giorgione galt und sicher dieses Meisters
würdig ist. Er dachte einen Augenblick daran, länger
in Dresden zu bleiben, um beide zu kopiren, aber es
zog ihn zu mächtig nach Venedig zurück; auch sagte er
mir, er habe während der Zeit, in der er mich nicht
gesehen, so viel an Kopien gearbeitet, daß er sich nun
danach sehne, seine Kraft im eigenen Schaffen zu versuchen. Ein paar noch nicht vollendeter Porträts, die
er in Deutschland begonnen, zeigten, daß er die großen
Meister dieses Faches, deren Venedig so zahlreiche hervorgebracht, mit Erfolg studirt hatte. Er sprach von Kompositionen zu Erzählungen des Dekameron, die er ent-
worfen habe und in Oel auszuführen denke. Dies aber
schien mir bedenklich. Wie allverbreitet Boccaccios Buch
auch ist, gibt es doch sicher sehr wenige, denen die hundert
darin enthaltenen Erzählungen so fest im Gedächtnis haf-
teten, daß ihnen bildliche Darstellungen nach denselben
unmittelbar verständlich wären. Ein Bild muß von besonderer Vorzüglichkeit sein, um den Zuschauer noch zu
entzücken, wenn er auch nicht weiß, was dasselbe vor-
stellt. Dies ist der Fall bei einem im Hause des Michel
Angelo in Florenz befindlichen Gemälde des Giorgione,
auf welchem ein Ritter eine in Ohnmacht gesunkene Dame
im Arm hält. Ein großer Kenner der Kunst und Litteratur hat mir gesagt, es stelle einen Vorgang aus einer
der früher viel gelesenen, auch von den italienischen Dramatikern eifrig ausgebeuteten Novellen des Bandello dar.

Wahrscheinlich verhält es sich mit dem früher im Palast
Manfrin, jetzt im Palast Giovanelli befindlichen Bilde,
gewöhnlich die Familie des Giorgione genannt, ebenso,
auf welchem ein halbbekleidetes Weib mit einem Säug=
ling an der Brust einen jungen, phantastisch gekleideten
Mann erblickt. Ferner gehören hierher zwei andre Haupt=
bilder des nämlichen Meisters, „Das Konzert im Palast
Pitti", von dem eine alte Familienüberlieferung behauptet,
der orgelspielende Mönch sei Luther, der Page Katharina
von Bora, die ihn auf der Reise nach Italien begleitet
haben soll, und dem schönen, in der intensiven Farben=
glut nicht zu übertreffenden Bilde im Louvre: einer
kleinen heiteren Gesellschaft, die inmitten einer schönen
Landschaft auf dem Rasen ausgestreckt ruht und zu deren
Seiten zwei schöne, wie es scheint allegorische Frauen=
gestalten angebracht sind. Tizians Meisterwerk, die fälsch=
lich so benannte irdische und himmlische Liebe, wird wohl
auch eine Situation aus einer der unzähligen italienischen
Novellen, vielleicht auch aus Pulci, Bojardo oder Ariost
vorstellen. Da jetzt so unendlich viel über Kunst ge=
schrieben wird, wäre zu wünschen, daß einer der Verfasser
solcher Schriften in der Litteratur des 14. bis 16. Jahr=
hunderts Umschau hielte, um hierüber Klarheit zu ver=
breiten, was freilich eine schwierigere Arbeit wäre, als
landläufige Redensarten zu wiederholen, die man schon
in Tausenden von Büchern und Journalen finden kann.
Meiner Mahnung, andre Vorwürfe für seine Gemälde
zu wählen, als die erwähnten, verschloß sich Julius nicht.

Bald nach seiner Heimkehr an die Adria hörte ich, er
arbeite an einem Bilde, welches die Hinrichtung des
Marino Faliero auf der Riesentreppe des Dogenpalastes
vorstelle. Auch daß dies sein erstes Werk auf mehreren
Ausstellungen Beifall gefunden, ward mir geraume Zeit
später berichtet. Dann aber kamen betrübende Kunden.
Der Vater meines Freundes war gestorben und es hatte
sich herausgestellt, daß er die Verhältnisse seines Handels-
hauses in Zerrüttung zurückgelassen. Die Mutter, die
jetzt mit ihren unmündigen Kindern alleinstehend den
Bankerott des Hauses vor der Thüre sah, bestürmte ihn
nun zurückzukehren und an die Spitze des Geschäftes zu
treten, indem sie ihm vorstellte, nur so könne er sie und
seine Geschwister vom Untergange retten. Julius rang
lange mit sich selbst; der Gedanke, der Kunst zu entsagen, war ihm fürchterlich, doch entschloß er sich zuletzt
mit brechendem Herzen, da er es für ein Gebot der
Pflicht hielt, dies zu thun. Bevor er die Kunst aufgab,
wollte er nur noch ein begonnenes Gemälde vollenden,
das der Nachwelt ein Zeugnis seines ernsten und nicht
ganz fruchtlosen Ringens sein sollte. Er hatte schon seit
einiger Zeit an einem Bilde gearbeitet, das die Vermählung des Dogen mit dem Meere vorstellen sollte. Da
er von der Mutter mit Bitten bestürmt wurde, bald zurückzukehren, malte er mit fieberischer Hast. Aber infolge
der Gemütsbewegungen der letzten Zeit ergriff ihn ein
heftiges Fieber. Noch mit zitternder Hand suchte er
weiter zu arbeiten, aber zuletzt entsank ihm der Pinsel.

Vielleicht war es ein Glück für ihn, daß in seinen letzten
Tagen Bewußtlosigkeit seinen Geist umnachtete, so daß er
nicht zu der Erkenntnis kam, welche Hoffnungen und
Pläne mit ihm zu Grabe gingen.

Oft, wenn die Schatten derjenigen, denen ich diese
Blätter gewidmet, und denen ich die von andern Künstlern,
Dichtern, Gelehrten, welche in der Blüte der Jahre hinweggerafft wurden, hinzufügen könnte, aus ferner Vergangenheit vor mir aufsteigen, wecken sie düstere Gedanken in mir, die ich vergebens zu bannen suche. Kunst,
Poesie und Wissenschaft, sage ich mir dann, für die sie
so heiß geglüht, können nicht das sein, um was uns zu
mühen wir auf der Welt sind. Ebenso, wie seit dem
Beginne der Zeiten die Völker eines dem andern ins
Grab gefolgt und ihre Reiche in Trümmer gesunken sind,
so sind auch ihre Bauten, selbst solche, die Giganten der
Unterwelt aufgetürmt zu haben scheinen, eine nach der
andern zerbröckelt. Noch ragen Ruinen aus frühen Tagen
der Welt in die unsre herüber; aber auch diese, die
Höhlentempel der Inder, die Pyramiden von Memphis,
wie die Säulenpracht des Parthenon stürzen Stein nach
Stein in den Untergang, der schon so viele Bauwerke
ereilt, welche erst errichtet wurden, als sie schon Jahrtausende alt waren. Die Münster des Mittelalters, wie
die himmelanragende Peterskuppel und was noch die
Hand kommender Menschen emportürmen mag, wird ihnen
nachfolgen. Aber Werke der Architektur können noch auf
ungleich längere Dauer rechnen als solche der Malerei.

Alles, was der Pinsel der Griechen schuf, ist längst völlig
untergegangen, oder doch nur in schwachen Erinnerungen
in den pompejanischen Fresken zurückgeblieben. Können
nicht die Bilder an der Decke der Sixtina, vielleicht das
Höchste, was die Kunst je hervorgebracht, jeden Tag her=
abstürzen und als eine Masse Schuttes den Boden decken?
Wie viele Meisterwerke der großen Maler der Renaissance
sind schon von den Flammen verzehrt, wie viele andre
an den Mauern, die sie schmückten, durch Wind und
Wetter zerstört worden, oder sind durch die Hand von
Restauratoren zu Grunde gegangen! Sicher wird von
allen Gemälden des 16. Jahrhunderts schon wegen der
Vergänglichkeit der Leinwand, der Holztafeln und des
Papiers nach einem Jahrtausend nichts mehr vorhanden
sein. Die Werke der Bildhauerkunst scheinen durch die
Felsenfestigkeit des Marmors ewige Dauer zu versprechen;
aber wie wenige der Götterstatuen der griechischen Bild=
hauer sind auf uns gekommen, und kann ein neuer Bar=
barensturm nicht auch diese, die nie wieder erreichten Vor=
bilder des hohen Stils zertrümmern? Auch der leiseste
Klang von den Schöpfungen der griechischen Tonkunst
ist wie ein leerer Schall in die Lüfte verhallt, und doch
müssen diese, wenn sie auf gleicher Höhe mit den Meister=
werken der Skulptur standen, selbst die herrlichsten Kom=
positionen der neuen Zeit übertroffen haben. Endlich die
Hymnen und Oden der griechischen Lyriker; sind sie nicht
bis auf winzige Bruchteile zu Grunde gegangen? Ist
von den Werken der Tragiker und Komiker mehr als ein

kleiner Rest übrig geblieben? Daß auch das Höchste,
was die Litteratur der neueren Völker hervorgebracht hat,
ein gleiches Schicksal ereilen wird, ist mit Sicherheit vor-
auszusehen. Und lohnt es sich bei dieser Vergänglichkeit
des Höchsten ebenso wie des Geringsten überhaupt noch,
daß man sich für mehr als den Bedarf eines jeden
Tages mühe oder etwas andres hervorbringe, als Werke,
die für den Nutzen des praktischen Lebens dienen, Arbeiten im Fache der Technologie, des Ackerbaues, der
Medizin?

Oft, wenn solche düstere Gedanken über mich kommen,
ringe ich danach, sie von mir abzuschütteln, und es gelingt mir beinahe. Die kolossale Lehre Kants von der
Idealität der Zeit und des Raumes, neben den Entdeckungen Galileis, Keplers, Newtons in betreff des
Weltgebäudes, sowie die Darwins über die Entstehung
der Arten, die ungeheuerste der neueren Jahrhunderte,
scheinen mir bisweilen das Rätsel zu lösen. Nach der
Lehre des großen Königsbergers riefe nur der Schleier
der Maja, der unsre Sinne in dieser Erscheinungswelt
umhüllt, die Täuschung hervor, als gäbe es ein Werden
und Vergehen, eine Vergangenheit und Zukunft; wenn
der Tod diesen Schleier hinwegzöge, würden wir alles
in einer dauernden Gegenwart sehen und erkennen, daß
Untergang und Vergehen nur eine Täuschung seien. Aber
dann werde ich mir wieder des Ausspruches Schopenhauers bewußt, daß auch die vollkommenste Philosophie
noch einen unerklärbaren Rest zurücklasse, der wie ein

fern grollendes Gewitter am Himmel stehe. Und verhält
es sich mit der Darwinschen Lehre anders? Durch sie
ist der Schleier des Weltgeheimnisses abermals weiter
gelüftet, aber ist er gehoben worden? Unsre noch an
die Kategorie von Raum und Zeit, Anfang und Ende
gebundene Erkenntnis fragt fruchtlos nach dem Ursprung
der Materie, aus welcher die Meere und weiter alle
Wesen hervorgegangen, sowie nach dem Ziel dieser Ent-
wickelung, die sich als eine ins Unendliche fortgehende
vielleicht denken, aber nicht vorstellen läßt. Ja selbst die
sich übereinander reihenden Welten über Welten, Himmel
über Himmel Newtons sind kaum unserm Denken, gewiß aber nicht unsrer Vorstellung faßbar, welcher vor
ihnen schwindelt.

# Maria la Blanca.

Schd. Mofart.

Das alte Toledo, im Mittelpunkte der pyrenäischen Halbinsel gelegen, indem die Entfernung von ihm nach der französischen Grenze, nach dem Felsen von Gibraltar, nach dem Mittelländischen und Atlantischen Meer die gleiche ist, gehört unstreitig zu den merkwürdigsten Städten der Welt. Wenn man von der Höhe des Felsens, auf dem der alte maurische Alcazar thront, den Blick auf das Häusermeer unten, die dazwischen liegenden Gärten und Ruinenhaufen und auf den ringsum flutenden Tajo hinab= gleiten läßt, genießt man eines Anblickes, dessen malerischer Reiz kaum seinesgleichen hat. Und der gewaltige Ein= druck desselben von der Höhe steigert sich von Schritt zu Schritt, wenn man, die vielgewundenen Straßen hinauf und hinab klimmend, das Konglomerat von Bauten aus allen Zeiten betrachtet. An der Hand dieser Bauwerke, die sich hier, teils halb zertrümmert, teils noch aufrecht stehend, um uns drängen, steigen wir von Jahrhundert zu Jahrhundert in die grauste Vergangenheit hinauf. Wenn alte, mit geheimnisvollen Schriftzeichen überdeckte Steinhaufen uns in die fernste Vorwelt zurückweisen, so ragen nacheinander aus diesem Abgrund der Zeiten an unsrer Seite Bauten der Römer, Goten, Araber und christlichen Spanier vor uns auf; oft sehen wir das Werk der Goten mit dem der Römer ineinander gewirrt, die maurischen Zieraten mit den germanischen verschlungen.

Allein dieser Prozeß ist nicht ein einfacher, wie er sich auch anderswo findet, er wiederholt sich auf mannigfaltige Art. Dasselbe Gebäude, das zuerst ein heidnischer Tempel war, wurde durch teilweisen Umbau von den Goten in eine Kirche, von den Arabern in eine Moschee, nachher in eine jüdische Synagoge und schließlich von neuem in eine christliche Kirche umgewandelt. Wird hiermit das Ende dieser Metamorphosen erreicht sein oder werden unsre späten Enkel sehen, wie die christlichen Gotteshäuser einem neuen Kultus geweiht werden? Nach dem bisherigen Gang der Geschichte, wonach eine Religion immer die andere verdrängt hat, muß man es annehmen. Möge statt der dann untergegangenen eine neue bei uns einziehen, die die blutbefleckten Altäre einer ursprünglich reinen, aber durch Trug und Irrwahn schmachvoll entstellten Religion einer Gottesverehrung des Lichtes, der Freiheit und der Menschenliebe widmet.

Einer meiner Lieblingsaufenthalte ist die Kirche Maria la Blanca oder der Platz vor derselben. Die Kirche war, bevor sie dem christlichen Gottesdienste geweiht wurde, eine Moschee; aber ehe die Mauren sie ihrem Allah widmeten, war sie unter den Goten schon eine Kirche, noch früher ein heidnischer, dem Herakles geweihter Tempel

gewesen. Wenn ich mich abends oder bei anbrechender
Nacht auf dem Platze vor dieser Maria la Blanca befinde
und die zahllosen Türme und Zinnen der Stadt längere
Schatten über dieselbe hinbreiten, gewährt es mir Freude,
die Vergangenheit Toledos vor mir heraufzubeschwören.
Ich mache nicht bei der Zeit der Römer Halt, sondern
steige in diejenige hinauf, als die Iberer, die Ahnen der
heutigen Basken, die Halbinsel innehatten. Was viel=
leicht Jahrhunderttausende vor dem Beginn der Geschichte
auf diesem Boden vorgegangen, welche Völkerstämme schon
vor den Iberern denselben bewohnt, wagt der zagende
Geist kaum sich selbst zu fragen. Ihre Werke, vielleicht
gleich gigantisch wie die der Aegypter, sind in Staub zer=
fallen, vielleicht ist die Asche von Myriaden in ein Atom
zusammengeschwunden. Aber das Andenken an die uns
näherstehenden Iberer, deren Sprache sich wenigstens in
vielen Ortsnamen erhalten hat und in derjenigen der
heutigen Basken fortlebt, ist nicht erloschen. Wenn mein
Geistesauge von meinem Sitze hier oben über das Land
hinabschweift, das sich unten weithin ausdehnt, sehe ich
die Eingeborenen im Kampfe mit den römischen Ein=
dringlingen, die Männer und Weiber auf ihren Wagen=
burgen, wie sie lanzenschwingend mit wildem Geschrei den
anstürmenden Römern Trotz bieten und eher ihre Säug=
linge und sich selbst unter den Trümmern begraben, als
daß sie sich ergäben. Nicht bloß Numantia und Sagunt,
hundert Städte, deren Namen keine Geschichte bewahrt
hat, stehen, wie zweitausend Jahre später Saragossa,

ihren Unterjochern in heroischem Trotze gegenüber. Dann kommt ein Wandel in die Scene, ich sehe über mir die Bildsäule des Herakles, die den Eingang seines Tempels schmückt, und vor mir und unter mir breitet sich allhin die stolze Römerstadt mit ihren Aquädukten und Thermen, Amphitheatern und Siegessäulen, ihre Straßen durchhallt vom Tritt der Legionen, durchrauscht vom Fluge der Siegesadler. In dem Tempel, der hinter mir seine Thore öffnet, zieht der Dampf von Festhekatomben durch die weiten Hallen hin und Chorgesang feiert den Sohn der Alkmene.

Ein Nebel gleitet über das Bild und, wie er weicht, liegt ein andres vor meinen Augen: die Hauptstadt des Westgotenreiches. Die Tempel sind dieselben geblieben, aber auf ihren Dächern leuchtet das Kreuz. Prozessionen von Kuttenträgern ziehen durch die hallenden, vielgewundenen Straßen. Vom Tajo empor rollt im Prachtwagen König Roderich an der Seite seiner geliebten Florinda mit glänzendem Gefolge seiner gotischen Großen zu seinem hoch auf den Felsen ragenden Palaste, demselben, der nachher ein maurischer Alcazar, dann von Karl V. zum Herrschersitz der spanischen Könige verwandelt wurde und noch heute mit dem kaiserlichen Doppeladler prangt. — Wieder schwindet das Bild, und verwandelt ist alles. Bleigedeckte Kuppeln mit hohen Minarets, auf deren Spitzen goldene Halbmonde blinken, ragen empor; durch die Straßen wälzen sich turbanhäuptige Scharen, Bazare hallen vom Rufe der Marktverkäufer.

Von einem erhöhten Platze vermag ich hinabzuschauen in
die inneren Höfe der Häuser, wo am plätschernden Spring=
brunnen der Hausherr mit den Kindern ruht und zur
Seite verschleierte Schönen hinter den Gittern der Fenster=
erker lauschen. Ueber die andern Dächer ragt der Palast
des Herrschers mit weiten Hallen und Höfen; inmitten
des einen ein Lusthaus von wundersamem Ansehen, ein
Kiosk, dessen Wände Wassermassen bilden, die zu allen
Seiten herniederstürzen, und der den Königen Toledos
während der Glut des Sommers einen wonnevollen Auf=
enthalt gewährt.

Indessen ich so in den Anblick des arabischen Toledo
versunken bin, wie es, nach dem Untergang der über ganz
Spanien herrschenden früheren Dynastien, unter den ara=
bischen Herrscherhäusern war, mahnt mich Glockenton, der
aus einem nahen Gebäude schallt, daß hier, inmitten einer
mohammedanischen Stadt, wie im ganzen moslemischen
Spanien, den Christen, welche selbst in den ihnen unter=
worfenen Ländern die Andersgläubigen mit wütendem
Haß verfolgten, ein Asyl geboten wurde. Wenn auch
der Pöbel bisweilen in Excesse gegen sie ausbrach, so
hatten sie sich doch des Schutzes der Regierungen zu er=
freuen. Eine Schar von Männern und Frauen, die in
einer von der arabischen etwas verschiedenen Tracht in das
Thor von Maria la Blanca eintrat, erkannte ich als
Juden.

Aber plötzlich aus meiner Träumerei erwachend, sah
ich, daß schon die Nacht herabgesunken war und daß

mich in wachem Traum lebendige Bilder dessen, was vor
mir geschehen und was meinen Geist beim Lesen abend=
ländischer und orientalischer Werke vielfach beschäftigt hatte,
umschwebt hatten. Wenn ich über die Kultur der spani=
schen Araber schon durch eingehende Studien unterrichtet
war, so hatte ich von derjenigen der spanischen Juden
doch nur flüchtiger Notiz genommen und sah mich nun
gemahnt, mich etwas näher über dieselbe zu unter=
richten.

Die Juden, dieses kleine, ursprünglich längs eines
schmalen Streifens am Mittelländischen Meer in enge
Grenzen eingeschlossene Völkchen, verbreiteten sich doch
schon früh in ferne Länder. Durch das babylonische
Exil wurden manche derselben weit in das Innere Asiens
versprengt, und von neueren Reisenden ist behauptet wor=
den, es fänden sich inmitten von Völkern des fernen
Ostens manche Juden, die nur die Erinnerung ihrer
Glanzzeit unter König David und Salomo bewahrt, aber
nie etwas von Jesus Christus gehört hätten und des
Glaubens wären, der große Tempel von Jerusalem stehe
noch aufrecht. Nach der Zerstörung der Stadt und dem
von Titus erlassenen Gebot, daß sich kein Jude mehr bei
Todesstrafe auf dem Boden aufhalten dürfe, auf welchem
nun die römische Aelia capitolina erblühte, zerstreuten
sich die Juden nach allen Teilen der alten Welt. Viele
von ihnen schleppte der Imperator in Ketten geschmie=
det mit sich fort; in den syrischen Städten wurden
zahllose unter dem Jauchzen der Bevölkerung in den

Amphitheatern von den Zähnen der wilden Tiere zer=
rissen oder mit rotgeglühten Eisenruten in den Kampf
gejagt, um durch das Schwert der Gladiatoren umzu=
kommen.

Auch das neuerbaute Kolosseum in Rom war der
Schauplatz solcher Greuelscenen. Auf dem Bogen des
Titus erblickt man noch heute in Stein gehauen den
Triumphzug des Kaisers, wie die Silberleuchter und die
Schaubrote des Tempels den gefangenen Juden vorauf
zum Kapitol emporgeführt werden. Diejenigen Juden,
welche die väterliche Sorge der „Wonne des Menschen=
geschlechtes" (so wurde Titus von seinen Schmeichlern
genannt) nicht umkommen ließ, suchten in den verschie=
densten Gegenden des Morgen= und Abendlandes eine
Zuflucht, und bald bildeten sie überall eine Art von
Volk im Volke und hielten mit starrer Zähigkeit an ihrer
Tracht und Sprache fest. Es ist seltsam, wie verschieden
geartet in dieser Hinsicht die Nationen sind: welche da=
von geben leicht ihre Sprache, Sitte und Religion auf,
um sie gegen diejenigen andrer Länder, in die sie ver=
setzt worden sind, zu vertauschen. Die Christen in
Spanien blieben allerdings ihrer Religion treu, aber, wie
wir aus dem Zeugnis des Alvaro von Cordova wissen,
wurden sie schon im 9. und 10. Jahrhundert von der
glänzenden arabischen Bildung wie geblendet, so daß die
meisten von ihnen ihre Muttersprache nahezu vergaßen,
die semitische Sprache mit derselben Fertigkeit wie die
Araber redeten und in Prosa wie Versen mit diesen

wetteiferten. Ueber sie hinaus noch gingen die Normannen,
die kaum ein Jahrhundert, nachdem sie ihre nordische
Heimat verlassen, schon die Sprache und Religion der
Edda aufgegeben hatten. Fast noch schlimmer machen
es die Deutschen, die, wenn ins Ausland versetzt, meist
schon in der zweiten Generation ihre Muttersprache ver=
gessen haben und — das zeigen die zahllosen deutschen
Renegaten im Orient — ihr Christentum so leicht mit
dem Islam, wie den Frack mit dem Kaftan vertauschen.
Andre Völker dagegen haben Jahrtausende hindurch an
ihren uralten Religionen und Sitten festgehalten. Die
Inder verehren noch heute, allen Bekehrungsversuchen der
englischen Reverends zum Trotze, ihren Brahma, Siwa
und Wischnu und beharren in ihrem Kastengeiste, vor
der Berührung mit den unreinen Parias zurückschaudernd,
wie zur Zeit, da die Göttin Ganga zur Erde herabge=
stiegen. Die Hebräer, um auf sie zurückzukommen, hielten
nicht nur an den Satzungen des Pentateuch fest, an
den zehn Geboten, dem Verbot des Schweineessens,
sondern fuhren auch fort, sich als das auserwählte
Volk Gottes zu betrachten. Dieser Dünkel und Hochmut
war es, was sie, verbunden mit der kläglichen Lage, in
der sie sich in der ersten Zeit nach ihrer Ankunft in
Europa befanden, unter den Christen verhaßt und ver=
ächtlich machte. Es kam hinzu, daß diese ihre Religion,
die so schmachvoll entstellte Lehre Christi, als die allein=
seligmachende ansahen und es für eine strafwürdige Ver=
stocktheit hielten, wenn jene nicht den Glauben ihrer Väter

verlassen wollten. — Beiläufig gesagt, hätten sicher die
Juden, wären sie in der Mehrzahl gewesen, es ebenso
gemacht. — Ueberall wurden sie, die doch gewiß an der
Missethat ihrer Väter unschuldig waren, behandelt, als
wären sie die Mörder Jesu. So wollte niemand mit
den armen Vertriebenen verkehren; sie wurden in den
Städten in elende Ghettos eingesperrt, von deren ent=
setzlicher Beschaffenheit die Reste, die sich bis auf unsre
Tage erhalten haben, kaum noch einen schwachen Begriff
geben. Während der Nacht in diese eingeschlossen, wurden
sie am Tage, wenn sich die Gitterthore öffneten, wie
Verpestete geflohen. Bei dem Hohn und Spott, dem sie
ausgesetzt waren, wo sie sich zeigten, richtete sich denn
ihr ganzes Streben dahin, Geld zu erwerben, um sich
hierdurch in eine Art von Ansehen zu versetzen. In der
früheren Zeit durften sie noch ackern oder ein Handwerk
üben; aber da die Christen sich vor den gottverhaßten
Juden bekreuzten, war dies von keinem großen Belang
für sie, denn ihre Glaubensgenossen waren meist arm
und verrichteten ihre nötigen Arbeiten selbst. Später
ward es ihnen jedoch auch völlig verboten. Da aber bei
den Insassen des Ghetto bei Leibe kein Christ etwas ge=
kauft hätte, blieb ihnen kaum etwas übrig, als das
Wuchergeschäft. Wem es gelungen, durch angestrengte
Arbeit einiges zusammenzuscharren, der suchte alsbald die
Summe dadurch zu vermehren, daß er auf Pfänder ver=
lieh, welche ihm für die Zahlungen hoher, von ihm ge=
forderter Wucherzinsen Bürgschaft leisten sollten. Dieses

Wuchertreiben der Juden, für welches ebenso oder fast
noch mehr als diese vor einem höheren Richter die Christen
verantwortlich waren, die sie dazu trieben, war die Haupt-
ursache der Verfolgungen, welche über sie ergingen. Da
dem Verleiher die Zahlung der Zinsen nicht sicher war
und er oft diese mitsamt dem Kapital verlor, indem man
gegen ihn alles für erlaubt hielt, mußte er, um überhaupt bestehen zu können, sehr hohe fordern; eine Zeitlang wurden diese dann wohl, besonders in der Absicht,
noch neue Summen aufnehmen zu können, bezahlt, aber
schließlich fand der Schuldner es bequemer, den Geld-
juden als Wucherer zu verschreien, den Haß des Pöbels
gegen die Hebräer überhaupt zu entflammen, und so wurden jene Judenhetzen und Morde hervorgerufen, welche
in den meisten Hauptländern Europas auf der Tages-
ordnung standen. Die Chroniken aller Städte sind voll
von Berichten darüber; Fabeln wie diejenige, die Juden
schlachteten Christenkinder, um deren Blut bei ihren geheimen Festen zu trinken, mußten die Wut der Menge
aufstacheln. Dann begann das Gemetzel und wälzte sich
gleich einer Schlange von Ort zu Ort, bis in die Weiler
und Dörfer. Die Ghettos wurden von den wutschnauben-
den Massen umzingelt, Feuerbrände wurden in die höl-
zernen Hütten geschleudert und Männer, Frauen und
Kinder kamen in den Flammen um. Dies nannte man
„Judenbrennen“. Hatte sich der Grimm erschöpft, so
trat eine längere oder kürzere Pause ein. Die überlebenden Juden, von denen der und jener seine Schätze

zu retten gewußt hatte, eröffneten ihr Wuchergeschäft wieder und das Endresultat war dasselbe. Später erließen die Behörden Gesetze gegen den Wucher; aber diese steuerten dem Unheil nicht, denn geldbedürftige Christen und geldbegierige Juden, die das alte Spiel forttrieben, fanden sich trotz des Verbotes beständig. Ja die Lage der Pfandverleiher wurde nun noch schlimmer, denn wenn die von ihnen gepreßten Schuldner sie ermordeten, so konnten sie sich vor den Behörden damit rechtfertigen, daß nur das Uebermaß ihres Rechtsgefühls sie fortgerissen habe, dergestalt zu handeln.

Im Gefolge der Kreuzzüge gingen immer auch Judenmorde. Die Palästinafahrer glaubten schon bei ihrem Aufbruche aus dem Abendlande und dann weiter bevor sie das heilige Grab erreichten, eine Einlaßkarte in den Himmel erwerben zu können, wenn sie möglichst viele von Abrahams Nachkommen umbrächten.

Auf der pyrenäischen Halbinsel war den Juden, wenigstens von der Zeit an, als dieselbe unter mohammedanischer Herrschaft stand, ein günstigeres Terrain bereitet. So unduldsam die Bekenner des Islam den Vorschriften des Koran nach auch gegen die Bekenner jeder andern Religion sein mußten, so waren sie doch gleich den Juden Semiten, und die Verwandtschaft der Sprache und des Stammes glich einigermaßen die religiöse Abneigung aus. Schon früh wurden diese in die Bildung des herrschenden Volkes, das bald nach dem Beginne der Omajadenherrschaft das gebildetste in ganz Europa wurde, hineingezogen, machten auch das Arabische nahezu zu ihrer Muttersprache. Ihre Geschicklichkeit als Handwerker, ihre Handelsthätigkeit, sowie die Kenntnisse, die manche von ihnen in den verschiedensten Wissenschaften erwarben, setzten sie in Ansehen. Nicht so günstig freilich wie unter dem zweiten und dritten Abdurrhaman und dem gelehrten Hakem II. und unter den kleinen Dynastien, die nach dem Sturz des Omajadenhauses Spanien unter sich teilten, war ihre Lage unter den fanatischen, aus Afrika herübergekommenen Fürsten aus dem Berberstamme, welche dann Andalusien eroberten. Doch schon die späteren Herrscher der zweiten dieser Dynastien schämten sich den Arabern gegenüber ihrer Unbildung, begannen Wissenschaften und Künste zu fördern und gewährten den Juden Schutz gegen die Feindseligkeiten der Bewohner der Berberei, welche sich scharenweise über die Meerenge herübergewälzt hatten. Es kam vor, daß sich Juden zu den wichtigsten Staatsämtern emporschwangen, und im Königreich Granada, das noch zweihundert Jahre lang, nachdem das übrige Spanien in die Hände der Christen gefallen, unter berberischen Herrschern blieb, war am Hofe eines der letzteren ein Jude allgebietender Minister. Auch in den christlichen Reichen, die sich nach und nach, wie die Kreuzesfahne von den cantabrischen Bergen mehr nach Süden herabgetragen wurde, auf der Halbinsel bildeten, wie Navarra, Leon, Aragon, Valencia und Castilien, konnten die Juden mit ihrer Lage zufrieden sein. Bei den Bewohnern dieser Staaten ge-

noſſen ſie als Aerzte eines guten Rufes, und die Nach=
kommen Pelayos beriefen nicht ſelten ſolche von ihnen,
die als Heilkünſtler berühmt waren, an ihren Hof.

Wie die Araber nach Mekka, ſo pilgerten die Israe=
liten nach Jeruſalem, um ihren Glauben an dem Anblick
der heiligen Stätten zu ſtärken. Mehrenteils ward hierzu
der Weg über das Mittelmeer genommen; nicht ſelten
aber zogen ſie auch durch Frankreich und Italien, indem
ſie ſich alsdann in einem Hafen des letzteren Landes oder
Siziliens einſchifften oder auch den mühſeligen Weg durch
die Donauländer einſchlugen, um über Byzanz und durch
Kleinaſien ans Ziel zu gelangen. Von einer derartigen
Pilgerfahrt haben wir beiſpielsweiſe Nachricht durch Ben=
jamin aus Tudela in Navarra. Dieſer erzählt von den
Beſuchen, welche er bei ſeinen Aufenthalten in Städten,
wo Glaubensgenoſſen von ihm wohnten, bei letzteren
machte. Er berichtet, wie ſie, unter dem ſchweren Joch
der Chriſten ſeufzend, dennoch talmudiſchen Studien nach=
hingen.

Während die Araber nur ſehr ſelten fremde Sprachen
erlernten und in letzterem Fall kaum andre als die
übrigen ſemitiſchen, wie die ſyriſche, waren viele Juden
ebenſo des Lateiniſchen wie der romaniſchen Vulgär=
dialekte kundig. Sie waren es beſonders, durch welche
ſeit dem 13. Jahrhundert die Schriften des Ariſtoteles
nicht nach dem Original, ſondern nach ſyriſchen Ver=
ſionen ins Lateiniſche überſetzt wurden. Auch die Werke
arabiſcher Philoſophen, wie des berühmten Averrhoes

oder Ibn Roschd, gingen auf solche Art ins Lateinische
über. Der Hauptsitz dieser Thätigkeit war Toledo und
hier wurde eine wahre Fabrik solcher Versionen errichtet.
Man muß diesen Ausdruck gebrauchen, denn die hier ge=
fertigten Uebersetzungen, die später in mächtigen Folianten
gedruckt wurden, sind buchstäbliche, Silbe um Silbe und
Wort um Wort wiedergebende Abklatsche der Originale,
welche den Sinn oft kaum ahnen lassen.

Wenn die Thätigkeit der Juden als Uebersetzer eine
mechanische war, entfaltete sich ihr Genius um so freier
in der Dichtkunst. Die Juden waren ursprünglich ein
vorzugsweise dichterisch veranlagtes Volk. Ihre ganze
alte Litteratur ist, wenn auch nicht durchgehends poetisch,
doch von Poesie getränkt. Aber, wie dies auch bei den
Arabern der Fall, war es nur eine Gattung der Dicht=
kunst, die lyrische, bisweilen mit Didaktik vermischt oder
in sie übergehend, welche sie kultivierten. Das Drama
und Epos blieb ihnen immer fremd, wenn man nicht,
wie dies geschehen ist, das Hohelied in die erstere Klasse,
manche Stellen in den Büchern des Moses, der Chro=
nik u. s. w. in die zweite rechnen will. In Spanien
nahmen die Juden, die im Altertum nur den Parallelis=
mus der Redeglieder, aber keine eigentliche Metrik ge=
kannt hatten, von den Arabern die streng metrischen
Formen an. Neben den sogenannten Muwaschahab und
Zadschal, wie andern erst von den westlichen Arabern
erfundenen Strophenbildungen, ahmten sie auch die
Makamenform Hamadanis und Hariris nach, welche den

Reim der Poesie, aber nicht deren Silbenmessung hatte.
Der Inhalt ihrer Dichtungen war natürlich noch vielfach
von sehnsüchtiger Erinnerung an die orientalische Heimat
erfüllt. Die Werke dieser hebräischen Dichter Anda=
lusiens, unter denen besonders Salomon ben Gabirol, der
Verfasser eines berühmten, von enthusiastischen Israeliten
mit Dantes göttlicher Komödie verglichenen Gedichtes
„Die Königskrone“, Mose ben Esra und vor allem
Jehuda ben Halevi hervorragen, sind in neuerer Zeit
durch litterarhistorische Arbeiten und Uebersetzungen ver=
schiedener trefflicher Gelehrten bei uns bekannt gemacht
worden.

Nachdem selbst unter den fanatischen Almoraviden
und Almohaden und den gleichzeitigen christlichen Herrschern
die Juden sich einer Duldung erfreut hatten, wie sie ihnen
in keinem andern Lande Europas zuteil geworden war,
gestalteten sich die Verhältnisse im 14. Jahrhundert und
besonders seit der Mitte desselben weit ungünstiger für
sie. Die Geistlichkeit hatte seit Jahrzehnten den Haß der
Bevölkerung gegen sie geschürt, und infolge davon brachen
bald hier, bald dort in den spanischen Städten wie auf
dem platten Lande Volksbewegungen aus, in denen viele
Israeliten erschlagen wurden. Noch schlimmer ward es
gegen Ende des Jahrhunderts, und im Jahre 1391 fand
ein allgemeines Judenmorden von einem Ende der christ=
lichen Halbinsel bis zum andern statt; nur im maurischen
Königreich Granada, unter der Dynastie der Naszriden
erfreuten sich die Anhänger des mosaischen Gesetzes noch

Schad Mosai.                                                    8

des Schutzes der Herrscher, welche sogar Juden zu höheren
Staatsämtern zuließen.

Während des Krieges mit Granada flammte der
Glaubenseifer des spanischen Volkes hoch und höher auf,
und die Geistlichen benützten die Situation, um das
Königspaar zu entschiedenen Schritten gegen die Juden
zu bewegen, die, wie sie durch die von ihnen angehäuften
Schätze den Neid der Bevölkerung erregten, so durch die
Verschiedenheit des Glaubens ihren Fanatismus gegen
sich aufflammen ließen. Die Anklagen, welche ziemlich
in allen Ländern Europas während der mittleren Jahr=
hunderte wider sie erhoben wurden, als schändeten sie die
Hostien, schlachteten Christenkinder u. s. w., Anklagen, die
bisher in Spanien seltener gewesen waren, wurden nun
häufiger und lauter. Sich ihrer mißlichen Lage bewußt
werdend, boten die Bekenner des mosaischen Glaubens
dem spanischen Königspaar, um es sich günstig zu stimmen,
eine hohe Geldsumme (30 000 Dukaten) zur energischeren
Führung des Krieges gegen Granada. Allein als ge=
rade ihre Abgesandten sich im Palaste befanden, trat der
Großinquisitor Torquemada, ein Kruzifix in der Hand,
in den Saal, hielt dasselbe dem Königspaar entgegen und
rief: „Judas hat seinen Herrn für 30 Silberlinge ver=
raten, Eure Hoheiten aber wollen an ihm für 30 000 Du=
katen Verrat üben." Dann schleuderte der Fanatiker das
Kruzifix auf den Tisch und verließ das Gemach. Der
unheilvolle Einfluß, den der glaubenseifrige Mönch nach
und nach über das ursprünglich edle Gemüt der Isabella

gewonnen hatte und durch den er selbst die Geldgier
Ferdinands in Schach zu halten wußte, trug den Sieg
davon. Ein Erlaß, durch den die Juden aus Spanien
verbannt wurden, erhielt in Granada 30. März 1492
die königliche Sanktion. Es wurde darin bestimmt, daß
alle Bekenner des mosaischen Glaubens bis zu Ende des
Juli das Reich verlassen sollten; Einziehung des Ver=
mögens und Tod ward demjenigen angedroht, der die
spanische Grenze wieder überschreiten würde. Schwere
Strafen sollten den treffen, welcher nach dem genannten
Termin noch irgend mit den Vertriebenen Verkehr haben
würde; aber bis zu demselben ward ihnen der könig=
liche Schutz zugesichert; auch sollten sie ihr Vermögen in
Waren oder Wechsel, jedoch nicht in Gold oder Silber
mit sich nehmen können. Die Lage derselben wurde be=
sonders dadurch so verzweifelt, daß während sie zur Aus=
wanderung gezwungen wurden, die Inquisition der christ=
lichen Bevölkerung verbot, ihnen Lebensmittel zu ver=
kaufen, so daß sie vor Erreichung der Grenze dem
Hungertode ausgesetzt waren.

Dieses Edikt traf die Israeliten wie ein Donner=
schlag, und obgleich sie schon seit längerer Zeit bange
Befürchtungen gehegt hatten, waren sie doch auf dieses
Schlimmste nicht gefaßt gewesen. In der That kann
man sich kaum eine entsetzlichere Lage denken als die ihrige.
Bisher durch ihren Gewerbefleiß, durch den von ihnen
getriebenen Handel, zum Teil im Besitz ansehnlicher Reich=
tümer, glänzender Wohnungen und Gärten in den be=

deutendsten Städten der Halbinsel, sollten sie alles dies
verlassen, um ins Elend zu wandern. Die ihnen vor=
geschriebene Frist war zu kurz, um ihren Besitz nur zu
einigermaßen entsprechendem Preise zu verkaufen, die
Aussicht, daß sie durch Wechsel auswärts sich Geld ver=
schaffen könnten, erwies sich als illusorisch und so waren
die Unseligen, die den Boden ihrer Väter verlassen mußten,
eine Beute der Verzweiflung, zum größten Teil sicherem
Untergange preisgegeben. Die furchtbare Lage, in welcher
die Unglücklichen sich befanden, wurde von den Geistlichen
benutzt, um ihre früher fast ausnahmslos vergeblichen
Anstrengungen zur Bekehrung derselben mit verdoppeltem
Eifer wieder aufzunehmen. Predigermönche zogen von
Ort zu Ort, in Dörfern und Städten fanatische Reden
haltend, um die Bekenner des mosaischen Gesetzes dem
Glauben ihrer Väter abtrünnig zu machen. Unglücklicher=
weise aber war das Evangelium Christi, dem, wenn es
in seiner Reinheit vorgetragen worden wäre, sich wohl
manches Herz erschlossen haben würde, durch die Ent=
stellungen, die es schon seit den frühen Zeiten des Christen=
tums erfahren und zu denen jedes folgende Jahrhundert
neue gefügt, völlig unkenntlich geworden und vermochte
keine Proselyten zu machen. Wenn der eine oder der andre
in der Bedrängnis es mit den Lippen bekannte, gelobte
er sich doch im Herzen, nur um so fester im Glauben
der Väter zu beharren. Auch traten den christlichen
Geistlichen mutige Rabbiner entgegen und ermahnten die
bedrängten Kinder Israels, den Verlockungen des Satans,

welcher sie zum Abfall vom wahren Glauben und zum
Götzendienst, wie sie wegen der Dreieinigkeitslehre und
des heidnischen Prunks den katholischen Kultus nannten,
verführen wollte, zu widerstehen. So hatten die ver=
einten Anstrengungen der weltlichen wie der geistlichen
Macht nur sehr geringen Erfolg. Als der kurze Termin,
welcher den Unglücklichen gestellt war, um sich entweder
der Taufe zu bequemen oder das Land zu verlassen, ab=
gelaufen war, füllten sich die Straßen und Wege der
weiten Halbinsel mit Weibern, Männern, Greisen und
Kindern, welche großenteils zu Fuß mit Zurücklassung
ihrer Habe und in ärmlichem Aufzuge den Weg nach
der Grenze einschlugen. Nicht alle Herzen der Spanier
waren so verhärtet, daß sie sich dem Mitleid gegen die
Unglücklichen verschlossen hätten; aber Torquemada, ein
Mann, der als sittenstreng und mit manchen großen
Eigenschaften begabt, aber von Fanatismus entmenscht
geschildert wird, setzte schwere Strafen für diejenigen fest,
welche der Stimme ihres Herzens folgen würden. Ein
großer Teil der Flüchtlinge schlug den Weg nach den
Grenzen ratlos und ohne Ueberlegung ein, wohin er sich
wenden solle.

Viele der Israeliten, welche nach Portugal geflohen
waren, hatten hier zuerst freundliche Aufnahme gefunden,
aber schon im Jahre 1495 ereilte sie auch hier ein ähn=
liches Schicksal wie in dem Nachbarlande. Der sonst
mit so trefflichen Eigenschaften ausgestattete, noch heute
als der eigentliche Gründer der damaligen Größe Por=

tugals gepriesene König Emanuel erließ Verordnungen gegen das unglückliche Volk, welche den von dem spanischen Königspaar ausgegangenen an Härte nicht nachstanden. Kinder unter 14 Jahren wurden ihren Eltern entrissen und mit Gewalt getauft; die Erwachsenen wurden aus dem Lande getrieben, wenn sie sich weigerten, die christliche Religion anzunehmen. Die Folgen davon waren dieselben wie in Spanien; die Bekehrung blieb selbstverständlich nur eine scheinbare, und da dies bei manchen Gelegenheiten zu Tage kommen mußte, kehrte sich die Wut des mehr und mehr fanatisierten Volkes gegen die „Abtrünnigen". So wurden zu Lissabon im Jahre 1506 2000 des Judentums Verdächtige innerhalb drei Tagen erschlagen. Die bald darauf erfolgte Einführung der Inquisition lieferte dann den Autodafés (dieser Name, mit dem auch bei uns die Glaubensmordfeste statt mit dem spanischen bezeichnet werden, ist portugiesisch), die alljährlich stattfanden, zahlreiche Opfer. Nur einzelnen, die in dem oder jenem Handwerk besondere Geschicklichkeit zeigten, gelang es ausnahmsweise, sich in dem damals blühenden und durch die großen Unternehmungen seiner Seefahrer berühmt gewordenen Reiche einen dauernden Wohnsitz zu gründen, und später erlangten diese portugiesischen Judenfamilien durch die Namen des Uriel Acosta und des größeren Spinoza europäische Berühmtheit.

Andre Flüchtlinge nahmen ihren Weg nach Andalusien und schifften sich in dessen Häfen, besonders in Santa

Maria bei Cadir, nach der afrikanischen Küste ein. Wenn ihnen in Spanien Folter und Scheiterhaufen drohten, war ihr Schicksal in der Berberei kaum ein glücklicheres. Die wilden dort hausenden Horden überfielen scharenweise die Ankömmlinge und beraubten sie der letzten noch geretteten Habe. Die grausame Gier der Bewohner des heutigen Marokko — es waren nicht Araber, die selbst in ihren verwilderten Stämmen ein viel edleres Volk sind, sondern jene rohen, jeder Zivilisation unzugänglichen berberischen Horden, die noch heute die Nordküste des dunklen Weltteils bewohnen —, ging so weit, daß sie die Leiber der Unglücklichen aufschlitzten, um darin die Kostbarkeiten zu finden, die sie verschluckt haben sollten. Auch andre Greuel, so viele deren nur denkbar, wurden an den hilflos Umherirrenden verübt. Die Oede der Natur, welche diesen nur spärliche Grashalme zur Nahrung und halbsalzige Quellen zur Stillung des Durstes darbot, veranlaßte viele, wieder an die Küste zurückzukehren und, in der sicheren Aussicht, dort Christen in die Hände zu fallen, die ebenso unbarmherzig sein würden wie die götzendienerischen nordafrikanischen Horden, von neuem nach Spanien überzusetzen. Um der Folter und dem Scheiterhaufen, die sie dort erwarteten, zu entgehen, bequemten sie sich der Taufe, und wie bald darauf in Amerika die blutgierigen Missionare der christlichen Liebe, welche sich im Gefolge der Cortez und Pizarro befanden, die Bewohner jenes Weltteils unter Androhung des Lebendigverbrennens dahin brachten, sich mit dem Weib-

waſſer beſprengen zu laſſen, ſo ſahen die ſpaniſchen Städte
ſchon damals ein ähnliches Schauſpiel. Dominikaner=
mönche netzten auf den Märkten von Cadix, Sevilla,
Ecija, Gibraltar, Ronda die Stirnen der Neubekehrten
mit dem heiligenden Naß, das ſie mit mächtigen Weihe=
wedeln über ſie ſprengten. Dieſe ſcheinbare Bekehrung
füllte dann während der folgenden Jahrhunderte faſt bis
zu dem Anbruch des neunzehnten die Kerker der In=
quiſitionshöfe, welche über die ganze Halbinſel zerſtreut
waren, mit Unglücklichen, die wegen der Enthaltung vom
Schweinefleiſcheſſen oder Leſung hebräiſcher Bücher in den
Verdacht des Judaismus kamen. Faſt eine Erlöſung war
es für ſie, wenn ſie nach Ueberſtehung aller erſinnlichen
Folterqualen endlich zur Strafe des Lebendigverbrannt=
werdens auf den Scheiterhaufen geführt wurden.

Denjenigen, welche ſich an der ſpaniſchen Oſtküſte
einſchifften, war ein kaum minder trauriges Schickſal
vorbehalten; in elenden Fahrzeugen, welche kaum die
Menge der in ſie Eingepferchten zu faſſen vermochten,
wurden ihrer viele ſchon auf der Ueberfahrt von Seuchen
hinweggerafft, die Ueberlebenden trugen den Keim der
Krankheit in ſich und verbreiteten dieſelbe über Italien,
wo ſie bei ihren zahlreich dort lebenden Glaubensgenoſſen
in den Ghettos Unterkunft ſuchten. Der genueſiſche Ge=
ſchichtſchreiber Senarega gibt folgende Schilderung der
Schreckniſſe, deren Zeuge er ſelbſt geweſen: „Niemand
konnte unbewegt die Leiden der jüdiſchen Verbannten
ſchauen. Sehr viele von ihnen, beſonders die jüngeren,

starben vor Hunger. Mütter, die sich kaum noch selbst
aufrecht zu erhalten vermochten, trugen ihre ausge=
hungerten Kinder in den Armen und starben mit ihnen.
Viele wurden Opfer der Kälte, weil die ungewohnten
Mühsale der Seefahrt ihre Krankheiten vermehrten. Ich
will mich nicht über die Grausamkeit und die Habsucht
verbreiten, von welcher sie häufig durch die Schiffsherren
zu leiden hatten, die sie von Spanien herüberbrachten.
Viele wurden von diesen aus Geldgier ermordet, andre
gezwungen, ihre Kinder zur Bezahlung der Ueberfahrt
zu verkaufen. Sie langten scharenweise in Genua an,
doch man erlaubte ihnen nicht, lange dort zu bleiben,
indem man sich auf das alte Gesetz berief, welches den
Juden verbot, länger als drei Tage in der Stadt zu
verweilen. Man gestattete ihnen jedoch, ihre Schiffe aus=
zubessern und sich einige Tage lang von den Mühsalen
ihrer Reise zu erholen. Man hätte sie für Gespenster
halten können, so abgemagert waren sie. Dem Aussehen
nach glichen sie Leichen und ihre Augen waren tief ein=
gesunken. Sie unterschieden sich in nichts von den Toten
als nur dadurch, daß sie sich bewegen konnten, welche
Fähigkeit ihnen jedoch auch kaum übrig geblieben war.
Viele sanken ohnmächtig nieder und starben auf dem
Molo, welcher, rings vom Meer umgeben, das einzige
Quartier war, wo die unseligen Auswanderer eine Frei=
statt fanden. Die Ansteckung, welche sich durch eine solche
Menge Sterbender und Toter verbreitete, wurde nicht
sogleich gewahrt; doch als der Winter vorüber war, zeig=

ten sich Geschwüre, und die Krankheit, welche seit lange in der Stadt lauerte, brach im folgenden Jahr als Pest aus."

Wäre von der wahren Religion Jesu unter den sogenannten Christen Europas nur eine Spur übrig geblieben, so würden sie das unglückliche Volk, aus dessen Mitte doch ihr eigener Glaube hervorgegangen war, teilnahmsvoll aufgenommen, alle italienischen Städte würden gewetteifert haben, ihnen eine Wohnstätte bei sich zu bereiten, auch die Nachbarländer Deutschland und Frankreich hätten sie zu sich eingeladen, um an ihnen zu vergüten, was spanische Hartherzigkeit verschuldet. Aber im ganzen Abendlande war das, was den Namen Religion verdient, aus den Herzen gewichen, und die gewerbthätigen, seit so vielen Jahrhunderten in Spanien anläßig gewesenen, wegen ihrer eifrigen Pflege ebenso der Wissenschaft wie des Handels und der Industrie weithin berühmten Juden Spaniens mußten fern im Osten bei den Mohammedanern den Schutz suchen, welchen ihnen die Christen versagten. Im jammervollsten Zustande langten diejenigen von ihnen, welche nicht dem Elend und den Seuchen erlegen, an der kleinasiatischen Küste und in der Türkei an. Besonders Konstantinopel, die erst seit kurzem eroberte Hauptstadt des osmanischen Reichs, bot vielen ein Asyl, und noch heute finden sich dort, wie sich Reisende davon überzeugen können, jüdische Familien, denen das Spanische geläufig ist. — Nur eine geringere Anzahl hat sich nach und nach über die andern Länder Europas verbreitet, besonders nach Holland und England.

Die Leidensgeschichte der Söhne Israels, die nach ihrer Vertreibung aus Palästina Jahrhunderte gedauert, hat nun ihre Endschaft erreicht. Nach Verfolgungen und Jammerschicksalen, die nur wenige ihresgleichen in der Geschichte haben, ist über die Enkel Jakobs ein so glän= zendes Glücksgestirn emporgestiegen, daß die früher Unter= drückten nun nicht weit davon entfernt sind, Unterdrücker ihrer früheren Verfolger zu werden, und hundertfältig das heimgeben zu können, was diese an ihnen verbrochen. Aber denen, welche nun deshalb wider sie Zeter schreien, kann man erwidern, daß die Christen selbst sich diese Zuchtrute gebunden haben. Die Geschichte der Juden in Spanien beweist, daß sie ehemals, wo ihnen die Wege zu fruchtbringender Thätigkeit auf verschiedenen Gebieten nicht verschlossen waren, in den Wissenschaften und auf dem Gebiete der Poesie mit dem herrschenden Volke wett= eiferten und keineswegs Geldanhäufung durch Wucher= geschäfte zum Hauptziel ihres Trachtens machten. Dieses ist ihnen in Deutschland, Frankreich, England, Italien und den übrigen Ländern aufgenötigt worden; durch anderthalb Jahrtausende mußten sie ein kaum menschen= würdiges Dasein hinschleppen, aus dem sie sich allein durch das Zusammenscharren von Geld emporschwingen konnten, um bald wieder desto tiefer herabzustürzen. Nun sie derselben Berechtigung mit den andern Konfessionen genießen, wird auch das Gleichgewicht wiederhergestellt. Wir haben schon gesehen, wie aus Familien, deren Mit= glieder ehemals den gelben Lappen auf ihrem Rücken

tragen mußten, ein hochdenkender von kosmopolitischen
Ideen erfüllter Philosoph und mehrere treffliche Musiker
hervorgegangen sind, während andre vom Stamme Juda
und Levi auf wissenschaftlichem und künstlerischem Gebiete
sich glänzend hervorgethan haben, und so wollen wir alle
ihre Glaubensgenossen anspornen, mit Maimonides und
Jehuda ben Halevi zu wetteifern, statt danach zu trachten,
sich zu Königen der Berliner oder Londoner Börse em=
porzuschwingen. Denjenigen aber, die sich nicht scheuen,
heute die Judenhetze des finstersten Mittelalters zu wieder=
holen, soll man sagen, daß sie unwert sind, am Ende des
19. Jahrhunderts zu leben, das in so vieler Hinsicht
seine Vorgänger überragt, und daß sie bei Nathan dem
Weisen in die Schule gehen sollen.

Das sind Gedanken, welche die Kirche Maria la
Blanca mit ihrer aus Holz der Zedern vom Libanon
gefügten Decke und ihrem von der Burg Zion herge=
führten Marmorboden in mir angeregt hat, und welche
niederzuschreiben ich der Mühe nicht für unwert gehalten
habe.

# Auf der Akropolis.

---

Bei meinen wiederholten Aufenthalten in Athen, wel=
ches für den, der seine Seele mit der Kunst und Wissen=
schaft der Griechen genährt hat, noch immer die heiligste
Stätte der Erde ist, ward ich nicht müde, alle durch
große Erinnerungen geweihten Plätze der Stadt und Um=
gebung ein= und abermal zu besuchen. Oft schon fand
mich die erste Morgendämmerung auf der steilen Höhe
des Lykabettus, und auf einem Felsblock neben der
St. Georgskapelle sitzend, sah ich die Sonne, wie sie hoch
und höher über den Bergen Joniens emporstieg und ihr
Licht allmählich mit purpurnem Schein über die Klippen
und Inseln des Archipel ergoß. Ich hörte die an den
Felsen aufschäumenden Wogen wie in den Tagen Homers
den auf seinem leuchtenden Roßgespann über den Ozean
emporsteigenden Gott mit ihrem Hymnus begrüßen, sah,
auch wenn mein Auge die dämmernde Ferne nicht zu
durchdringen vermochte, mit dem Geiste alle seit der frühen
mythischen Zeit geweihten Stätten der Sage und Ge=
schichte, die das Aegäische Meer zu dem glorreichsten der
Erde machen. Chios, die Heimat des alten Sängers,

breitete seine thymianduftenden Höhen und Thäler vor
mich hin, Milos zeigte mir seine vom Rosenlicht der
heiligen Frühe umstrahlten Gipfel, gekrönt von Marmor-
bildern der Götter und Heroen, Delos, das dem Gott
der Dichtkunst vor allem geweihte, und wenn auch seine
Tempel in Staub zerfallen, noch immer von jenem unvergänglichen Hymnus umbrauste Eiland, den der smyr-
näische Dichter, an seinen Gestaden hinwandelnd, zur
goldnen Leier gesungen und dessen Echo noch fort und
fort in den schäumenden Wellen erklingt. Näher vor
mir ragte Salamis aus der Flut, ein Monument des
glorreichsten Sieges, der je auf Erden erstritten ward,
jenes Sieges, ohne den vielleicht heute Nacht der Barbarei
auf der Erde lagern würde. Wie mein Blick zu seinen
jetzt verödeten, möwenumflatterten Felsenwarten hinüberglitt, sah ich es im Geiste von jener herrlichen Feier
belebt, als die dorthin geflüchtete Bevölkerung Athens
den Göttern ihr Dankopfer für die Niederlage des orientalischen Despoten darbrachte, als Dichter zum Klange
der Leier den großen Tag verherrlichten und der junge
sechzehnjährige Sophokles einen Tanz um die Trophäen
aufführte, Themistokles aber in begeisternder Rede dem
Volke vorhielt, es liege ihm ob, der Welt darzuthun, daß
es im Frieden noch größer zu sein verstehe als im Kriege.
Und als mein Blick, der lange an der Ferne gehaftet,
nun auf die unter mir liegende Stadt der Pallas hinab-
glitt, sah ich sie sich nach und nach mit Tempeln, Renn-
bahnen, Agoren, Hyppodromen, Gymnasien und Odeen

schmücken und zur herrlichsten Stadt der Erde verwan=
deln. Was, sagte ich mir, war das hundertthorige
Theben mit seinen, wie von Titanen der Urwelt empor=
gewälzten Tempelkolossen, was Sardes mit den von Gold
und Edelsteinen strotzenden Schätzekammern des Krösus,
was waren die meilenweit über Höhen und Ebenen hin=
gegossenen Riesenstädte des Orients, was Babylon mit
seinen hängenden Gärten der Semiramis, was das vom
Schalle der Becher und von Festgesängen wie vom Rasseln
der Wagen und dem Gewieher der feurigen Rosse wider=
hallende Persepolis gegen die nicht auf Tyrannenlaune,
sondern auf die Macht des Geistes gegründete und
von der Freiheit verklärte Größe Athens? — Wenn ich
mich dann auf der Höhe des Anchesmos — dies ist der
andre, das Ohr durch seinen Wohllaut gleich entzückende
Name des Lykabettos — an dem dort vor mir liegenden
Götteranblick gesättigt, stieg ich hinab, um alle die Plätze
zu besuchen, die seit früher Jugend sehnsuchterweckend
vor meiner Seele gestanden hatten. Es trieb mich an
die Ufer des Kephissos, in die lorbeerschattigen Gänge
der Akademie, um mich unter die Schüler des Plato zu
mengen und die Seherlehre der Diotima von seinen
Lippen zu schlürfen; ich warf mich in der Umgebung der
Stadt im Schatten einer breitwipfligen Pinie nieder, in=
dem ich dachte, es sei die nämliche, unter welcher der
Meister mit seinem Liebling Phädrus beim Schmettern
der Cikaden geruht, indem sein Blick über die Gärten
und Tempeldächer zu dem Mastenwalde des Piräus

Schad. Mosaik.                                          9

hinüberglitt. Nicht ferne von dort erstieg ich den Hügel
von Kolonos und betrat mit heiliger Scheu seinen von
Nachtigallen durchschmetterten Hain, wo der greise Oedipus
nach Schuld und langer Irrfahrt zu den Göttern ent=
rückt ward. Weiter führte mich der Weg zu der Quelle
Kallirhoe und den Ufern des Ilyssus, den ich, wenn er
auch in der Sommerglut nahezu versiegt, doch im Früh=
ling, wenn vom Regen des April geschwollen, mit hohen
Wellen an blumigen Ufern hinbrausend erblickt habe, und
aus dessen Schaum ich die weißen Glieder von Najaden
auftauchen zu sehen glaubte.

Aber der Punkt, zu dem ich an jedem Tage zurück=
kehrte, auf dem ich lange Stunden verbrachte und von
dem ich mich erst losriß, wenn die Sonne hinter Salamis
versunken war und Nacht sich über die Erde breitete,
war die Akropolis. Die Zeit, als ich zum letztenmal
Athen besuchte, war die des Herbstes, der hier noch bis
in den Dezember hinein, wenn die nordischen Länder
schon unter einer tiefen Schneedecke starren, in goldener
Fülle prangt und den Frühling fast an Herrlichkeit über=
trifft. Wenn ich von allen Höhen die jubelnden Gesänge
der Winzer ertönen hörte, wenn Scharen von fröhlichen
Jünglingen und Knaben weinlaubumkränzt bei Saiten=
und Flötenklang die Gärten und Straßen der Stadt
durchstreiften und ihr Jauchzen zu mir emporscholl, glaubte
ich, das Dionysosfest werde noch wie in den Tagen des
Anakreon gefeiert, und ich erschrak fast, wenn mich ein
häßliches byzantinisches Madonnenbild daran erinnerte,

daß die alten Götter „im Leben untergegangen seien und nur im Gesange noch unsterblich fortlebten".

Der Platz, den ich mir gewöhnlich zur Ruhestätte erlas, war die Ostseite der Akropolis. Dort hatte man vor einigen Jahren die lange unter einer Erdschicht fast begrabenen Reste des Dionysostheaters, die Sitzreihen und die Orchestra, ausgegraben. Es ist das, wie uns die Archäologen belehren, zwar nicht dasjenige Theater, auf welchem die Werke der großen Tragiker aufgeführt wurden, sondern ein Bau aus späterer Zeit, wenn gleich noch immer aus den Tagen des Altertums. Allein für mich war dies nicht von vielem Belang; ich gab mich willig dem Glauben hin, auf diesen in langen Reihen emporsteigenden Plätzen hätten ehemals die Bürger Athens, Haupt an Haupt gedrängt, gesessen, um dem Wettkampf der Tragöden zuzuschauen. Vor allem war es der den noch in seinen Trümmern kolossalen Bau umschwebende Schatten des Aeschylus, der mich an diese Oertlichkeit bannte. Ich habe diesem Tragiker seit meiner Jugend eine an Anbetung grenzende Verehrung gezollt und ihn für den größten Dichter der Welt gehalten, indem ich Shakespeare nur als seinen Nebenbuhler, nicht aber als den Größeren erkannte. Schon bei meinem ersten Besuche von Athen, der in meine Jünglingsjahre fällt, wallfahrtete ich die heilige Straße entlang nach seiner Geburtsstadt Eleusis, und es war mir ein erhebendes Gefühl, auf dem Boden zu wandeln, dem er als Knabe die Spuren seiner Füße eingedrückt. Der Tempel von

Eleusis war damals vom Erdboden wie verschwunden und die Gelehrten stritten sich um die Stelle, wo er ge= standen. Vor meinem Geiste aber stieg er wieder empor, und oft, wenn ich am Strande wandelte und neben mir das Rauschen des Meeres wie Chorgesänge der Okeaniden erscholl, glaubte ich, den jungen Aeschylus zu gewahren, wie er an den Pforten des Tempels lauschte, ob er nicht die Lieder der Eingeweihten aus dem Heiligtum erschallen höre. Auf einem Felsblock in der tauigen Frühe erblickte ich ihn an der Seite des Vaters Euphorion, wie dieser ihm von einer Papyrusrolle die Gesänge des Ibykos und Stesichoros, die Dramen der frühen Meister der Tragödie, Thespis, Phrynichos, Pratinas, Choirilos, las, welche noch von bretternen Gerüsten herab durch Gesänge des Chors und das Spiel weniger, noch nicht auf Kothurnen einherschreitender Mimen die Hörer begeisterten. Abends dann im dämmernden Mondschein gewahrte ich den Kleinen, wie er in dem Kreise seiner Familie auf der Agora von Eleusis dem Gesange des wandernden Home= riden lauschte, der die Lieder vom Zorn des Achill und von Ilions Fall oder von den Irrfahrten des Odysseus zur Leier sang. Nach Athen zurückgekehrt sah ich den jungen Dichter seine ersten Siege über die Mitbewer= ber feiern. Schon stiegen würdigere Bühnen auf den Plätzen der Hauptstadt empor, auf denen die Spieler in langwallenden Gewändern mit maskenbedecktem Gesicht und auf Kothurnen feierlich einherschritten, ein gewaltiges, übermenschliches Geschlecht. Hoch und höher war schon

der Ruf des Aeschylus gestiegen; nachdem er im zweiten
Perserkriege den Ruhm des Kriegers zu dem des Dichters
gefügt, verherrlicht er in der gewaltigen Persertrilogie
mit hinreißendem Feuer den Sieg der Hellenen über die
Barbaren und führt dem staunenden Volke in seiner
Prometheustrilogie das Höchste und zugleich Tiefste vor,
zu dem je ein Menschengeist sich emporgeschwungen oder
zu dem er hinabgestiegen. Dazwischen entlockt er durch
seine Satyrspiele der versammelten Menge ein unsterb-
liches Gelächter, das noch, obgleich die Stücke, die es
hervorgerufen, längst spurlos verschwunden, durch alle
Jahrhunderte fortdauert, indem den spätesten Enkeln diese
Dramen als das Herrlichste vorschweben, was die komische
Poesie je hervorgebracht. Was müssen diese Satyrspiele
gewesen sein, wenn die komische Muse des großen Eleusiniers in ihnen auf gleicher Höhe stand, wie die tragische
in seinen Trilogien! — Aber auf dem Gipfel seines
Ruhms, während ganz Hellas begeistert zu ihm aufblickte
und Athen zur Zeit der Dionysien kaum die Menge der
Zuschauer zu fassen vermochte, welche aus allen Teilen
des griechischen Festlandes wie von der Pelopsinsel und
den Eilanden des Archipel zum Wettkampfe der Tragöden
herbeieilten, wurde Aeschylus von der Anklage seiner Neider
getroffen, er habe die eleusinischen Mysterien, zu deren
Eingeweihten er gehörte, entheiligt und den Profanen
verraten. Erschrocken wich die leichtbewegliche Menge vor
dem soeben noch Vergötterten zurück und Aeschylus, um
nicht vor den Schranken des Areopags erscheinen zu

müssen, verläßt den Schauplatz seiner Triumphe, um in
dem fernen Sizilien ein Asyl zu suchen. Hier, am Hofe
des Hieron von Syrakus geht sein Stern von neuem
leuchtend auf. Im Theater der gewaltigsten Stadt der
alten Welt, wie in dem neugegründeten Städtchen Aetna
am Fuße des Donnerberges feiert er Triumphe, welche
den früheren nicht nachstehen. Aus dem ganzen Cyklopen=
eiland, wie aus den griechischen Pflanzstädten des Fest=
landes, ja von den hellenischen Kolonien Galliens und
den Säulen des Herkules her wallfahrtet das begeisterte
Volk nach dem östlichen Ufer Siziliens, und die 200 000
Sitzplätze des ungeheuren Theaters können kaum die Menge
der Zuschauer fassen, welche sich zu den Aufführungen
der Aeschyleischen Tragödien herandrängt. Allein aller
überschwengliche Ruhm, welcher dem Dichter zuteil wird,
alle Huldbezeigungen des Hieron vermögen Aeschylus
nicht seine teure Heimat vergessen zu lassen. Er reißt
sich los von dem Schauplatz seiner Triumphe und kehrt
nach Athen zurück. Hier hat der gute Geist gesiegt.
Die Vaterstadt des Themistokles will nicht die Schmach
auf sich laden, den größten seiner Söhne dauernd miß=
kannt zu haben. Sie sucht durch überschwengliche Zeichen
ihrer Bewunderung zu vergüten, was sie früher gefehlt,
und seine letzte Trilogie, die Orestie, erringt einen Sieg,
wie Griechenland einen gleichen noch nicht gesehen. Aber
die Kraft des Greises ist nach dieser letzten gewaltigen
Anstrengung gebrochen, auch kennt er zu gut den Wankel=
mut der Menge, als daß er nicht fürchten müßte, bei

einem nochmaligen Eintritt in den Wettkampf einem ge=
ringeren Gegner erliegen zu müssen, und so verläßt er von
neuem und für immer den Boden Attikas, um am Süd=
ufer von Sizilien in der Stadt Gela sein Haupt zur Ruhe
zu legen. Dort wird ihm ein Tod zuteil, der die letzte
Zeit seines Lebens mit einem mythischen Glanz umhüllt,
ein Tod, wie ein Dichter ihn sich nicht schöner wünschen
kann. Als er am Gestade des südlichen Meeres hinge=
streckt mit zum Himmel erhobenem Antlitz ruhte, schwebte
der Adler des Zeus über ihn hinweg und ließ eine
Schildkröte auf ihn herniederfallen, die sein Haupt zer=
schmetterte. Nur Pindar, der im Theater bei den Klängen
eines Chorgesanges sanft entschlummerte, und Stesichoros,
in dessen Halle Apoll mit dem Gefolge der Musen ein=
trat, um dem weltverlassenen Sänger die letzte Stunde
zu verschönen, haben ein gleich beneidenswertes Ende ge=
funden.

Oft während ich auf einer der Stufen des Dionysos=
theaters träumend saß, stieg der alte Bau in seiner früheren
Herrlichkeit um mich empor. Ich sah zu beiden Seiten
Sitzreihen über Sitzreihen sich erheben und die wogende
Menge emporklimmen, um noch Plätze für sich zu er=
obern; die Scene, die Orchestra und die Thymele, zur
Seite die aus der Unterwelt emporführende stygische
Pforte, lagen im alten Glanze wie zur Zeit des Eleusi=
ners vor mir und unersättlich hatte ich schon zu wieder=
holtenmalen im Geiste die mir vertrauten Tragödien,
den Prometheus, die Danaiden, den Agamemnon, die

Choephoren, die Eumeniden, die Perser, die Sieben gegen
Theben vor mir dargestellt gesehen. Da erfüllte mich
eine mächtige Sehnsucht, auch die bis auf geringe Frag=
mente verloren gegangenen Werke kennen zu lernen. Der
Verlust von wohl 80 Tragödien, welche Aeschylus außer
den sieben uns erhaltenen verfaßt hat, und vor allem
seiner Satyrspiele, ist mir immer als der größte inmitten
des Unterganges so vieler Werke des großen Altertums
erschienen. Wenn man an alle die Schätze der griechi=
schen Litteratur denkt, die rettungslos zu Grunde ge=
gangen zu sein scheinen, so ist man versucht, dies als
eine Anklage gegen die Vorsehung zu benutzen oder viel=
mehr als ein schlagendes Argument, daß eine solche nicht
vorhanden sei, und wenn ich hieran denke, so fürchte ich
immer, in einen Abgrund des Pessimismus zu verfallen,
aus dem kein Entrinnen ist. Schon der Verlust des
weitaus größten Teiles der althellenischen Lyrik, der
Werke des Archilochos, welche von den alten Griechen
denen des Homer gleichgestellt wurden, des Stesichoros,
Ibykos, Arion und so zahlloser andrer, wie der Oden
und Hymnen der göttlichen Sappho und der Erinna
läßt sich nicht verschmerzen und die vermeintlichen Lieder
des Anakreon, welche erst aus byzantinischer Zeit her=
rühren, sowie die Anthologie können uns keinen Ersatz
für jene rettungslos untergegangene Lyrik der goldenen
Periode geben. Gleich beklagenswert ist der Verlust von
mindestens 80 Tragödien des Sophokles und von einer
fast unberechenbaren Anzahl derer der andern Tragiker,

welche ihm oft den Preis entrissen. Aber als die be=
klagenswerteste Katastrophe in diesem großen Schiffbruche
erschien mir doch immer diejenige, welche uns die meisten
Trilogien, sowie alle Satyrspiele des Aeschylus geraubt
hat. Wenn ich den größten Teil des Tages unter den
Ruinen verbrachte, so widmete ich doch manche andre
Stunde auf meinem Zimmer in der Hermesstraße den
Werken unsrer großen Philologen, namentlich Welckers,
Droysens und Hartungs über die Tragiker und suchte
mir aus ihnen die Umrisse der untergegangenen Trilo=
gien meines Lieblings vor die Seele zu führen. So
kam es, daß am Abend, wenn ich, noch ganz von der
Beschäftigung des Tages erfüllt, auf einer Sitzstufe des
Theaters ausruhte, ich im wachen Traume auch mit dem
Bau desselben, der in seiner ganzen Pracht sich vor mir
hindehnte, einige Aeschyleische Werke emporsteigen sah.
Alle Sitzreihen des ungeheuren Raumes waren mit Zu=
schauern erfüllt; ein Brausen wie von Meereswogen stieg
von ihnen in das Blau des hellenischen Himmels empor,
alle Blicke waren nach dem Vorhange gerichtet, der das
Heiligtum der Scene verschloß. Ein feierliches Opfer
an der Thymele, während dessen sich andächtiges Schweigen
auf die Menge lagerte, leitete die Darstellung ein, dann
sank der Vorhang und die Scene mit prächtigen, be=
kränzten Statuen der Götter und Heroen wurde sichtbar.
Die Dekoration derselben war nicht wie die unsrer
Bühnen auf eine doch nie zu erreichende Sinnestäuschung,
so daß sie nach dem Schein der Wirklichkeit getrachtet

hätte, berechnet, sondern begnügte sich mit dem Andeuten=
den und Symbolischen. Nachdem ein festlich geschmückter
Herold den Titel der aufzuführenden Tragödie verkündet
hatte, begann die Darstellung.

Nach der Ankündigung desselben sollte die Trilogie
Irion aufgeführt werden. Der Held derselben, der kühne
Irion, hat zur Gattin die herrliche Tochter des De=
joneus, Dia, und ist hochbeglückt über diese Verbindung.
Aber bald bricht Zwiespalt zwischen ihm und seinem
Schwiegervater aus, weil er diesem den verheißenen
Mahlschatz weigert. Dejoneus treibt dem Wortbrüchigen
dessen Roßherden von seinen Weideplätzen hinweg. — Im
Beginne des Stückes entsendet Irion einen Boten an
Dejoneus, um ihn einzuladen, den Hochzeitsschatz der
Tochter in Empfang zu nehmen. In einem Monolog
darauf aber gibt er kund, wie er keineswegs gesinnt sei,
Wort zu halten; er erteilt daher einem Diener den Auf=
trag, eine Mordgrube herzurichten, in welche er den De=
joneus locken will, um ihn zu verderben. Da der Dichter,
wie ich schon aus dem Anfang des Agamemnon wußte,
keineswegs auf die Einheit der Zeit Bedacht nimmt,
sondern in wenigen Minuten lange Zeiträume vergehen
läßt, erscheint, nachdem der Chor in einem Gesange den
König gemahnt hat, nicht treulos zu sein, Dejoneus und
drückt seinen Unwillen darüber aus, daß der Eidam der
Tochter und ihm nicht Wort gehalten habe: „Wo sind
die Erstlingsgaben, all die reiche Mitgift, die goldenen,
silberverzierten Trinkgeschirre, die strahlenden Trinkhörner,

schön mit goldenen Rändern eingefaßt?" Ixion versteckt
seine verräterischen Absichten hinter glatten Worten,
schildert dem Schwiegervater die Fülle der Schätze, welche
er ihm zugedacht, und welche er nur nicht sogleich bei
der Hochzeit ihm habe übergeben können, weil die herr=
lichen kunstvollen Arbeiten der Gold= und Silberschmiede
noch Zeit zu ihrer Vollendung gebraucht hätten. Nun
ständen sie bereit und er möge ihm zu der Schatzkammer
folgen, wo er ihm alles übergeben werde. Zu den beiden
tritt Ixions Gattin Dia hinzu und vernimmt mit Freude,
wie nun die Eintracht zwischen dem Vater und ihrem
Gatten wiederhergestellt sei, da dieser seine Zusage so
reich erfülle. Die drei gehen nun ab, nur der Chor
bleibt zurück und drückt seine Begier aus, zu erfahren,
ob Ixion sein Versprechen erfüllen werde. Den Chor=
gesang unterbricht dann die hereinstürzende Dia und
kündet voll Entsetzen das Furchtbare, dessen Zeugin sie
eben gewesen ist. Der Weg, über welchen ihr Vater ge=
führt worden, war nur mit dünnen Reisern überdeckt
gewesen, darunter gähnte ein tiefer Schlund, mit glühen=
den Kohlen und geschliffenen Schwertern gefüllt, und
Dejoneus war in diese hinabgestürzt, um ein fürchter=
liches Ende zu finden. Während die Gattin noch jammert
und der Chor dem Entsetzen über den verbrachten Frevel,
die erste auf Erden begangene Blutschuld, Ausdruck gibt,
eilt Ixion triumphirend herein und rühmt sich der voll=
brachten That, durch welche er nun als der reichste und
mächtigste Herrscher dastehe. Aber seine Schandthat ist

weithin ruchbar geworden. Alle fliehen vor dem Mörder und bald befallen auch ihn wilde Gewissensbiffe, die ihn in Verzweiflung und Wahnfinn treiben. Während der Chor über das hereingebrochene Geschick wehklagt, erscheint der Götterbote Hermes und verkündet, der Frevler könne nie von seinem Wahnfinn geheilt, nie wieder der Gnade der Götter teilhaftig werden, be= vor nicht Zeus felbft, mit eigener Hand ihn mit Sühn= opferblut benetzend, die Schuld von ihm genommen. Als fie dies gehört, rafft fich Dia aus ihrem Jammer empor und beschließt, ihren Gatten auf einem Bußgang zum Sühnaltar des Zeus auf dem Berge Olymp zu geleiten.

Die zweite Tragödie zeigte mir den Olymp mit dem Altare des Zeus. Dia, den wahnfinnigen Gatten hereinführend, wirft fich mit ihm an den Stufen des Heiligtums nieder und richtet ein Gebet an den Götter= vater, den Jrion zu entfühnen. Ein Priefter des Gottes, gefolgt von einem Chore von Geiftern, welche den Dienst im Heiligtume des Göttervaters haben, läßt fich von der Unglücklichen das Geschehene berichten. In feierlichem Gefange drückt der Chor feinen Schauder über den un= geheuren Frevel, den erften Mord auf Erden, aus und zweifelt, ob fo gewaltige Schuld je eine Sühnung finden könne. Aber der Oberpriefter fagt, der Göttervater wolle nicht das Verderben der Sterblichen, jede Schuld laffe fich fühnen, und auf fein Geheiß wird ein Opferfeuer auf dem Altare gezündet. Während er den Chorreigen

der Priester anführt, kniet Dia an den Stufen des
Altars nieder, und unter den Gesängen der Opfernden,
in welche sie ihre Gebete mengt, steigt Zeus in einer
Wolke vom Gipfel des Olymp herab und spritzt Opfer=
blut auf den wahnsinnigen Irion, um ihn zu entsühnen.
Da weicht die dunkle Wolke des Wahnsinns vom Haupt
des Frevlers und Zeus reicht dem Entsühnten die Rechte,
daß er mit ihm zum Göttersaale emporschwebe. Die
allein zurückgebliebene Dia, wähnend, der ihren Augen
entschwundene Gatte sei ihr für immer entrissen, wankt
klagend hinweg, gestützt auf einen Priester, welcher sie
zu trösten versucht, und der Erschöpften ein Asyl in den
Gemächern des nahen Tempels anbietet.

Bald tritt Irion von neuem auf, nun wieder in
jugendlicher Schönheit, und vom Göttermahle, wo er
Nektar und Ambrosia genossen, berauscht. Er fleht
zu Hera, an deren Seite er zuvor beim Gelage ge=
sessen und von deren Reizen er ganz hingerissen ist, zu
ihm herabzusteigen und ihn durch ihre Liebe zu beglücken.
Und siehe, die Gestalt der Himmlischen schwebt hernieder,
um an seiner Seite zu ruhen. Während die beiden sich
entzückt umarmen, tritt Dia wieder ein und will, als
sie den Gatten erblickt, ihn freudig in ihre Arme ziehen,
aber er, ganz erfüllt von dem Reiz der Höchsten unter
den Göttinnen, die ihn ihrer Liebe würdigt, achtet ihrer
nicht, stößt sie vielmehr mit harten Worten zurück, und
geht dann mit Hera hinweg, um ganz ungestört in
ihren Armen schwelgen zu können. Da sinkt die ge=

täuschte und betrogene Tochter des Dejoneus, die dem Gatten alles geopfert, zu Boden, ihr Herz ist vor Jammer gebrochen.

Der Chor stimmt einen Klagegesang über ihren Tod an und trägt ihre Leiche hinweg. Hierauf tritt noch ganz im Taumel des genossenen Glückes Ixion auf und rühmt sich, ihm sei das Höchste zuteil gewor= den. Der Vater der Götter und Menschen selbst habe kein höheres Glück genossen. Als er im höchsten Taumel aller Sinne vermessen sich den Unsterblichen gleichstellt, tritt der Götterbote Hermes auf und enthüllt ihm, die Hera, die er umarmt, sei nur ein Trugbild gewesen und seiner Umarmung würde das Geschlecht der Kentauren entspringen. Der Frevler aber wird nach dem gerechten Richterspruche des Zeus in die Speichen eines Rades geflochten, das ihn in ewigen Kreisen um= herwirbelt.

Die dritte der Tragödien, wiewohl reich an mannig= faltigen Schönheiten, vermochte dennoch nicht gleich mäch= tige Eindrücke in mir hervorzurufen. Doch will ich keineswegs sagen, dies sei die Schuld des Dichters ge= wesen; nur dem spätgebornen Epigonen waren die gigantischen Gestalten der Urwelt, mit denen die Phan= tasie der Griechen von Jugend auf vertraut gewesen, zu fremdartig, als daß er ihnen ein warmes Interesse hätte zuwenden können. Auch bestand der letzte Teil gleich den Danaiden und den Sieben gegen Theben eigentlich nur aus einer einzigen Situation; die Chor=

gesänge walteten vor und schienen von den Dialogen der Handelnden nur unterbrochen zu werden.

Das Stück begann mit einem Feste, durch welches der Sohn Ixions und der unglücklichen Dia, Peirithoos, seine Vermählung mit Hippodamia feiert. Die von dem Truggebilde der Hera dem Ixion geborenen wilden Kentauren waren unter vielen andern Gästen, welche den Chor bildeten, geladen.

Das Festgelage nahm nach und nach einen wilden Charakter an. Die berauschten Kentauren zerschmetterten im Uebermut Schüsseln und Trinkgefäße, und suchten die schönen Töchter der Lapithen zu zwingen, daß sie ihnen zu Willen seien. Auch die Braut war nicht vor ihrer Frechheit sicher. Immer wüster wurde das Bacchanal. Zerschmetterte Weinkrüge, losgerissene Tischplatten machten den Anfang, Fackeln schleuderten die Gäste sich gegenseitig ins Gesicht, Hirschgeweihe wurden von den Wänden herabgerissen, Flammenbrände von den Altären, so daß das Gebäude Feuer fing und die Lohe aus dem Dache schlug. Die Thürpfosten und Balken werden von den Streitenden als Waffen benutzt. Zuletzt fliegen gar Eichenstämme, von den Riesen aus ihren Wurzeln gerissen, Felsblöcke, wie im Kampfe der Titanen, umher. Unter allem dem wilden Tumult aber schläft noch einer der Kentauren, Aphides; er hält den noch nicht ganz geleerten Becher in der Hand, als ihm ein Steinblock das Haupt zerschmettert und sein Blut in den Pokal strömt. Zuletzt bleibt nur noch der gewaltige Kaineus übrig, aber die Erde öffnet ihren Schlund und schlingt ihn hinab. So hat der herrliche Peirithoos über die wilden Mächte der Urwelt gesiegt.

Ein Chor der überlebenden Gäste feiert endlich den Sieg desselben, durch den die Schuld seines Vaters Jxion und der barbarischen Kentauren gesühnt ist.

Noch war meine ganze Seele erfüllt von den mächtigen Eindrücken der Trilogie, in welcher ich ein großartiges Gegenstück zu derjenigen des Prometheus erkannte. Schon am folgenden Tage vernahm ich da, während ich — vor mir die treffliche, bei Didot in Paris erschienene Ausgabe des Aeschylus, in welcher die Fragmente der untergegangenen Tragödien so sorgfältig gesammelt und kommentiert sind, sowie die andern schon erwähnten philologischen Werke — von neuem auf den Stufen des Dionysostheaters ruhte, das Schmettern der Trommete und einen Heroldsruf, wodurch die Aufführung einer andern Aeschyleischen Trilogie angekündigt wurde. Ich war erstaunt und sagte mir, ein Traum müsse mich umfangen, da doch bei den Dionysosfesten ein jeder Dichter immer nur mit einem Werke — sei es eine Tetralogie oder ein einzelnes Drama — in den Wettkampf getreten sei. Aber nein! All mein philologisches und archäologisches Wissen wurde zu Schanden; es war in der That eine neue Trilogie des Aeschylus und zwar die der Niobe, deren Darstellung eben mit dem an der Thymele dargebrachten Opfer der Priester begann.

Als der Opferchor verstummt und der Vorhang ge=

sunken war, erblickte ich die Halle im Herrscherpalaste
von Theben; überschwengliche Pracht verkündete den
Reichtum und Glanz des Königs Amphion. So viele
herrliche Geschlechter von Fürsten und Herren auch das
weite Griechenland besitzt, keines vermag sich dem des
Amphion zu vergleichen, der von den Göttern mit der
Gabe wunderbaren Gesanges begnadet, durch die Töne
seiner Leier die Steine der nahen Berge zu einem Schlosse
von wunderbarer Herrlichkeit gefügt hat. Ihm zur
Seite steht Niobe, die Tochter des Lyderkönigs Tantalus.
Stolz auf ihr altes, den Göttern entstammtes Geschlecht,
noch mehr aber auf sieben Söhne und gleichviele Töchter,
von denen jene durch Tapferkeit, diese durch Tugend
und wundersame Schönheit nicht ihresgleichen auf Erden
haben, verachtet sie die Leto, welche doch nur zwei Kin=
der, die Artemis und den Apollo, zur Welt gebracht.
Im Beginne des Trauerspieles erblickte ich die hohe
Frau, umgeben von ihren Kindern; die älteren der Söhne
waren schon von einem Kriegszuge heimgekehrt und be=
richteten der Mutter von ihren Thaten; für die jüngeren
nahm der Pädagog das Wort und pries seine Zöglinge,
wie sie alle andern Knaben in den gymnastischen
Uebungen überträfen. Niobe, als sie die Worte ver=
nommen, pries sich vor allen andern Müttern glücklich,
daß sie solche Söhne geboren, und ergoß sich dann, auf
die Töchter deutend, auch in deren Lob, indem sie sagte,
daß an Reizen und Tugenden selbst keine der Göttinnen
sich ihnen vergleichen könne. Der Chor der Ammen

stimmt einen Gesang an, in welchem er die Königin und
ihre Kinder mahnt, sich nicht in ihrem Glücke zu über=
heben und sich nicht den Olympiern gleichzustellen,
welche über der Menschen Geschicke walten und deren
Ueberhebung strafen. Da tritt der greise Sänger und
Seher Teiresias ein. Mit stolzer Miene fragt Niobe,
was denn der Alte von ihr begehre. Als dieser sie dann
zur Mäßigung in ihrem Glücke ermahnt und auf dem
Altare die heilige Flamme anzünden will, in welcher sie
mit den Kindern der Artemis und dem Apoll Opfer=
gaben darbringen soll, ergießt sie sich in Schmähungen
auf die Kinder der Leto, und verbietet dem Volke diese
zu verehren, nur ihr selbst und ihren 14 herrlichen Kindern
sollen in dem Tempel Feierlieder ertönen und Spenden dar=
gebracht werden. Teiresias entfernt sich wegen der ver=
messenen Rede grollend, und die Ammen singen ein Chor=
lied, in welchem sie die Götter anflehen, ihren Zorn nicht
über die holden Kinder zu entladen, welche sie mit der
Milch ihrer Brüste gesäugt hätten und die ihnen teuer
seien, wie der gesellig nistenden Schwalbe ihre Jungen.
Aber Niobe ist wie für die Warnungen des Teiresias
und für die flehenden Stimmen der Ammen so auch für
die Mahnung ihres Gatten Amphion taub. Selbst gegen
Zeus und die göttliche Hera ergießt sie sich in verwegene
Worte und wendet sich zum Abgehen, indem sie zwischen
den wehklagenden Gesängen des Chors ihre Absicht aus=
spricht, selbst mit ihren Kindern in den Tempel der Leto
einzuziehen, um sich statt jener in demselben verehren zu

lassen. Endlich erreicht ihre Vermessenheit den höchsten
Grad, indem sie droht, auch den Tempel des Zeus, der
sich die Herrschaft nur angemaßt, und die Königsburg
des Amphion durch flammenschleudernde Adler nieder=
brennen zu lassen. Eine Schlußscene von überwältigen=
der Wirkung bewies mir von neuem, was ich freilich
schon aus dem Ajas des Sophokles, wie den Eumeniden
des Eleusiniers wußte, wie völlig grundlos die oft ge=
hörte Behauptung sei, auf der antiken Bühne habe keine
Verwandlung der Scene stattgefunden. In der Tragödie,
welche ich aufgeführt sah, hielt die Königin mit ihren
Kindern den Einzug in den Tempel der Leto; mir kam
hierbei, wie bei vielen andern Tragödien der Alten,
auch zum Bewußtsein, wie eitel jener oft gehörte Vor=
wurf gegen neuere Dichter sei, sie liebten es, durch Effekt=
scenen, wie die alten Tragiker sie durchaus verschmäht,
um die Gunst der großen Menge zu buhlen. Rohe
Effekthascherei, wie schlechte Dichter sie wohl anwenden
mögen, ist allerdings dem Aeschylus und Sophokles, wie
auch dem Euripides fremd gewesen; aber ebenso wie
Shakespeare und alle großen Dramatiker der neuen Zeit
haben sie Scenen von schlagartiger und oft überwältigen=
der Wirkung in ihren Tragödien, besonders an deren
Schlusse angebracht, wie dies beinahe alle ihre Werke zeigen.

Nach der Pause zwischen dem ersten und zweiten
Stücke der Trilogie tritt in dem letzteren, den Klage=
weibern, Niobe in Trauergewänder gehüllt aus dem
Palaste; Leto hat ihre Rache an der unglücklichen Königin

gestillt, unter den Pfeilen Apolls und Dianens sind alle ihre Kinder bis auf das letzte dahingesunken. Ein großer Grabhügel bedeckt deren Asche. Zu ihm steigt Niobe im Gefolge der Klageweiber herab.

In sprachlosem Jammer sitzt sie dort und starrt auf den Boden, der all ihr Glück umschließt; um sie aber ertönen die Gesänge der Weiber. Ich erkannte aus ihnen, wie falsch jene oft aufgestellte Behauptung sei, der Chor wäre die Stimme der Unbefangenen, und nehme nicht teil an den Irrungen, in welchen die Helden der Tragödie befangen seien. Hier vernahm ich, wie die Klageweiber den leidenschaftlichen Schmerz der Königin teilten; ihr Chorgesang machte einen um so tiefer tragischen Eindruck auf mich, weil sie, vom Schmerze überwältigt, nicht daran dachten, den ihrer Gebieterin zu schonen, oder gar ihr Tröstung zuzusprechen, sondern im einzelnen den schreckenvollen Tod ihrer Kinder ausmalten, wie diese hier- und dorthin geflohen, um den tötenden Geschossen zu entrinnen, wie sie vor dem erzürnten Gott niedergekniet und ihn angefleht, ihres Lebens zu schonen, wie andre sich in die Tempel geflüchtet und die Altäre umklammert, um dort Schutz zu suchen, noch andre in unterirdische Gewölbe geflohen, doch überall von den rächenden Geschossen ereilt worden seien. Mit verhülltem Haupte bleibt Niobe, nur hie und da mit einem Seufzer die Chorgesänge unterbrechend. Zu ihr tritt grauergebeugt Amphion und stößt Anklagen wider die Götter und ihr ungerechtes Walten aus. Aber der Zorn der Olympier ist noch nicht gestillt, wie vom Blitz getroffen stürzt der Verwegene leblos zu Boden.

Allein selbst dieser neue Schicksalsschlag stört Niobe nicht aus ihrem starren Jammer auf, es ist, als ob sie nach und nach in ihrem Weh zu Stein erstarre. Da ertönt dumpfes Donnerrollen aus dem Erdenschooße, sie erhebt sich aus ihrem Brüten und bricht in die Worte aus: „Ich komme schon, was rufst du?" In ihrer Seele reift der Entschluß, die Jammerstätte, das Grab alles ihres Glückes zu verlassen, und in ihre Heimat, zum Vater Tantalus zurückzukehren. Und während sie unter einem Chorgesange der Klageweiber nach ihrer Heimat am Sipylos aufbricht, erhebt sich wieder der Vorhang.

Bald öffnete sich von neuem die Scene und die dritte Tragödie „Niobe" begann. Ich fand mich nach Lydien an den Hof des Tantalus versetzt.

Ein Monolog des greisen Königs eröffnet das Stück. Er rühmt, zwölf Tagereisen weit erstrecke sich sein Reich. Das Idagebirg widerhalle dem Gebrüll seiner Herden, reich bestellt seien seine Felder, doch ist seine Seele ge= drückt von der Erinnerung an die Greuel, die in seinem Hause vorgegangen, und vom Bewußtsein alter Schuld. Durch einen Boten wird ihm berichtet, welches Unheil seine Tochter befallen, wie der Götter Zorn das ganze blühende Geschlecht ihrer Söhne und Töchter ausgerottet habe, wie der Greis um die Hoffnung, blühende Enkel seine Kniee umspielen zu sehen, betrogen sei. Tan=

talus, wie vom Blitzstrahl durch diese Kunde getroffen, steht graugebrochen auf seinen Stab gebeugt da. Nun fündet ein Herold das Nahen der unglücklichen Königin, und bald wankt diese unter dem Chorgesang der Klage= weiber herein. Sprachlos bleibt sie lange in ihrem Jammer; dann erst ringen sich einzelne Schmerzensrufe aus ihrer Brust, und wetteifernd, aber nur in gebroche= nen Lauten, klagt sie mit dem Vater. Dieser spricht: „Den Menschen schuldig werden läßt ein Gott, wenn er sein Geschlecht spurlos vertilgen will," und: „Mein Geist, der schon droben im Himmel atmete, stürzt jetzt tief zur Erde nieder, und mahnt mich: gedenke immer, daß du irdische Güter nicht zu hoch achten sollst!" Niobe aber will den Menschen entfliehen, dorthin, wo an der Felsen= wand des Ida einsam der Altar des väterlichen Hauses steht. Der Vater, obgleich selbst um sein Liebstes be= trogen, sucht sie doch durch Trostgründe aufzurichten, er führt ihr vor, wie vieles Leiden ihr auch durch die lebenden Kinder hätte bereitet werden können, und will sie bereden, bei ihm zu bleiben in der väterlichen Burg, bis ihm der Ruf erschalle, in das nächtlich dunkle Reich hinabzusteigen. Die Tochter aber verschließt sich seinen Trostgründen und weigert sich, zu bleiben, selbst als Tan= talus ihr vorhält, wie grausam der Tod sei, der unter allen Göttern allein sich durch kein Weihegeschenk be= günstigen lasse, kein Opfer und keine Spenden im Tempel annehme und sich durch keine rührenden Worte beschwich= tigen lasse. Da nun unter dem Chorgesange der Klage=

weiber wendet sie sich schließlich zum Gehen, und in der letzten Scene erblickte ich sie in einsam öder Felsengegend am Sipylos, wie sie auf dem nackten Gestein dasaß und nach und nach unter den Klagegesängen des Chors zum Felsen erstarrte, aus dem ihre Thränenströme als Quellen hervorbrachen, die ihre Schuld und ihr Weh der Folgezeit verkünden sollten. —

In der Trilogie, welche den Mythos vom Kampfe des Dionysos mit dem Könige der Edoner Lykurgos behandelt, erschien vor mir zuerst ein Chor der wilden Edoner, welche staunend von dem wunderbaren Erscheinen eines Fremdlings erzählen, der mit einer Schar schwärmender Bacchanten vom fernen Asien kommend, an ihrer Küste gelandet sei. Sie schildern das Erscheinen der wunderbaren Gäste aus dem Orient, deren der eine „mit eherner Becken Getöse lärmt, der andre Festklänge der Flöte, der dritte dem Tympanum Sturmlaute entlockt, in welche des Wahnsinns Jubel einstimmt. Laut hallt das jauchzende Festlied, stiergleich aufbrüllend ertönt ringsher himmelan dröhnendes Rufen, wie im Sturmwind flattert das gefleckte Fell."

Bei dem niegehörten Lärm, welcher nahe dem Palaste vernommen wird, tritt der König des Edonerlandes Lykurgos aus seiner Halle hervor und fragt zornig, wer solchen Unfug in der Nähe seines geheiligten Sitzes übe? Bald erscheint inmitten der Bacchantinnen Dionysos selbst. Erstaunt fragt der Tyrann: Welche Heimat den weibischen Knaben entsandt habe? Wie sein Haarband

zu dem Speer passe, wie der Myrrhen Salbenduft und
der Busengurt, was der Spiegel mit dem Schwerte zu
thun habe? „Wer bist du Knabe, warum erzog man dich
als Mädchen? Deine schlanken Schenkel machen mich
glauben, du seist ein Zwitter.“ Auch gegen den halb-
trunknen Silen wendet er sich zornig und ergießt weiter
Hohn und Spott über das Gefolge des Weingottes. Da
der jubelnde Lärm der Fremdlinge nicht verstummen will,
befiehlt Lykurg seinen Knechten, die Bacchanten und Satyren zu ergreifen und in Ketten zu werfen. Auch
Dionysos selbst wird in den Kerker geführt. So ist der
Triumph des Edonerkönigs vollständig, und der Chor
seiner Diener und Anhänger feiert dessen Sieg.

In dem zweiten Stücke haben sich durch die Macht
des Dionysos die Kerker geöffnet, unter jauchzenden
Siegesgesängen feiern die Bacchantinnen den Triumph
des Gottes. Lykurg selbst ist von Wahnsinn befallen
und erschlägt in seiner Raserei den eigenen Sohn, seinen
Liebling. Die Edoner wehklagen über das Geschick des
Königs und beginnen die Macht des fremden Jünglings
zu erkennen. Während der König in seiner Verblendung
den Leichnam seines Sohnes zerstückelt, stimmen die
Bacchantinnen jubelnde Gesänge an.

In der dritten Tragödie sah ich die Strafe für den
Frevel des Königs, der über das ganze Land der Edoner Unfruchtbarkeit heraufgeführt hatte. Ein Teil der
Bewohner hat sich aus Gegnern in begeisterte Anhänger
des Dionysos verwandelt. Diese, welche in einem

Chorgesang das Weh, welches durch die Schuld des Königs über das Land hereingebrochen, beklagen, er= greifen den Tyrannen, der inzwischen zur Besinnung ge= kommen ist und die Mordthat, die er an dem eigenen geliebten Sohn verübt hat, bejammert, sie binden ihn und schleppen ihn auf den Berg Pangaios, wo er in eine Felsenhöhle eingekerkert wird, damit er dort inmitten kriechenden Gewürmes ein schreckliches Ende finde.

Nach der gewaltigen Katastrophe, mit welcher das letzte Stück der Trilogie schloß, führte mir das Satyr= spiel die Kehrseite der schrecklichen Bilder vor, in welcher die Trilogie die Macht des Dionysos verherrlicht hatte. Dasselbe spielt vor der Höhle, in welcher der gestürzte Tyrann seine Strafe büßt. Ein Chor von Satyrn feiert das fröhliche Leben, das nun in das Land der Edoner eingezogen ist; von allen Höhen und aus allen Thälern begleiten jubelnde Chöre die Scharen der Winzer, welche auf den Weinbergen den süßen Most keltern. Die fröh= lichen schon bezechten Waldgötter ziehen vor die Kerker= höhle des Lykurg und locken ihn durch ihre lustigen Lie= der an die Spalte seiner Felsengrotte, wo er nur das Zirpen der „Seherin Cikade" hört. Von Hunger und Durst geplagt, sehnt der Gefangene sich nach Schmausen und Zechen und nach lustigem Schwärmen. Seine Be= gier nach Freiheit wächst noch mehr, als die fröhlichen Gesellen ihm schildern, wie das ganze nun befreite Land in beständigem Rausche der Lust schwelgt, wie selbst „der Palast begeistert wankt und das Dach zu taumeln scheint".

Das Stückchen, das, wie alle diese Satyrspiele, eine Art von lustigem Finale zu den vorhergehenden Tragödien bildete, schloß unter dem Jubel der Zuhörer mit dem Weiterziehen des bockfüßigen Chors.

So mächtig die beiden ersten Stücke der Lykurgie durch die hinreißende in ihnen herrschende Bewegung mich ergriffen hatten, konnte ich doch bei dem Schlusse des letzten eine gewisse Verstimmung nicht unterdrücken, denn das Verschmachten des Lykurgos schien mir, wie schwer auch nach griechischer Ansicht seine Schuld gewesen sein mochte, einesteils zu grausam, andrerseits aber auch un= dramatisch. Das sich anschließende Satyrdrama jedoch verscheuchte diese Stimmung.

Wenn an den vorhergehenden Abenden die drei Teile der Trilogien, obgleich nur in schwankenden Um= rissen, in ihrer Totalität vor meine Seele getreten waren, und in mir den Glauben erzeugt hatten, ich sähe sie wirklich vor mir aufgeführt, so war ich mir von andern Abenden doch bewußt, daß entweder nur eine Täuschung meiner Phantasie mir die geschauten Bilder vorgegaukelt habe, oder daß die Behauptung unsrer Philologen, Aeschylus' Tragödien seien immer in Form von Trilo= gien oder, wenn man die Satyrspiele hinzunimmt, von Tetralogien auf die Bühne gekommen, eine unbegründete sei. Ich hatte z. B. bei ihnen von einer Perseis ge= lesen, welche in drei Tragödien die Geschichte der Danae, den Besuch, den Zeus in Gestalt eines goldnen Regens bei ihr gemacht, die Geburt des Perseus und die weiteren Schicksale desselben behandelte. Ich aber sah in der That nicht drei Dramen aufgeführt, sondern nur ein einziges, dessen Mittelpunkt die Geschicke des Perseus bildeten. Zuerst erblickte ich den Sohn der Danae auf einer abenteuervollen Fahrt. König Akrisios von Argos hatte nämlich seine Tochter Danae, und den von ihr als Frucht der Umarmung des Göttervaters geborenen Perseus verstoßen, weil ein Orakelspruch ihm verkündet hatte, deren Sohn werde ihn ermorden. Der Nachen, in dem er sie mit ihrem Kleinen dem Ozean preisgegeben, ist an die Küste von Scriphos getrieben worden, wo der König Polydektos sie gastlich aufnahm. Dieser entbrannte in Liebe zur schönen Danae; aber nachdem der Sohn der letzteren zum Jüngling erwachsen, fürchtet er von ihm, er werde ihm in seinen Plänen hinderlich sein, und entsendet ihn auf eine Abenteuerfahrt, indem er meint, daß er von dieser nicht zurückkehren werde, da kein Sterblicher sich des Hauptes der Medusa, das er ihm bringen soll, werde bemächtigen können. Perseus begibt sich mutig auf die Fahrt, denn er steht im Schutze des Vaters Zeus, der ihm den Hermes als Begleiter mitgibt. Von dem listenreichen Gott werden ihm die Wege angegeben, auf denen er sein Ziel erreichen könne. Er kommt zur Grotte der Graien, der Hüterinnen der Medusa, und erlangt von ihnen die Flügelschuhe, den Helm und die Tartsche, welche ihm zur Vollendung seines großen Werkes nötig sind. Er vollbringt dies Werk, und ich sah ihn nach gelungener That

ganz in jener Stellung, wie das herrliche Bildwerk des
Benvenuto Cellini ihn zwei Jahrtausende nach Aeschylus
dargestellt hat.

Der Fortgang der Tragödie bestätigte mir, daß ein
Wechsel der Scene bei den griechischen Dramatikern keines=
wegs selten gewesen; denn nachdem Perseus auf seiner
weiteren Abenteuerfahrt die Andromeda befreit und den
Atlas versteinert hat, befindet er sich wieder in Seriphos.
Hier hat der König Polydektes der Danae Gewalt an=
thun wollen, aber diese ist zum Altar des Zeus geflohen,
um dessen Schutz gegen den Frechen anzuflehen. Der
König ist ihr in das Heiligtum gefolgt, und will sie trotz
der geweihten Stätte zwingen, sich zu ergeben; da tritt
ihm Perseus entgegen, und läßt ihn und seine Begleiter
durch das vorgehaltene Medusenhaupt zu Stein erstarren.
Am Schlusse wird auch noch Akrisios von der verdienten
Strafe ereilt, indem sich an ihm der Orakelspruch erfüllt,
er werde von dem Sohn seiner Tochter erschlagen wer=
den. Bei den Leichenspielen für Polydektes wird er durch
den Diskus des Perseus tödlich getroffen.

Noch einmal trat eine ganze Trilogie vor mich hin
in der Aethiopis; die mich in der ersten Tragödie, die
Schützinnen, auf das Schlachtgefilde der Troas, wo
Hellenen und Trojaner in rastlosen Kämpfen einander
befehden, versetzte. Auf dem weiten von Simois und
Skamander durchströmten, von der Feste Ilion gekrönten
Gefilde bekämpft Achill, begleitet von seinem Liebling
Antilochos, die dem Priamos zu Hilfe gezogenen hoch=

geschürzten Amazonen und ihre Königin, die herrliche
Penthesilea. Die beiden verfolgen in jugendlicher Kampf=
lust die schönen Jungfrauen, welche „noch nicht geschmeckt
der Brautnacht Lust und schüchtern zur Erde der Blicke
Pfeile senken". Beide sind nicht unempfänglich für ihre
Reize, aber als Kämpfer in Agamemnons Heer müssen
sie die Bundesgenossinnen der Trojaner verfolgen. Wech=
selnd erscheinen die von Homer gefeierten Helden des
hellenischen Heeres, umgeben von ihren Kriegern, und
dann wieder, wie es der Kampf mit sich bringt, die
Amazonen, die den Chor bilden, und bald voll Kampflust
jubeln, bald Trauerlieder über gefallene Gefährtinnen
anstimmen, auf der Bühne. Wie Schatten der Wolken
über die weiten Ebenen fliehen die Scharen der sich ver=
folgenden beiden Heere über das Schlachtgefilde vom
Fuße des Idagebirges bis an die Ufer des Hellespont
dahin. Achill weiß, daß ihm ein früher Tod beschieden
ist, darum benutzt er die ihm zugemessene Zeit, um große
Thaten zu vollbringen, daß er nicht ruhmlos in das
Unterreich hinabsteige. Rastlos verfolgt er die Königin;
sein Streben ist, sie lebend in seine Gewalt zu bekommen,
und im Triumphe in das griechische Lager zu führen,
allein sie weicht an Heldenkraft weder ihm noch dem ge=
waltigen Diomedes, noch dem kühnen Patroklos; und
nachdem er vergebens alle andern Mittel versucht, schleu=
dert er einen Speer wider sie, von dem getroffen sie mit
tief klaffender Brustwunde vom Rosse sinkt. Auf der
eigenen Schulter trägt er die Leiche des herrlichen Weibes

in die Mitte der Amazonen und übergibt sie diesen zur
Bestattung. Den frechen Thersites, der ihn deshalb zu
verhöhnen wagt, schlägt er zu Boden. Ein klagender
Chor der kriegerischen Weiber beschließt das Stück.

In der zweiten Tragödie „Die Seelenwägung" ist
der äthiopische Fürst Memnon mit seinen Kriegern aus
dem fernen Sonnenlande herbeigeeilt, um die Feste Ilion
und die bedrängten Trojaner gegen das Heer des Aga=
memnon zu verteidigen. In aller Pracht eines morgen=
ländischen Fürsten, auf einem reichgezäumten purpur=
bedeckten und mit Glöckchen behangenen Rosse, sein Helm
mit einem goldgefiederten Vogelgreife geschmückt, bekämpft
er zuerst den jugendlichen Antilochos und wirft ihn blu=
tend in den Staub; nun stürmt Achilles wider ihn heran,
um den Tod seines Lieblings an dem Verwegenen zu
rächen. In Gegenwart der Heeresfürsten, sowohl der
hellenischen wie der troischen entbrennt der ungeheure
Kampf. Nach Art der homerischen Helden führen die
beiden, bevor sie die Schwerter gegeneinander erheben,
einen Wortkampf, und Memnon spricht: „Rühmen kann
ich mich der Abkunft aus Aethiopien, wo der sieben=
armige Nil beim Regenguß im Hauch der Winde schwillt,
da wo die Sonne feuerheiße Strahlen schießt und den
Schnee der Gletscher schmelzt, und Aegypten, das erst
von heiligem Wasser überdeckt gewesen, überall grünend
Demeters Aehren, Lebensnahrung sprießen läßt." Als
der Kampf der beiden Helden beginnt, erscheinen deren
Mütter Eos und Thetis in den Lüften, über ihnen als

oberster Kampfrichter Zeus, welcher die Wage des Schick=
sals in der Rechten hält und die Lose der beiden in die
Schale legt. Eos, die aus dem fernen Morgenlande
herbeigekommene Mutter des Memnon, steht auf der
Seite, wo ihr Sohn kämpft, und richtet Gebete zu den
Göttern, daß sie diesem den Sieg schenken, Thetis da=
gegen, die der Meerestiefe entstiegene Mutter Achills,
fleht auf der andern Seite Zeus an, ihrem göttlichen
Sohn den Sieg über den Gegner zu schenken. Lange
schwankt die Entscheidung. Wunder der Tapferkeit ver=
richten die beiden Kämpfer, doch zuletzt schnellt die Wag=
schale des Memnon hoch empor und vom Speer Achills
getroffen sinkt der Sohn des Morgenlandes zu Boden.
Eos zerreißt klagend ihr Gewand, und führt den gefallenen
Teuern auf einem Wagen durch die Lüfte in ihr leuch=
tendes Reich. Der Chor der von Memnon gefangenen
Weiber schließt die Tragödie mit einem Gesange, in
welchem voraus verkündet wird, wie auch der Jubel der
Thetis sich in Jammer verwandeln werde, indem Apoll,
der Schützer der Trojaner, ihrem Sohne den Untergang
durch die letzteren bereiten werde.

Nach kurzer Pause folgt das dritte Stück „Die
Nereiden".

Achill hat sich durch seinen Sieg über den Aethiopen=
fürsten zur höchsten Höhe seines Ruhms emporgeschwungen.
Wenn seine Herrlichkeit noch höher steigen kann, so muß
dies infolge seiner Vermählung mit Polyxena, der Tochter
des Troerkönigs, geschehen. Zwischen Agamemnon und

Priamus nämlich ist Frieden geschlossen, und die Ver=
bindung der Lieblingstochter des letzteren mit dem größten
der griechischen Heroen soll diesen Frieden besiegeln. Um
das hohe Fest mitzufeiern, kommt Thetis, dem Meeres=
schooße entstiegen, mit ihrem Gefolge von Nereiden in die
Tempelhallen des Apollo auf der Ebene von Troja, wo
die Vermählung stattfinden soll. Die frohe Kunde über
die Verbindung ihres göttlichen Sohnes mit der lieb=
lichen Troerin hat nicht die bangen Ahnungen ersticken
können, die sie schon bei der großen Waffenthat Achills
erfüllt haben, denn wohl ist ihr bekannt, daß Apoll diesen
mit seiner Rache bedroht, weil er wie schon früher seinen
Liebling Hektor, so nun auch den Memnon getötet.

Aber Achill verscheucht die dunklen Ahnungen, die
auch ihn beschleichen wollen, und gibt sich frohen Hoff=
nungen auf künftiges Glück hin. Festliche Musik erschallt,
und es naht der Zug der bräutlich geschmückten Polyxena,
welche von dem Verlobten und seiner Mutter an den
Pforten des Tempels empfangen wird; während das
herrliche Paar in die festlich geschmückte Halle schreitet,
stimmen die Nereiden ein Brautlied an. Plötzlich durch
den Jubel dringen Weherufe aus dem Tempel. Ver=
räterisch hat Paris den göttlichen Jüngling an seinem
Ehrentag vor dem Altar mit einem Pfeil durchbohrt,
und die Leiche des in Jugendblüte auf der Höhe seines
Ruhmes und Glückes Getöteten wird unter Wehgesängen
des Chors sichtbar.

Apollo erscheint in der Trauerhalle und rühmt sich,

die gerechte Strafe an dem vollstreckt zu haben, durch
dessen Hand Hektor und Memnon gefallen seien. Die
unglückliche Thetis, die ihre bängsten Ahnungen erfüllt
gesehen hat, jammert laut um den Sohn; sie klagt Apollo
der Wortbrüchigkeit und des Verrates an. „Einst, bei
meiner Hochzeit, verhieß er huldvoll meinem Sohn zu
sein, seines Lebens froh, frei von jeder Krankheit solle
er auf der Erde wandeln. Er nannte, um mich mit
Mut zu erfüllen, mein Schicksal ein freundliches; und
ich glaubte, daß der heilige Mund Apollos Wahrheit ver=
heiße. Und nun ist er der Seher, der frohe Gast der
Hochzeit selbst, der, welcher mein Kind zum Tode ge=
troffen.“ Unter Klagegesängen der Chorjungfrauen, welche
die Leiche zur Bestattung hinwegtragen, schließt dann die
Tragödie.

Nach der Ankündigung des Herolds sollte die Tri=
logie Pentheus aufgeführt werden. Zuerst erschien die
Tochter des Kadmos, Semele, in der Halle vor der
Königsburg, umgeben von dem Chor der Wasserträge=
rinnen; in sich versunken und mit Begeisterung wegen
der hohen Bestimmung, deren sie gewürdigt worden ist,
erwartet die junge Fürstin die geweihte Stunde, in welcher
sie dem Vater der Götter und Menschen einen Sohn
gebären soll. Sie vor allen Erdentöchtern ward der Um=
armung des Zeus würdig befunden, aber ihre Schwestern
zweifeln, daß ihr ein so hohes Los zu teil geworden.
Vor allem Agave verhöhnt sie wegen ihrer thörichten
Einbildung und es entsteht ein Streit zwischen den beiden,

bei welchem die Wasserträgerinnen jede derselben zur
Mäßigung ermahnen, aber mehr die Partei der Semele
als die ihrer Schwester ergreifen, indem sie es für nicht
unglaublich erklären, daß jene in den Armen des Olym=
piers geruht habe. Zum Beweise dessen führen sie an,
daß wer die Kadmostochter berühre, von gleichem diony=
sischem Taumel erfüllt werde wie sie selbst. Aber Agave
und ihre Schwester fahren fort, sie zu verspotten. Da
wird Semele, im Bewußtsein des Hohen, zu dem sie
berufen worden, von Unwillen erfaßt und beschwört
Zeus, durch ein Zeichen kund zu thun, daß sie wahr
gesprochen. Doch bald bereut sie ihren Wunsch als ver=
wegen; sie erkennt, daß der Sterbliche keine vermessenen
Bitten an den Gott richten dürfe, sondern schweigend
hinnehmen müsse, was er über ihn verhängt. So tritt
sie in den Palast des Vaters zurück und es folgt ein
neuer Chorgesang der Weiber, welcher ahnungsvoll halb
mit Freude, halb mit Bangen das Kommende voraus=
sagt. Mit Blitzesschnelle bricht das Verhängte herein.
Ein Donnerkeil fällt hernieder und in Flammen lodert
des Kadmos Palast empor. Die Sterbliche vergeht in
den himmlischen Flammen. Vergebens müht sich der
Chor, sich im Tanze durch die Hallen des Palastes hin=
schwingend, den Brand zu löschen. Das Gebäude stürzt
zusammen; aber aus dessen noch rauchenden Trümmern
retten die Wasserträgerinnen den neugeborenen Bacchus,
den Beseliger des Menschen. Weinreben sprießen um
die rauchgeschwärzten Säulen und jubelnde Stimmen

feiern den Neugeborenen. Nach nur kurzer Pause, wie
es der enge Zusammenhang der ersten mit der zweiten
Tragödie erheischte, erschien in dieser der begeisterte
Chor der Bacchantinnen, welcher den Enkel des Kadmos,
den Sohn des Zeus, verherrlichte. Das ganze Land
rüstet sich zu Festen, um das frohe Ereignis würdig zu
begehen. Bacchischer Taumel erfüllt das thebäische Land;
mit Agave und den andern Schwestern der Semele ist
schon ein Schwarm von Bacchantinnen nach dem Kithäron
ausgezogen, unter ihnen auch Kadmos selbst, der, um
sich ganz dem Dienst des Dionysos zu weihen, die Herr=
schaft seinem Sohne Pentheus abgetreten hat. Der letztere
ist der einzige der Königsfamilie, welcher in dem allge=
meinen Rausche die ruhige Besinnung bewahrt hat. Er
zürnt über den Unfug, den die von Raserei erfaßten
Schwärmer vollführen und beschließt demselben Einhalt zu
thun. Verschiedene von den schwärmenden Männern und
Frauen werden ihm vorgeführt und von ihm der Be=
strafung geweiht. Da wird vor ihn ein noch kaum zum
Jüngling erblühter wunderschöner Knabe gebracht. Auf
Befragen sagt dieser dem Pentheus, er sei schon seit
langem den Siegeszügen des jungen Gottes, des Sohnes
der Semele, gefolgt, habe mit ihm das ferne Asien durch=
zogen und viele von ihm vollbrachte Wunder gesehen,
die alles Volk mit Begeisterung erfüllt und an jedem
Tage die Schar seiner Verehrer vermehrt hätten. Er
schildert dem Pentheus die unwiderstehliche Macht des
ihm selbst verwandten Dionysos und ermahnt ihn, den=

selben bei sich aufzunehmen. Aber jener will nicht hören, befiehlt vielmehr, den Anwalt des neuen sinnbethörenden Kultus gefesselt abzuführen. Doch bald soll er die Macht des von ihm Verfolgten erkennen; unter lautem Krachen stürzt der Kerker, in den er gebracht worden, zusammen und in voller Glorie des Gottes tritt der himmlische Jüngling aus den Ruinen hervor, um unter den Scharen seiner Verehrer auf den Gipfel des Kithäron zu treten. Es folgt jubelnder Chorgesang, mit welchem er hier von den Begeisterten mit geschwungenen Thyrsosstäben empfangen wird.

In der dritten Tragödie, die Xantrien oder Zerfleischerinnen, trat mir, aber in ungleich größerer Gestalt, jene Dichtung entgegen, welche ich schon in den Bacchen des Euripides bewundert hatte, und welche selbst in dieser schwächeren Fassung zu den kostbarsten Schätzen gehört, die uns das Altertum hinterlassen hat. Die Wildnisse des heiligen Berges Kithäron, wo der Kultus des jungen Gottes in wilden Orgien gefeiert wurde, waren der Schauplatz. Fackeln in den Händen und Thyrsosstäbe schwingend, durchschweifen Agave und die Bacchantinnen den Hain. Gebieterisch und ohne Ahnung von der Gefahr, in welche er sich stürzt, tritt Pentheus in ihre Mitte und heischt, daß sie die Felle der von ihnen zerrissenen Hirschkälber von ihren Schultern reißen und die Becher schäumenden Mostes zu Boden werfen. Aber Agave hetzt ihre Begleiterinnen wie auf ein verfolgtes Wild auf den Verwegenen.

Zu spät erkennt der König, welchen Sturm er gegen sich heraufbeschworen, und ergreift, verfolgt von dem wütenden Schwarm, die Flucht. Während aus den Wäldern und Schluchten des heiligen Berges die Stimmen der Bacchantinnen bald in wilder Verfolgungswut, bald in jubelnden Siegesliedern ertönen, und dazwischen die Verzweiflungsrufe des von ihnen zerfleischten Pentheus durch die Gipfel der vom Sturm gepeitschten Fichten hallen, tritt Lissa, die Göttin der Wut, auf, und facht in ihrer Rede, zwischen welcher noch immer die Stimmen der Rasenden erschallen, den Ingrimm Agaves und ihrer Begleiterinnen noch höher an: „Von den Sohlen aufwärts Glied um Glied soll Wutzerfleischung bis zum Scheitel emporsteigen. Scharf wie der Stich des Skorpions soll die Geißel meiner Zunge treffen!“ Dann kehrt der bacchische Schwarm, geführt von Agave, welche das blutende Haupt des Sohnes in der Rechten emporhebt, auf die Bühne zurück. Noch jauchzt der Chor über die vollbrachte That, aber in Agave erwacht das Bewußtsein, sie erkennt die Züge des Sohnes und sie wird gewahr, daß sie diesen statt eines Rehes, das sie zu töten vermeint, erschlagen habe; ihr Jubel verwandelt sich nun in Verzweiflung und ihre Totenklage unterbricht den noch fort und fort tönenden Freudengesang ihrer Begleiterinnen. Und während die letzteren weiter durch die Schluchten ziehen, sinkt sie jammernd zur Erde und spricht die Sehnsucht aus, ihr Leben in weltentlegener Einsamkeit zu beschließen: „Wohin niemals der milde Blick des

Helios noch das sternumlächelte Auge der Letotochter
dringt."

Indem ich meine Erinnerungen an die auf den
Stufen des Dionysostheaters geschauten Dramen zu=
sammenstelle, beklage ich lebhaft, nicht schon an Ort und
Stelle genaue Aufzeichnungen über das dort Geschaute
und Gehörte gemacht zu haben. Vieles hat sich mir seitdem
verwischt, und nur noch wie ein Traumbild schwebt mir
einiges aus der Trilogie Athamas vor. Ich sah in der
ersten Tragödie den thessalischen König durch die Eifer=
sucht zweier Weiber, der Nephele und der Ino, einem
furchtbaren Geschick verfallen. Ino verfolgte die Kinder
der erstgenannten, Phrixus und Helle, mit unersättlicher
Wut; ein Orakelspruch diente ihr dazu, ihre verruchten
Anschläge ins Werk zu setzen. Nach letzterem sollte
Phrixus, um einer das Land bedrohenden Unfruchtbarkeit
zuvorzukommen, als Opfer geschlachtet werden. Nephele,
um der Ausführung dieser Absicht vorzubeugen und den
Sohn zu retten, setzte denselben und dessen Schwester
Helle auf einen goldenen Widder, der die beiden davontrug.

Aber Athamas und seine Familie wird von dem
Groll der Here verfolgt, weil er den Dionysos, der ihm
von Hermes übergeben worden, als Mädchen erziehen
wollte, und die Göttin strafte ihn mit Wahnsinn, durch
welchen er die ihm Teuersten ins Verderben stürzte. In
seiner Raserei verfolgt der König — eine Scene, die
mir, während viele andere meinem Gedächtnis entschwun=
den, noch lebendig vor dem Geiste steht, — Ino, indem

er sie für eine Löwin hält, entreißt ihr seinen Sohn
Learchos und zerschmettert ihn an einem Felsen. Seine
verzweifelte Gattin aber entfloh unterdessen, den kleinen
Melikertes in den Armen haltend, und stürzte sich in das
Meer. Nachdem so durch ihn selbst sein ganzes Lebens=
glück zerstört ist, verläßt Athamas das Land seiner Väter
und nimmt fortan in einer fernen Gegend Griechenlands
seinen Aufenthalt. Die Leiche seines Sohnes Melikertes
aber wird von Delphinen nach dem Isthmus von Korinth
getragen. An der Küste legen dort die Bewohner die=
selbe auf eine Bahre von Fichtenzweigen nieder. Ein
feierlicher Chor von Priestern ertönt, und auf Geheiß
des Poseidon wird ein schwarzer Stier geopfert.

Wie beklage ich, daß dies alles nur noch schatten=
haft vor meiner Erinnerung steht. Oft wenn die Um=
risse davon vor meine Seele treten, ist mir, als sei es
das Herrlichste gewesen, was die tragische Kunst je her=
vorgebracht. Aber vergebens bemühe ich mich, das Ganze
der großen Komposition wieder heraufzubeschwören.

Ebenso nur in schwankenden Linien taucht noch das
Bild der Tragödie Oreithyia vor mir auf, nur das eine
glaube ich mit voller Sicherheit sagen zu können, daß
dieselbe nicht Teil einer Trilogie, sondern ein einzelnes
Drama war. Unauslöschlich hat sich mir die Situation
eingeprägt, wie unter dem Chorgesang der Boreaden der
wilde Nordwind über das Gebirge dahersaust, und die
Tochter des Erechtheus, die herrliche Oreithyia, wie sie
auf der Wiese am Ilyssos spielt, von ihren Reizen be=

strickt, durch die Lüfte auf seine Burg im fernen Norden
entführt, nachdem er sie lange vergeblich durch Lieb=
kosungen zu gewinnen gestrebt.

Von den Satyrspielen, deren ich eine Reihe an mir
vorübergleiten sah, ist mir nur ein dunkle Erinnerung
geblieben, was sich leicht erklärt, da diese Stückchen nicht
eben reich an Handlung waren, und die Gesänge und
Scherze der bocksfüßigen Satyren, übervoll von burlesken
Späßen, ihren Hauptreiz bildeten. Noch heute vermag
ich in trüben Stunden durch die Erinnerung an die
Heiterkeit, die mich bei diesen Spielen durchströmte, selbst
die trübsten Gedanken zu scheuchen; aber wollte ich den
Inhalt davon erzählen, so würde nur ein Caput mor-
tuum übrig bleiben. Mir erhellte jedoch völlig klar,
daß den Trilogien keineswegs immer ein Satyrspiel
folgte, auch daß, wenn ihnen ein solches beigefügt war,
der Inhalt nicht nothwendig mit den vorhergehenden
Tragödien zusammenhing. Die Satyrspiele waren eben
nur fröhliche Nachstücke, durch welche ebenso wie durch
die Saynetes der Spanier nach den tiefen vorher=
gegangenen Erschütterungen wieder das Gleichgewicht in
der Seele der Zuschauer hergestellt werden sollte. Ganz
so wie bei diesen Saynetes bestand der Reiz der Satyr=
spiele durchaus nicht in der dramatischen Spannung
des Interesses, sondern es ward meist eine einzelne
Situation vorgeführt, über welche ein Füllhorn des
reichsten Witzes und — wie ungleich den Possen, welche
heute das Entzücken unsres Publikums bilden — in den

Chorgesängen ein wahrer Blütenregen der reichsten Poesie
ausgeschüttet wurde.

Von der Handlung dieser kleinen Stücke ist mir nur
eine vage Erinnerung übrig geblieben.

Ein Satyrspiel, welches das Abenteuer der Gefährten
des Odysseus auf dem Eiland der Kirke vorstellte, er=
götzte mich höchlich; die Verwandlung der Griechen durch
die Zauberin gab zu köstlichen Scherzen Anlaß, und der
Chor der tanzenden Satyre erhöhte die Lustigkeit, wäh=
rend die Erscheinung des wunderbaren Weibes auf dem
fern im Meer gelegenen Eiland, die feenhafte Natur der
italischen Küste das Ganze mit dem Duft und Glanze
eines Märchens umhüllte. — Ein wahrer Taumel der
Lustigkeit waltete im feuerbringenden Prometheus, wo
der Titane den Leben und Licht spendenden Funken in
der Fenchelstaude auf die Erde herniederbrachte, und ein
Chor von Satyrn mit jubelnden Gesängen und Tänzen
das herrliche Geschenk begrüßte. Wenn der eine oder
andre unvorsichtig dem göttlichen Elemente nahe kam,
sich verbrannte, erscholl gellendes Gelächter durch die
ganze Schar; aber nachdem Prometheus in einer pracht=
vollen Rede die Bocksfüßler über die segenbringenden
Eigenschaften der himmlischen Flamme, über deren die
ganze Gestalt der Erde umwandelnde Wirkung belehrt
hatte, stimmten sie, den Altar umtanzend, einen jubeln=
den Gesang voll hohen Schwunges an. — In dem
Satyrspiele Sisyphos erblickte ich wieder einen Chor von
Waldgöttern, die sich staunend auf der eine gebirgige

Gegend darstellenden Bühne zusammendrängten, welche
ein unterirdisches Getöse, dessen Grund sie sich nicht erklären können, vernahmen; Schrecken und Neugier zugleich drückte sich in ihrem Gesange aus; da öffnete sich
die Tiefe und hervor stieg Sisyphos, erschöpft und ächzend.
Die Satyrn fragten ihn erstaunt, warum er so jammere.
Dieser beichtet nun, er sei Sisyphos, der die Liebes-
abenteuer des Zeus verraten und den Tod, der ihn fort-
führen wollte, gebunden habe, dann aber vom Hades
selbst in die Unterwelt entführt worden sei. Es sei ihm
aber durch eine List gelungen, diesem wieder zu entwischen,
und so erscheine er jetzt von neuem in der Oberwelt;
keinem solle es gelingen, ihn wieder in das dunkle Reich
da unten zurückzuführen. Er verlangt, man solle ihm
ein Bad bereiten, und dann eine köstliche Mahlzeit für
ihn rüsten. Den Satyrn ist nichts willkommener, als
ein solches Gelage, und sie treffen sogleich Anstalt dazu.
Ein Feuer wird gezündet; Stücke von Bäumen ab-
gerissen und Früchte des Feldes an Spießen und in
Kesseln über die Flammen gehängt; und als das Mahl
fertig, schmaust und zecht Sisyphos mit seinen neuen
Bekannten, bis er trunken nur noch zu lallen vermag;
da tritt Hermes, von den Göttern gesandt, hervor, um
den Flüchtling wieder in den Hades hinabzuholen, und
als dieser trotz allen Protestes auf demselben Wege, den
er emporgekommen, wieder in den Erdenschoß hinabge-
führt worden ist, vertilgen die Satyrn unter jubelndem
Gelächter den Rest des Weins und der Speisen.

Noch hallten diese Stimmen in meinem Ohr, wäh=
rend um mich her die Hörer sich in lautloser Stille von
ihren Sitzen erhoben, und durch die hinabführenden
Gänge nach unten stiegen, um den Thoren des Theaters
zuzueilen. Da plötzlich ertönte ein Ruf an mein Ohr,
mir war, als ob ich meinen Namen vernähme, ich blickte
empor und glaubte noch die Gestalten der Zuschauer sich
um mich her bewegen zu sehen, wunderte mich jedoch,
den Raum so dunkel zu finden, während ich wußte, daß
die Vorstellungen immer bald nach Sonnenuntergang
endeten; endlich wie ich mich selbst von meinem Sitze
erhob, um abwärts zu steigen, ward mir klar, daß ich
der einzige Lebende auf den Sitzreihen um mich her sei;
der Mond, der durch zerrissene Wolken matt hernieder=
schien, erleuchtete den großen Halbkreis so weit, daß ich
die Trümmer des Dionysostheaters in dem Zustande, in
welchem sie vor einigen Jahren an den Tag gelegt wor=
den, erkannte. Alles war still um mich her, nur in
einem Tamariskenstrauch, der neben mir den Spalten
entsproß, tönte ein Rauschen des Nachtwinds wie ein
Nachhall der Chöre, die hier einst erklungen. Nun wurde
mir klar, wie mich nur ein Traum befangen. Die lange
Beschäftigung mit den Fragmenten des Aeschylus hatte
bewirkt, daß mein Geist ganz von ihnen erfüllt wurde,
und sie ihn auch noch als Traumgebilde umschwebten.

Plötzlich hörte ich zum zweitenmal, und nun ganz
deutlich, meinen Namen rufen, und mein Lohndiener
Perikles trat hinter einer halbzerfallenen Mauer hervor,

indem er seiner Freude, mich endlich gefunden zu haben,
Ausdruck gab; seit vielen Stunden hatte er mich ver=
gebens gesucht und mich schon verloren geglaubt; er
machte mich darauf aufmerksam, daß ein schweres Ge=
witter über den Hymettos emporsteige, schon pechschwarze
Wolken den Mond umhüllten und einzelne Blitze sich
aus ihnen losrissen. Die ganze Umgegend mit allen
ihren durch glorreiche Erinnerungen geweihten Stätten
versank in Dunkel; ich klomm in Eile über die Stufen
nach unten, als mir Perikles nachkam und einen Haufen
von Büchern brachte, die ich bei meinem Steinsitze zu=
rückgelassen hatte, auf die mein Haupt während des
nächtigen Traumes hingesunken gewesen; es waren die
schon genannten Schriften unsrer großen Philologen,
darunter besonders der Aeschylus meines trefflichen, nun
verewigten Freundes Droysen, dessen Arbeiten neben dem
genannten, besonders seine herrliche Geschichte Alexan=
ders des Großen, sowie die des Hellenismus, mich schon in
meiner Jugend begeistert hatten, und ich leiste hiermit
seinem Schatten Abbitte, wenn ich in obigem Aufsatze
von seinem dem großen Eleusinier gewidmeten Werke
einen vielleicht verwegenen Gebrauch gemacht habe.

# Vaucluse und Erinnerungen an Petrarca.

Nachdem ich unlängst Petrarcas letztes Wohnhaus zu Arqua in den Euganeischen Bergen, wo er eines Morgens tot über seine Bücher dahingesunken gefunden wurde, bereits besucht, drängte es mich, auch Vaucluse von neuem zu sehen, das ihm so viele Jahre hindurch als Zufluchts= ort vor dem wüsten Treiben in Avignon gedient. Die Formen der wildzerrissenen Felsen in diesem Thal sind malerisch genug, und die Quelle der Sorgue, welche kristallklar aus dem Gestein hervorsprudelt, verdient den Ruhm, dessen sie genießt. Ich habe hier in dem Gast= hof „Petrarca und Laura" auf einige Zeit meinen Auf= enthalt genommen, weil mir ist, als ob ich mich dem Geiste des Sängers, den ich von jeher so sehr geliebt, an dem Orte näher befände, wo er so lange geweilt und so viele seiner Werke geschrieben. Was dem Thale fehlt, ist Pflanzenwuchs, und so kann ich nur in den Morgen= und Abendstunden, wo die Berge Schatten vor den noch brennenden Strahlen der Herbstsonne bieten, Spazier= gänge machen oder auf einem Steinblock am Rande der Quelle sitzend lesen und schreiben. Mehrmals machte

ich Ausflüge nach dem einige Meilen von hier gelegenen
Avignon, teils um die alte pittoreske und historisch merk=
würdige Stadt näher kennen zu lernen, teils um mich
auf der dortigen Bibliothek mit Büchern zu versehen;
denn ohne solche hätte ich es in der Einsamkeit hier nicht
lange ertragen können.

Diese ganze Gegend ist von der Gestalt Petrarcas
beherrscht, und wohin man sich in ihr wendet, begegnet
man derselben. Außer ihr sind alle die Generationen,
die sechs Jahrhunderte hindurch Vaucluse bewohnt haben,
zu Grabe gegangen, ohne einen Namen oder eine Er=
innerung in der Welt zurückzulassen. Neben ihr sind
auch diejenigen aller andern, welche in der Geschichte von
Avignon eine Rolle spielen, selbst die der Päpste, erblaßt.
Nur flüchtig tauchen die Schatten der Königin Johanna
von Neapel, die dies ihr französisches Besitztum an den
Stuhl Petri verkaufte, des Volkstribunen Rienzi, welcher
hier als Abgesandter der römischen Bürger erschien, um
den heiligen Vater zur Rückkehr in die ewige Stadt ein=
zuladen, aus den Nebeln der Vergangenheit empor.

Gewöhnlich denkt man bei Petrarcas Namen nur
an den Sänger der süßen Liebeslieder zur Verherrlichung
von Laura de Noves. Aber wenn er als dieser und als
einer der ersten Urheber der neueren Dichtkunst auch der
Bewunderung aller Zeiten gewiß ist, erschöpft sich doch
hiermit keineswegs seine Bedeutung. Vielmehr sind es
andre, höhere Verdienste, die ihm den Rang eines der
größten Männer des Mittelalters anweisen. Oder sagen

wir nicht des Mittelalters; denn es ist der Frühglanz
der am Horizont aufdämmernden Sonne einer neuen
Zeit, welcher prophetisch seine Stirn erhellt. Er war der
erste große Wiedererwecker des Altertums; und wenn es
ihm auch nicht gelingen konnte, sich völlig zum Meister
des Griechischen zu machen, so hat er doch sein ganzes
Leben mit größtem Erfolge dem Streben gewidmet, die
römische Litteratur wieder ins Leben zu rufen, und auch
zur Verbreitung der hellenischen die mächtigsten An=
regungen gegeben. Manche Handschriften der Klassiker
entdeckte er zuerst und schrieb sie eigenhändig ab, und
in einer Reihe selbständiger Werke geschichtlichen und
philosophischen Inhalts schloß er sich würdig den alten
Autoren an. Wenn man diese seine Werke liest, er=
staunt man ob der Freiheit des Geistes, mit der er sich
über den beschränkten Gesichtskreis seines Jahrhunderts
erhob.

Das Leben des Petrarca ist, seitdem der Abbé de
Sade, ein Nachkomme der vielgefeierten Laura, dasselbe
in einem dreibändigen Werke dargestellt, so vielfach be=
schrieben worden, daß ich nicht weiter darauf zurück=
kommen will. Nachdem der junge, zu Arezzo geborene,
aber mit seiner Familie nach Südfrankreich gekommene
Francesco seine ersten Studien in dem Städtchen Car=
pentras gemacht, verbrachte er, wenn auch mit Unter=
brechungen, viele Jahre in der Rhonestadt und in dem
ländlichen Asyl von Vaucluse. Durch ihn und durch
die Liebe zu seiner Laura ist Avignon unsterblich ge=

worden, und wenn sein Palast, wenn seine Kirchen und
Klöster gänzlich in Staub zerfallen sein werden, wird
doch noch die Erinnerung an beide um die Trümmer
schweben. Ebenso ist es der Schatten des Sängers, der
dem zwar anmutigen, aber doch sicher von manchen an=
dern Gegenden übertroffenen Thale von Vaucluse seinen
unvergänglichen Reiz verleiht. Das Urteil von fünf
Jahrhunderten hat die italienischen Poesien des Petrarca,
die zum größeren Teile erotischen Inhalts sind, zu dem
Köstlichsten gerechnet, was der menschliche Geist je hervor=
gebracht, und sicher wird sich die Nachwelt im wesent=
lichen der Bewunderung anschließen, welche nicht nur
die Italiener, sondern alle andern Nationen ihm gezollt
haben. Wenn unter der großen Menge von Sonetten
sich manche gekünstelte oder sonst minder wertvolle finden,
und auch unter den Kanzonen nicht alle auf gleicher
Höhe stehen, so erscheint es doch höchst unbillig, nach
diesen mißlungenen Produkten auch auf die übrigen ge=
ringschätzige Blicke zu werfen und deren hohe Schönheit
zu verkennen. Es gibt keine umfangreiche Gedichtsamm=
lung der Welt, die in solcher Hinsicht nicht dem Lieder=
buche Petrarcas gliche, und wenn man die vielen schwachen
Stücke in Goethes Sammlung zum Maßstabe nehmen
wollte, um dessen Wert als Lyriker festzustellen, dagegen
die herrlichen unter seinen Liedern, Balladen und Oden
außer acht ließe, so würde ein Urteil herauskommen ge=
rade so gerecht oder ungerecht wie dasjenige, welches hie
und da über Petrarca gefällt worden ist. Das Höchste,

was man zum Preise des letzteren sagen kann und was
zu sagen unbestreitbar die Gerechtigkeit erfordert, ist, daß
seine Lyrik, wie sie so ziemlich am Beginn der italienischen Litteratur steht, bisher durch so viele Generationen
in derselben unerreicht geblieben ist. In der Tiefe warmer
Empfindung, ebenso wie in der Melodie der im ent-
zückendsten Wohllaut hinströmenden Sprache steht sie als
einzig da. Was von der erotischen Dichtung der Alten
bruchstückweise auf uns gekommen ist, gehört einer ganz
andern Gattung an; unter den neueren Gedichten aber
können nur einige kleinere des Dante als würdige
Vorgänger derjenigen des Petrarca angesehen werden.
Wenn man behauptet, letzterer habe die Troubadours
vielfach benutzt, so ist das nur in einzelnen Stellen und
äußerlichen Wendungen der Fall. Wo aber fände sich
bei den Provençalen, bei denen die Liebe meist nur in
konventionellen Phrasen redete, ein aus der innersten
Seele quellender und wieder zur Seele dringender Ton
des Gefühls, wie er uns in den Gesängen des Italieners
gefangen nimmt? Welche süße, von der Liebe selbst ein-
gegebene Schwärmerei, verbunden mit der lieblichsten
Naturmalerei, waltet in der Kanzone an die Quelle,
wo er die Geliebte ruhen gesehen! Welche sanfte Schwer-
mut in jener andern, wo er, in seine Liebe versunken,
von Gedanken zu Gedanken, von Hügel zu Hügel hinirrt!
Und welcher hohe, uns durch alle Himmel fortreißende
Schwung in jener an die Augen Lauras, die er sich als
Leitsterne erkoren hat, um von ihrem Strahl geführt zum

Sitz des unerschaffenen Lichtes zu gelangen! Allein die
Leier Petrarcas ist mannigfach besaitet; er weiß derselben, ebenso wie die zartesten Töne der Liebe, auch
starke und mächtige Klänge des Patriotismus zu entlocken. Seine drei Sonette gegen die Sünden des Papst-
tums sind von furchtbarer zermalmender Kraft, und ich
wüßte nicht, daß Dante etwas Gewaltigeres hervorgebracht hätte. Die Streiche, die er darin dem ruchlosen
Babel versetzt, sind wie mit einer rotgeglühten Eisenrute
geführt. Sodann die Kanzone an Cola di Rienzi oder,
wie andre wollen, an Stefano Colonna über die Wiedergeburt Roms — schwerlich gibt es ein andres Gedicht,
in welchem die Begeisterung für ein hohes Ziel einen
gleich ergreifenden, die Herzen bewältigenden Ausdruck
gefunden hätte. Allen andern Gedichten in ihrer Sprache
jedoch ziehen die Italiener, und vielleicht mit Recht, die
herrliche Kanzone Petrarcas an Italien vor. Nie hat
die Vaterlandsliebe ergreifendere Töne gefunden. An
den Flammenworten dieser Ode hat sich Geschlecht auf
Geschlecht begeistert; und da der Drang Italiens nach
Einheit nun endlich Erfüllung gefunden, so muß dem
Dichter, der das heilige Feuer zuerst geschürt, ein großer
Teil des Dankes dafür dargebracht werden.

Mit Ausnahme der Rime in der Vulgärsprache sind
die Schriften Petrarcas sämtlich lateinisch abgefaßt, und
diesem Umstande muß es zugeschrieben werden, daß die
letzteren weit weniger bekannt sind. Eine geschmackvolle
Auswahl wäre jedoch eine sehr dankenswerte Arbeit.

Aus den philosophischen Werken würde uns ein wahr=
haft hoher und edler Geist in überraschendem Gedanken=
reichtum entgegentreten; eine sorgfältige Auslese aus den
Briefen aber könnte eine Fülle des Interessanten für die
Kenntnis des 14. Jahrhunderts darbieten. Ein solches
umfangreiches Unternehmen liegt außerhalb meiner Ab=
sichten; aber um einen andern zu dessen Ausführung an=
zuregen und die Lesewelt auf diesen verborgenen Schatz
aufmerksam zu machen, will ich hier eine kleine Antho=
logie aus den Prosawerken des italienischen Dichters
liefern, indem ich überall solche Stellen, welche mir
weniger bemerkenswert zu sein scheinen, übergehe.

Besonderes Interesse bietet ein Brief Petrarcas an
seinen Freund Guido Settimo, Erzbischof von Genua, vom
Jahre 1368, in welchem er manche Ereignisse seines Lebens
erzählt, und schon mit seiner Schulzeit in dem Städtchen
Carpentras beginnt, wo er von 1315 bis 1319, also
von seinem elften bis fünfzehnten Jahre, verweilte: „Er=
innere Dich, wie in der ersten Blüte jener frohen Jahre,
welche wir in der grammatischen Schule verbrachten,
mein Vater und Dein Oheim, welche damals ungefähr
so alt waren, wie wir jetzt, eines Tages nach gewohnter
Weise in die Stadt Carpentras kamen, und wie, gestachelt
von der Nähe des Ortes und von der Begier, neue
Dinge zu schauen, Dein Oheim jene Quelle der Sorgue
sehen wollte, welche schon durch sich selbst bekannt und
(es sei mir mit einem Freunde wie Du diese kleine Ruhm=
redigkeit erlaubt) durch meinen langen Aufenthalt und

durch meine Verse später noch bekannter gemacht wurde. Als wir dies erfuhren, regte sich in uns jener den Knaben eigene Trieb, gleichfalls dorthin zu gehen; und da es nicht schien, wir könnten mit Sicherheit allein auf Pferden reiten, wurde jeder von uns einem Diener anvertraut, welcher das Tier führend und es reitend uns auf dem Sattel in den Armen hielt. Angstvoll und besorgt war bei uns mit tausend Ratschlägen jene, welche mir durch die Natur, uns beiden aber durch Liebe eine so zärtliche Mutter war, als es nur je eine auf der Welt gegeben hat. Und nachdem wir mit Mühe von deinem Oheim die Erlaubnis, ihn zu begleiten, erhalten, brachen wir endlich mit jenem Trefflichen auf, dessen Angedenken mir so teuer ist, und welcher, Dir gleich an Namen und Zunamen, von Dir an Gelehrsamkeit und Ruhm übertroffen wurde. Als wir an die Quelle der Sorgue gelangt waren, wurde ich von der Schönheit jenes Ortes dermaßen überrascht, daß mit solcher Festigkeit des Entschlusses, wie jenem kindlichen Alter nur möglich war, ich sagte: ‚Siehe, dies ist ein für meine Eigentümlichkeit passender Ort, den ich eines Tages jeder andern Stadt vorziehen möchte.‘ Solche Gedanken wälzte ich schweigend in mir herum; und so, später als ich zum Manne geworden war, machte ich der Welt durch die That meine Absicht klar, bis der Neid meine Ruhe störte. Denn viele Jahre, wenn auch von Geschäften, die mich anderswohin abriefen, unterbrochen, brachte ich dort zu, und in solchem Frieden, in solcher Behaglichkeit, daß ich

wohl sagen kann, von meiner ganzen Lebenszeit verdiene
nur der Teil, den ich dort verbrachte, den Namen des
Daseins, und der übrige sei nur eine beständige Qual
gewesen. — Ich will hier Dir nicht zurückrufen jenes
ländliche Schweigen, jenes beständige Murmeln des klaren
Wassers, und das Gebrüll der Kühe durch das wider-
hallende Thal, und das harmonische Konzert der Vögel,
das nicht nur bei Tage, sondern auch bei Nacht in den
Zweigen ertönt. Denn alles dies ist Dir schon bekannt. —
O, wie viele Male befand ich mich in der finsteren Nacht
allein in den Feldern! Wie oft im Sommer, mich um
Mitternacht erhebend, wanderte ich, nachdem ich die nächtlichen Lobpreisungen an Christus gesprochen, allein, um
nicht den Schlaf der Diener zu stören, besonders bei
Mondlicht, bald in den offenen Feldern, bald im Gebirge zu meinem Vergnügen umher. Wie oft in jener
Stunde begab ich mich ohne irgend einen Begleiter mit
einem aus Vergnügen und Schrecken gemischten Gefühl
in jene furchtbare Höhle der Quelle, wo auch am vollen
Tage ein andrer selbst unter Begleitung nicht ohne Furcht
eintritt. Fragst Du, woher ich solche Zuversicht gehabt
hätte? Vor Schatten und Gespenstern habe ich niemals
Furcht gehabt; Wölfe habe ich niemals in jenem Thale
gesehen, unter den Menschen flößte mir keiner Besorgnis
ein, weder Ackerbauer in den Feldern, noch Fischer in
den Flüssen: die einen wachten singend, die andern in
Stillschweigen, und die einen wie die andern waren mir
wohlwollend, gefällig und auf jeden meiner Winke dienst-

bereit. — Jedoch kurz nachdem ich von dort fortgereist war, brach eine kleine, aber schmähliche Bande ruchloser Räuber, dreist geworden durch die Arglosigkeit jener Bauern, alles in der Umgegend durchstreifend, unter Verwüstung in das Thal. — Am heiligen Christtage griffen sie das schlechtbewachte kleine Landhaus an, raubten, so viel sie konnten, steckten es in Brand, ließen Flammen aus jener geringen Wohnung, für welche ich die Königsburg des Krösus verschmäht haben würde, emporschlagen, obgleich sie nicht vermochten, die alten Mauern derselben zu zerstören. Die wenigen Bücher, die ich dort zurückgelassen, hatte ein Sohn meines Bauern, vielleicht das Kommende voraussehend, in das Felsenschloß gerettet, und da jene Banditen nicht wußten, daß dieses unbewohnt und unverteidigt sei, ließen sie es, indem sie glaubten, es nicht einnehmen zu können, unversehrt und entflohen. So fügte es Gott, daß meine Bücher gerettet wurden und daß eine so edle Beute nicht in so schmutzige Hände fiel. — — —

„Vier Jahre nachdem ich aus Bologna zurückgekehrt war, besuchte ich mit jenem ausgezeichneten, oft und viel von mir, aber nie nach seinem Verdienst gelobten Manne Toulouse, die Ufer der Garonne und die pyrenäischen Berge bei oft stürmischem Himmel, aber in höchst froher Gesellschaft. Und was kann ich von diesen Gegenden sagen, als was ich von den andern gesagt habe; sie sind noch dieselben dem Namen nach: Toulouse, die Gascogne und Aquitanien; aber in Wahrheit sind es

nicht mehr dieselben, und alles außer dem Grund und
Boden ist verändert. Von dort zurückgekehrt, reiste ich
nach vier weiteren Jahren, getrieben von jugendlichem
Drange und von Begier, neue Gegenstände zu sehen,
nach Paris. Auf jener Reise drückte mir die Jugend
die Sporen so dicht in die Weichen, daß ich vordrang
bis an die äußerste Ecke des Königreichs, indem ich
Brabant, Flandern, Hennegau und Niederdeutschland
durchzog. Da ich nun in dieses Königreich aus ernstem
Anlaß neuerdings zurückgeführt wurde, sah ich es so
wieder, daß ich es nur mit Mühe als dasselbe Land erkannte. Verbrannt, niedergerissen, zerstört alle Häuser,
welche nicht durch Wälle oder durch städtische Mauern
geschützt waren! Sie boten meinen Augen ein Schauspiel der Verwüstung und Verödung dar. — Und wo
ist jetzt jenes Paris, das, wenn auch über sein Verdienst
erhoben und gepriesen, doch immer etwas Großes war?
Da, wo sonst in vielen Reihen vereinigt die Studenten
gesehen wurden — gefüllte Schulen, überschwengliche
Reichtümer der Bürger, indes auf allen Angesichtern die
Zufriedenheit und Fröhlichkeit leuchtete, bieten sich Deinem
Blicke nun anstatt der Bücher in Haufen aufgetürmte
Waffen dar. Den philosophischen Disputationen, den
ruhigen litterarischen Gesprächen, der friedlichen Unterhaltung der Umherwandelnden, welche überall die
Straßen erfüllten, ist gefolgt das Geschrei der Schild-
wachen, das Lärmen der Mauerbrecher, welche gegen
die Wälle gestoßen werden, und das Gezänt der Sol-

daten, welche die ganze Stadt mit Getöse und Schrecken erfüllen."

Petrarca hat teils auf seinen Gesandtschaftsreisen, teils jedoch auch bloß von dem Drange, die Welt zu sehen, getrieben, einen bedeutenden Teil von Europa besucht und manches Beachtenswerte darüber aufgezeichnet. Im Jahre 1333 machte er, 29 Jahre alt, die von ihm oben schon selbst erwähnte Reise durch Frankreich an den Rhein nach Aachen und Köln, worüber wir folgende nähere Aufzeichnungen finden. Er schreibt am 21. Juni aus Aachen an den Kardinal Giovanni Colonna in Rom: „Soeben habe ich Frankreich durchreist, nicht etwa wegen eines besonderen Geschäftes, wie Du wohl weißt, sondern aus Beobachtungstrieb und jugendlicher Neugier, indem ich schließlich Deutschland und die Ufer des Rheins streifte. Ich beobachtete genau die Sitten des Volkes, und sehr ergötzt von dem Anblick mir unbekannter Länder, verglich ich alle Gegenstände genau mit den bei uns befindlichen. Und wenngleich mir an dem einen und dem andern Ort große Herrlichkeiten in die Augen fielen, so hatte ich doch niemals Grund, mich zu beklagen, daß ich als Italiener geboren sei; vielmehr um die Wahrheit zu sagen: je mehr ich reise, desto mehr Bewunderung fühle ich für mein Italien. Denn wenn Plato, wie er sagte, unter die vielen von den unsterblichen Göttern empfangenen Wohlthaten dankbar diejenige zählte, daß er in Griechenland geboren worden und nicht anderswo, wer sollte uns abhalten, dasselbe zu thun und Gott

für unsern Ursprung erkenntlich zu sein? Und wie! Ist
vielleicht der Grieche edler an Geburt, als der Italiener?
— Ich sah Paris, die Hauptstadt des Reiches, die Julius
Cäsar gegründet haben soll, und betrachtete sorgfältig und
erstaunt alles daselbst, um mich zu überzeugen, ob das,
was ich davon gehört, wahr oder falsch sei; hatte ich
viel Zeit hiermit verbracht, so wandte ich auch noch die
Nacht zur Betrachtung an, bis, nachdem ich aufmerksam
umhergewandelt war und mich umgeschaut hatte, ich soviel gesehen zu haben glaubte, wie nötig ist, um das
Wirkliche von dem Fabelhaften zu unterscheiden. Doch
da es zu lang sein würde, es zu erzählen, und dies auch
nicht leicht schriftlich geschehen kann, so will ich es verschieben, bis ich es Dir mündlich zu berichten vermag.
Auch sah ich — ohne von den dazwischenliegenden Orten
zu reden — die Stadt Gent, die sich desselben Gründers
rühmt, sowie die andern Orte Flanderns und Brabants,
welche durch Wollwerke und Webereien berühmt sind.
Ich sah Lüttich, ausgezeichnet durch seinen Klerus, und
Aachen, die ehemalige Residenz Karls des Großen, wo
in einem marmornen Tempel das Grab jenes Gewaltigen
noch den barbarischen Völkern Schrecken einflößt. Dort
wurde mir von den bei der Kirche angestellten Geistlichen
eine nicht unergötzliche Geschichte erzählt, welche sie mir
schriftlich vorwiesen, und die ich nachher genauer berichtet bei den neueren Schriftstellern fand. Ich will
sie Dir jetzt erzählen, unter der Bedingung jedoch, daß
nicht ich, sondern jene Dir Bürgen für deren Wahrhaftig-

teit seien. Sie erzählen also, daß König Karl, den sie
mit dem Beinamen des Großen dem Pompejus und
Alexander an die Seite zu setzen wagen, sich sterblich
und ohne Maß in ein junges Mädchen verliebt habe.
Durch ihre Liebkosungen bethört, habe er sich nicht mehr
um seinen guten Namen gekümmert, während er doch
bis dahin sehr besorgt um denselben gewesen. Zuletzt
sei er der Sorge für das Reich, sowie aller Dinge, und
gar seiner selbst uneingedenk, um nichts mehr beflissen
gewesen, als sich von jener Schönen liebkosen zu lassen,
woran all die Seinen großen Anstoß genommen und
Schmerz darob empfunden hätten. Und da nun durch
die unsinnige Liebe die Ohren des Königs gegen jeden
heilsamen Ratschlag verschlossen waren, schien schon jede
Hoffnung auf eine Besserung verschwunden zu sein, als
unerwartet der Tod das Weib hinwegraffte, das so viel
Unheil hervorgebracht hatte. Groß zuerst, wenngleich nur
im geheimen, war die Freude am Hofe über diesen Fall;
aber es folgte darauf bald ein noch größerer Schmerz.
Man sah nämlich den Geist des Königs von einer noch
erniedrigenderen Leidenschaft beherrscht, indem seine Liebes-
raserei nicht nur durch den Tod nicht erlosch, sondern
sich dem schmutzigen blutlosen Leichnam zuwandte, den
er, nachdem er mit Aromen einbalsamirt, mit Edelsteinen
behängt und mit Purpur bekleidet worden, bei Tag und
Nacht in kläglicher und sehnsüchtiger Umarmung an seine
Brust drückte. Es läßt sich nicht sagen, wie schlecht eine
blinde Liebe für einen König paßt, da Dinge von ent-

gegengesetzter Beschaffenheit sich nicht ohne Widerstreben
vereinen. Für einen König ist gerechte und glorreiche
Herrschaft nötig; eine derartige Liebe aber ist niedrige
und unwürdige Sklaverei. Wie nun zu jenem verliebten
oder, um die Wahrheit zu sagen, verrückten Monarchen
wegen der wichtigsten Staatsangelegenheiten von allen
Seiten die Abgesandten der Völker und Vorsteher der
Provinzen heranzogen, blieb er, der Unglückliche, bei ver=
schlossenen Thüren, in seinem Bett, indem er niemand
Zutritt gewährte, die tote Geliebte umklammerte, sie von
Zeit zu Zeit, als ob sie noch lebte und er Antwort von
ihr erwartete, mit schmerzvollem Ausdruck anredete, seinen
Jammer und seine Qualen gegen sie ausströmte, ihr
etwas ins Ohr flüsterte, bei Nacht Seufzer ausstieß und
beständig über sie Liebesthränen vergoß. Nun fügt die
Fabel zur Erklärung hiervon hinzu: es sei in jener
Zeit am Hofe der Bischof von Köln gewesen, ein durch
seine Heiligkeit und seine Weisheit ausgezeichneter Mann,
der großes Ansehen unter dem Gefolge des Königs
gehabt. Dieser habe, als er den Zustand des Königs
gesehen, voll Mitleid, an jedem andern Heilmittel ver=
zweifelnd, sich zu Gott gewendet, diesen inständig im
Gebete, unter Seufzen um das Ende eines solchen Lei=
dens angefleht. Nachdem er dies lange Zeit hindurch
gethan, und das Uebel noch nicht aufhören zu wollen
schien, wurde er eines Tages durch ein Wunder ge=
tröstet. Da er am Altare stand und nach Gewohnheit
das Opfer brachte und aufs andächtigste betete und

weinte, hörte er eine Stimme vom Himmel: unter der Zunge des toten Weibes sei die Ursache jenes töniglichen Wahnsinns verborgen. Hierüber höchst erfreut, eilte der Bischof nach kaum vollendeter Messe nach dem Platze, wo der Leichnam sich befand, und nachdem er, dem ihm vom König zugestandenen Rechte gemäß, frei dort ein= getreten war, begann er insgeheim mit dem Finger den Mund der Toten zu untersuchen, und zog alsbald unter der kalten und ausgetrockneten Zunge einen Edelstein hervor, welcher dort, in einen sehr engen Ring eingefaßt, verborgen war. Wie nun kurz darauf Karl zurückkehrte und sich nach seiner Gewohnheit der Toten näherte, um sie sehnsuchtsvoll zu umarmen, fuhr er plötzlich bei dem Anblick des starren Leichnams zusammen, schauderte bei der Berührung, erteilte sogleich den Befehl, ihn zu ent= fernen und zu begraben, und gab sich völlig dem Erz= bischof hin, um ihn fortan zu lieben und zu verehren, ihn jeden Tag noch enger ans Herz zu schließen, alles zu thun, was dieser wollte und Tag und Nacht nicht mehr von seiner Seite zu weichen. Der wackere Erz= bischof hielt für gut, sich eines Kleinods zu entledigen, das ein andrer vielleicht gewünscht hätte; ihm schien dasselbe eine Last zu sein. Und fürchtend, daß der Ring, wenn er in eines andern Hände fiele, oder er ihn durchs Feuer zerstörte, für seinen Herrn Ursache eines Unglücks sein könnte, ging er, ihn in den tiefen Schlund des nahen Sumpfes zu werfen. Dort nahebei hatte zufällig damals der König mit den Großen seinen

Aufenthalt, und von der Zeit an ward jener Wohnsitz jeder andern Stadt vorgezogen. Dort fand der König an nichts anderem Behagen, als an der Betrachtung jener Wasser, indem er sich neben ihnen an das Ufer hinsetzte, sich darin gefiel, sie immer von neuem zu betrachten, und durch ihren Geruch sich ungemein gestärkt fühlte. Nachdem hierauf dorthin sein Königssitz verlegt war, ließ er inmitten der sumpfigen Gegend mit vielen Kosten ein großes Gebäude errichten, und erbaute daselbst einen Palast und Tempel, damit keine Sorge um irdische oder himmlische Angelegenheiten ihn von dort entfernte. Ebendort beendete er zuletzt sein Leben und wurde daselbst bestattet, nicht ohne daß er vorher angeordnet hätte, daß seine Nachfolger an diesem Orte die Krone empfangen und ihr Reich antreten sollten; dies geschieht auch noch jetzt und wird geschehen, solange eine deutsche Hand die Zügel des römischen Reiches lenkt. — Ich habe diese Geschichte weitläufiger erzählt, als ich vielleicht hätte thun sollen. Aber da demjenigen, welcher sich auf einer weiten Reise in beständiger Bewegung befindet und keine Bücher zur Hand hat, viele, aber wenig ernste Gedanken durch den Kopf gehen, und ich meinen Brief mit keinen ernsten Dingen anfüllen konnte, so habe ich denselben, wie Du siehst, mit dem, was mir gerade nahe lag, vollgeschrieben."

Ein zweiter Brief von dieser Reise lautet:

„Lyon, den 9. August 1333.

„Nachdem ich von Aachen abgereist war, aber mich
vorher in den warmen, denen von Bajä ähnlichen
Quellen gebadet hatte, von welchen, wie man glaubt,
die Stadt ihren Namen empfangen hat, gelangte ich nach
Köln auf dem linken Ufer des Rheins, einer Stadt,
welche durch ihre Lage, durch den Fluß und durch ihre
Bevölkerung hochberühmt ist. Wunderbar für das bar=
barische Land ist die große Höflichkeit, der Anstand der
Männer, die Eleganz der Frauen. Es war der Johannis=
abend, als ich dort ankam, und die Sonne näherte sich
dem Untergange. Wie einige meiner Freunde wollten
(denn auch dort habe ich Freunde, die mir nicht mein
Verdienst, sondern mein Ruf erworben hat), wurde ich
sogleich vom Gasthof an das Ufer des Flusses geführt,
um dort ein prächtiges Schauspiel zu bewundern. Und
ich wurde auch nicht getäuscht; denn der ganze Strand
war·bedeckt mit einer ungeheuren und glänzenden Menge
von Frauen. Ich erstaunte darüber; guter Gott — welche
schönen Gestalten, welche Gesichter, welche Trachten!
Wer sein Herz frei gefunden hätte von andrer Neigung,
hätte sich verlieben können. Ich hatte meinen Platz auf
einem etwas erhöhten Punkte genommen, wo man das,
was vorging, gut sehen konnte. Unglaublich und doch
keineswegs beschwerlich war der Menschenzudrang. Und
ich sah die Frauen sämtlich in Festtracht, wie sie zum
Teil duftende Kräuter in ihrem Schooß hielten und die

Aermel auf ihre Ellenbogen zurückgeschlagen hatten; sie wuschen im Fluß die Hände und die weißen Arme, indem sie untereinander, ich weiß nicht was für süße Worte in einer mir fremden Sprache murmelten. Dort verstand ich klarer, als je, das, was nach einem alten Sprichwort Cicero sagt: inmitten unbekannter Sprachen seien alle Taube und Stumme. Mir fehlte es aber nicht an dem einzigen Trost in solchem Falle, nämlich an höchst bereitwilligen Dolmetschern. Denn Du mußt zu Deinem Erstaunen wissen, daß unter jenem Himmel Seelen vorhanden sind, welche den Musen huldigen. — — Dieser Freunde habe ich mich bedient wie der Zunge oder der Ohren, wenn ich etwas sagen oder hören wollte. Zu einem von ihnen wendete ich mich, und um etwas über das Gesehene zu erfahren, fragte ich ihn mit jenen Worten des Virgil:

„Welches Gedräng' am Strome, sag an, was suchen
die Geister?"

„Und er antwortete mir: es sei ein uralter Gebrauch und Volksglaube, besonders bei den Frauen, daß jedem Unglück, welches im Laufe des ganzen Jahres bevorsteht, durch das Waschen an diesem Tage im Flusse vorgebeugt werde und sodann die Tage höchst glücklich verlaufen; deshalb erneue sich in jedem Jahre diese Abwaschung, welcher große Wichtigkeit beigelegt werde. ‚O ihr Glücklichen,' rief ich da lächelnd aus, ‚denen es gegeben ist, nahe dem Rhein zu leben! Dieser spült eure Leiden hinweg; die unsrigen ist weder der Po, noch der

Tiber fortzuwaschen je im Stande gewesen. Ihr schickt
auf dem Rücken des Rheins den Britannen euer Elend;
und wir auch würden es gerne den Illyriern und nach
Afrika senden. Allein unsre Flüsse scheinen träger zu
sein.' Hierüber wurde gelacht, und da es spät geworden
war, entfernten wir uns von dort. An den folgenden
Tagen streifte ich vom Morgen bis zum Abend in dem=
selben Geleite durch die Stadt, was mir viel Vergnügen
gewährte, sowohl wegen der Gegenstände, welche sich
meinen Augen darboten, als auch noch mehr wegen der
Erinnerung an unsre Vorfahren, welche so weit vom
Vaterlande die Denkmale der römischen Tapferkeit zurück=
gelassen haben. — Ich sah zu Tausenden die Körper der
heiligen Jungfrauen, welche zusammen getötet worden
sind, und die Erde, welche, geweiht den Reliquien jener
Edlen, wie man sagt, von sich die Leichen der Sündigen
ausstößt. Ich sah ein Kapitol nach der Art des unsrigen.
Aber wo bei uns im Senat die Lose des Friedens und
des Krieges geworfen wurden, singen hier liebliche Jüng=
linge, vereint mit reizenden Mädchen, in ungestörter Ein=
tracht Lieder zum Lobe Gottes: dort Klirren von Waffen,
Lärmen von Wagen, Stöhnen von Gefangenen; hier
Freude, Ruhe, Stimmen der Lust. — — Ich sah in
der Mitte der Stadt einen prachtvollen Tempel, der,
wenn auch noch nicht vollendet, von ihnen mit Recht als
größtes Gotteshaus bezeichnet wird. Und dort verehrte
ich fromm die Körper der heiligen Könige, welche in
drei Stationen aus dem Orient nach dem Abendland

gebracht worden sind, und von denen wir lesen, daß sie mit Geschenken gekommen seien, den König des Himmels anzubeten, der in der Krippe wimmerte. — —

„Am 30. Juni reiste ich von Köln ab bei so sengend heißer Sonne und inmitten so vielen Staubes, daß ich von Virgil den Schnee der Alpen und die Nebel des Rheins erbat. Dann durchzog ich allein den Ardenner= wald, der mir schon durch das Zeugnis der Schriftsteller bekannt war, und der in der That wild und furchtbar anzuschauen ist. — — Ohne jedoch mit der Feder den weiten Weg von neuem zurückzulegen, den ich mühsam zu Pferde durchmaß, will ich nur sagen, daß, nachdem ich viele Länder durchreist, ich heute in Lyon angelangt bin, einer andern sehr edlen römischen Kolonie, welche ein wenig älter ist, als Colonia Agrippina. Bei der= selben sind zwei Flüsse, beide bekannt, welche sich später in unser Meer ergießen: der Rhodanus und die Arari, welche die Modernen Saona nennen, von denen ich Dir nichts weiter sagen will. Denn beide siehst Du, den einen, wie er sich fortwälzt, den andern, wie er fortge= trieben wird, sich nach dieser Richtung hinwenden, und, nachdem sie ihre Gewässer miteinander vermengt, unser Avignon bespülen, wo der Papst Dich und die ganze Welt eingeschlossen hält."

In der ganzen Gegend von Avignon erblickt man den tütungeformten, die umliegenden Berge überragenden Mont Bentour. Derselbe ist den größten Teil des Jahres ohne Schnee und kann, wenn auch steil, doch keineswegs außerordentlich schwer zu besteigen sein. Denn noch bis zur Zeit der französischen Revolution begingen die Bewohner der umliegenden Ortschaften alljährlich auf seinen Gipfeln ein kirchliches Fest. In Petrarcas Tagen war vielleicht noch keiner der wirklich hohen Berggipfel Europas erklommen worden, und selbst die Ersteigung des Mont Bentour wurde als ein gefahrvolles Unternehmen betrachtet. Der Dichter, in dem überhaupt ein reger Wandertrieb lebte, unternahm trotzdem dieses Wagnis, begleitet von seinem Bruder, und er hat uns in einem interessanten Schreiben Bericht davon erstattet.

Der Brief ist sehr ausführlich, ich will ihn deshalb nur in Auszügen einschalten: „Francesco Petrarca bietet dem Dionysius Robertus aus Borgo San Sepolcro seinen Gruß. Er erzählt seine Besteigung des Mont Bentour.

„Ich habe heute den höchsten Berg dieser Gegend erstiegen, welchen man mit Recht den „Windigen“ (Ventour) nennt, einzig geführt vom Wunsche, die außerordentliche Höhe des Ortes zu sehen. Seit mehreren Jahren hatte ich Absicht dazu gehegt, denn wie Du weißt, lebe ich seit meiner Kindheit hier in der Gegend. Dieser Berg, den man von allen Seiten aus der Ferne erblickt, steht mir fast immer vor den Augen. Endlich beschloß ich, mein Vorhaben auszuführen.

„Allein als ich — erstaunlich zu sagen — an die Wahl eines Begleiters dachte, konnte keiner meiner Freunde mir zu diesem Zweck in aller Hinsicht entsprechen. So selten ist, selbst unter Personen, die einander lieben, die vollkommene Uebereinstimmung der Ansichten und des Charakters! — —

„Endlich teilte ich meine Absicht meinem einzigen Bruder mit, welcher jünger ist als ich, und den Du gut kennst. Was ich ihm sagte, war ihm überaus angenehm und er dankte mir dafür, daß er in mir zugleich einen Freund erblickte, wie ich sein nächster Verwandter war.

„Am bestimmten Tage verließen wir das Haus und wir kamen des Abends in Malaucène an, welcher Ort am Fuß des Berges nach der Nordseite gelegen ist. Wir blieben dort einen Tag, und heute machten wir dann die Besteigung mit unsern beiden Dienern, nicht ohne große Schwierigkeiten; denn dieser Berg ist eine felsige Erdmasse, welche senkrecht abgeschnitten und fast unersteiglich ist. Die Länge des Tages, Milde der Luft, Frische der Seele, Kraft und Geschmeidigkeit des Körpers und andre Umstände begünstigten uns. Einzig die Beschaffenheit der Gegend war uns hinderlich. Wir fanden in den Schluchten des Berges einen Hirten von vorgerückten Jahren, welcher sich mit vielen Worten anstrengte, uns von dieser Besteigung abzuhalten. Er sagte uns, daß er 50 Jahre früher von demselben jugendlichen Triebe beseelt, bis zum Gipfel aufgekommen sei, aber von dort nur Reue und Mühsal heimgebracht habe,

da sein Leib und seine Kleider von den Steinen und
Dornen zerrissen worden. Er fügte dann hinzu, daß
man niemals, weder vorher noch nachher gehört hätte,
irgend jemand habe gewagt, dasselbe zu thun. Während
er diese Worte mit lauter Stimme sprach, vermehrte
seine Warnung unsre Begier, denn die jungen Leute sind
taub gegen erteilte Ratschläge. Da er so erkannte, daß
seine Mahnungen vergebens waren, that der Greis einige
Schritte und zeigte uns mit dem Finger einen steilen
Pfad durch die Felsen, indem er uns tausend Anwei=
sungen gab, die er, als wir uns entfernten, noch hinter
uns wiederholte. Nachdem wir in seinen Händen die
Kleidungsstücke und andre Gegenstände, die uns hinderlich
waren, zurückgelassen hatten, richteten wir uns ganz für
die Besteigung ein und schritten leichten Fußes aufwärts.
Aber, wie dies immer eintritt, folgte einer solchen großen
Anstrengung schnell eine Ermüdung. Wir machten daher
nicht fern von da auf einem Felsen Halt. Sodann be=
gannen wir den Marsch von neuem, aber langsamer fort=
zusetzen; ich besonders ging in mäßigerem Tempo weiter.
Mein Bruder schritt auf einem kürzeren Wege der Höhe
des Berges entgegen. Ich, der ich weichlicher bin, ging
mehr unten, und da er mir einen näheren Pfad zeigte,
antwortete ich ihm, daß ich an einer andern Stelle hoffte,
einen leichteren zu finden, und daß ich mich nicht vor
einem längeren scheute, wenn ich es bequemer hätte.
Ich suchte meine Weichlichkeit so zu entschuldigen, und
während die andern schon bis zu den Höhen gelangt

waren, irrte ich im Thale umher, ohne einen näheren
Aufgang zu finden, aber mein Weg wurde dadurch länger
und meine Mühe verdoppelt.

„Schon müde geworden, beklagte ich es, eine falsche
Richtung eingeschlagen zu haben, und ich beschloß im
Ernst mich nach dem Gipfel aufzumachen. Voll Müdig=
keit und Besorgnis erreichte ich meinen Bruder, der mich
erwartete und sich, indem er lange gesessen, ausgeruht
hatte. Wir gingen darauf eine Zeitlang mit gleichen
Schritten vorwärts. Kaum hatten wir diesen Hügel
verlassen, als, meinen früheren Umweg vergessend, ich
geradeswegs den Abhang des Berges hinunterstieg. Ich
durcheile zum zweitenmal das Thal und indem ich einen
langen und leichten Pfad suche, gerate ich in eine an=
haltend schwierige Lage. Die Mühe scheuend, zögerte
ich nach oben zu klimmen. Aber der Geist des Menschen
bezwingt nicht die Natur der Dinge. Das erfuhr ich
zu meinem großen Leidwesen und nicht ohne das Gelächter
meines Bruders zu erregen, drei= oder viermal in einigen
Stunden. Nachdem ich so oft getäuscht worden war,
setzte ich mich in einem Thale nieder.

„Dort, mit einem schnellen Gedanken von den mate=
riellen Gegenständen zu den immateriellen überspringend,
redete ich mich selbst in diesen oder ähnlichen Worten
an: Was du so häufig empfunden hast bei der Er=
steigung dieses Berges, wisse, daß dies oft dir und vielen
andern begegnet, welche ein glückliches Leben erjagen
wollen. Aber man bemerkt es nicht so leicht, weil die

Bewegungen des Körpers jedem wahrnehmbar sind, die=
jenigen der Seele dagegen unsichtbar und verborgen.
Das Leben, welches wir ein seliges nennen, ist an einem
erhabenen Orte gelegen; ein enger Weg, so sagt man,
führt dorthin. Mehrere Hügel erheben sich auch in dem
Zwischenraum, und man muß von Tugend zu Tugend
auf glorreichen Stufen schreiten. Auf dem Gipfel ist das
Ende von allem und der Schluß des Weges, welcher das
Ziel unsrer Reise ausmacht. Wir alle wollen dahin ge=
langen, aber wie Ovid sagt, „ist das Wollen nur wenig;
um etwas zu besitzen, muß man es lebhaft erstreben". —

„Der höchste Gipfel dieses Berges wird von den
Landleuten „der Sohn" genannt, ich weiß nicht weßhalb,
wenn nicht damit das Gegenteil ausgedrückt sein soll,
denn er scheint in Wahrheit der Vater aller benachbarten
Berge zu sein. Auf dem Gipfel dieses Berges ist ein
kleines Plateau. Wir ruhten uns daselbst endlich von
unsern Mühsalen aus, und weil Du die Gedanken,
welche sich meiner Seele beim Hinaufsteigen aufdrängten,
gehört hast, so vernimm noch das übrige, mein Vater,
und gönne, ich bitte Dich, eine Stunde Deiner Zeit der
Lesung meines Tagebuches. Sogleich überrascht von
dem ungewohnten Lufthauch und von der weiten Aus=
dehnung des Schauspiels, blieb ich bewegungslos vor
Staunen. Ich blickte um mich. Die Wolken waren
unter meinen Füßen. Der Athos und Olymp sind mir
minder unglaublich geworden, seit ich auf einem Berge
von geringerer Berühmtheit das sah, was ich von ihnen

gelesen und vernommen hatte. Ich richtete hierauf meine
Blicke nach dem Teil von Italien, wohin mein Herz sich
am meisten sehnt. Die Alpen, emporragend und mit
Schnee bedeckt, durch welche der grausame Feind des
römischen Namens sich ehemals einen Weg brach, indem
er mittels Essigs die Felsen spaltete, — wenn man dem
Gerüchte glaubt, — schienen mir ganz nahe zu sein, ob=
gleich sie weit entfernt waren. Ich habe, ich gestehe es,
nach dem Himmel Italiens geseufzt, welcher sich mehr
meiner Einbildungskraft als meinen Blicken zeigte, und
ich wurde von einem unaussprechlichen Verlangen erfüllt,
ihn, meinen Freund und mein Vaterland zu sehen. Je=
doch geschah dies nicht, ohne daß ich die Weichlichkeit des
wenig männlichen Gefühls getadelt hätte, welches sich in
diesem doppelten Wunsche aussprach, obgleich ich eine
zweifache Entschuldigung anzuführen vermochte, welche
sich auf das Zeugnis großer Autoritäten stützte. Dann
bemächtigte sich meines Geistes ein neuer Gedanke und
entführte ihn von der Oertlichkeit nach der Zeit. Ich
sagte zu mir: Es ist jetzt zehn Jahre her, daß nach
Beendigung deiner Jugendstudien du Bologna verlassen
hast. O unsterblicher Gott! o ewige Weisheit! welche
großen Veränderungen sind während dieser Zeit in deinem
Wesen eingetreten. Ich lasse diese Betrachtungen, welche
ohne Ende sein würden, beiseite, denn ich bin noch nicht
im Hafen angelangt, um ruhig an die vergangenen
Stürme zurückzudenken. Es wird vielleicht eine Zeit
kommen, wo ich nach der Reihe alle meine Fehler auf=

zählen werde, indem ich diesen Ausspruch Deines ge=
liebten Augustinus anführe: „Ich will mir meine ver=
gangenen Sünden und die sinnlichen Flecken meiner Seele
zurückrufen, nicht weil ich sie liebe, sondern weil ich
dich liebe, mein Gott!" — —

„Von der Sonne, welche sich zu senken begann,
und durch den wachsenden Schatten gemahnt, daß der
Augenblick zum Aufbruch sich näherte, erwachte ich, und
mich umwendend blickte ich nach Westen.

„Man gewahrte nicht von dort den Gipfel der
Pyrenäen, diese Grenze von Frankreich und Spanien,
nicht daß meines Wissens irgend etwas dazwischen Lie=
gendes die Aussicht hinderte, sondern einzig wegen der
Schwäche des menschlichen Sehvermögens. Man sah sehr
wohl zur Rechten die Berge der Provinz Lyon und zur
Linken das Meer von Marseille und dasjenige, welches
Aigues=Mortes bespült, in der Entfernung einiger Tage=
reisen. Der Rhone lag vor unsern Augen. Während
ich alles das bewunderte und bisweilen mich zur Erde
hingezogen fühlte, bisweilen meine Seele ebenso wie
meinen Körper erhob, wollte ich einen Blick in die Be=
kenntnisse des heiligen Augustin thun, dies Geschenk Deiner
Freundschaft, welches ich zur Erinnerung des Verfassers
und des Schenkers aufbewahre und das ich immer in
den Händen habe. Ich öffne dieses kleine, unendlich
reizende Brevier, um es zu lesen — was konnte es ent=
halten als fromme und andächtige Gedanken? Mein
Auge fiel zufällig auf das zehnte Buch dieses Werkes.

Mein Bruder, begierig aus meinem Munde etwas vom
heiligen Augustin zu hören, stand aufrecht da, um achtsam
zu lauschen. Ich rufe Gott und den, der neben mir
stand, zu Zeugen an, daß sogleich, als ich meinen Blick
auf das Buch warf, ich darin die Worte las: ‚Die
Menschen gehen, um die Gipfel der Berge, die Wogen
des Meeres, den weiten Lauf der Flüsse, den Umkreis
des Ozeans, die kreisenden Gestirne zu bewundern, und
achten nicht auf sich selbst.‘ Ich empfand, ich gestehe es,
großes Erstaunen, bat meinen Bruder, mich nicht zu
stören und schloß das Buch. Ich war gegen mich selbst
darüber aufgebracht, daß ich jetzt noch die irdischen Ge=
genstände bewunderte. Dann, da ich fand, daß ich den
Berg genug betrachtet hatte, kehrte ich meine inneren
Blicke in mich selbst und von diesem Augenblick an hörte
man mich nicht mehr sprechen, bis wir wieder nach unten
gekommen waren. Dieser Ausspruch hatte mir eine lange
stumme Beschäftigung verschafft. Ich konnte nicht glauben,
daß es ein Werk des Zufalls gewesen sei. Alles, was
ich dort gelesen hatte, glaubte ich für mich gesagt, und
nicht für einen andern. Ich erinnerte mich, daß Sankt
Augustin seiner Zeit dieselbe Meinung im Herzen gehabt
hatte, als er, seiner Erzählung nach, bei der Lesung der
Apostelgeschichte auf diese Stelle stieß: ‚Wir wollen uns
fern halten von der Ausschweifung und der Trunkenheit,
von schmutzigen Vergnügungen und von Schamlosigkeit,
von Zänkerei und Eifersucht. Aber bekleidet Euch mit
Jesus Christus, unserm Herrn, und achtet nicht auf Eure

sinnlichen Begierden.' Solches war früher dem heiligen
Antonius begegnet, als er diese Worte des Evangeliums
hörte: ‚Wenn Ihr vollkommen sein wollt, geht und verkauft Eure Habe, sie den Armen zu geben, und Ihr
werdet einen Schatz im Himmel haben; dann kommt und
folgt mir.' Als ob diese Worte an ihn gerichtet wären,
unterwarf sich der heilige Antonius — nach dem Bericht seines Biographen — dem Joch des Herrn. —
Nachdem ich dies gelesen, dachte ich im Stillen an die
geringe Weisheit der Menschen, die, den besten Teil ihrer
selbst vernachlässigend, überall Reue fühlen und eitlen
Schauspielen nacheilen, indem sie das außen suchen, was
sie in sich finden können. Ich hätte den Adel unsrer
Seele bewundert, wenn nach ihrem eigenen Willen auf
Abwegen wandelnd sie sich nicht von ihrem Ursprung
entfernte und nicht selbst dasjenige in Schimpf für sich
verwandelte, was ihr Gott verliehen, um ihr zur Ehre
zu gereichen.

„Während des Herabsteigens schien der Gipfel des
Berges mir jedesmal, wenn ich mich zu dessen Betrachtung zurückwendete, kaum ein Klafter hoch im Vergleich
mit der Größe der menschlichen Natur, wenn man sie
nicht in den Schlamm des irdischen Schmutzes tauchte.
— — — — Indes solche Gedanken mein Herz durch-
bebten, kehrte ich, nicht auf die Rauheit des Weges achtend,
in der Mitte der Nacht, in das ländliche Wirtshaus
zurück, aus welchem ich vor Tag aufgebrochen war.
Heller Mondschein hatte uns auf unserm Gange seine

freundliche Hilfe geliehen. Als die Diener beschäftigt
waren, das Abendessen zu bereiten, zog ich mich allein
in einen verborgenen Winkel des Hauses zurück, um Dir
eilends und ohne Vorbereitung diesen Brief zu schreiben;
ich fürchtete mich nämlich, daß, wenn ich länger damit
zögerte, meine Gefühle sich vielleicht mit dem Wechsel der
Orte veränderten und mein Wunsch, Dir zu schreiben,
erkalten könnte.

„Du siehst, mein teurer Vater, wie sehr es mein
Wille ist, daß Deinem Blicke nichts entgehe, weil ich
Dir mit solcher Sorgfalt nicht nur mein ganzes Leben,
sondern auch jeden meiner Gedanken enthülle. Zum
Entgelt dafür, bitte Gott, ich flehe Dich darum an, daß
diese Gedanken, die so lange unstet umhergeschweift, end=
lich Halt machen, und daß sie, nachdem sie unnütz nach
allen Seiten umhergeschleudert worden sind, sich dem
einzigen wahren, sicheren, unbeweglichen Gut zuwenden.
Lebe wohl!

Malaucène, 26. April.“

———

Petrarca führte seit früh bis an sein Ende ein
Wanderleben, und wir finden ihn, wenn auch mit da=
zwischenfallenden längeren Aufenthalten an diesem und
jenem Orte, bald in Avignon, bald im Süden oder
Norden Italiens. Es wäre wünschenswert, daß er in
der außerordentlich umfangreichen Korrespondenz an seine
Freunde weniger von Cicero und Virgil, Pompejus und
Alexander dem Großen gesprochen, dagegen uns mehr

von den besuchten Gegenden berichtet hätte. Doch findet sich auch in letzterer Hinsicht noch manches Interessante in seinen Briefen. Aus Neapel, wo er im Kloster St. Lorenzo wohnte und in hoher Gunst beim König Robert stand, schreibt er unter dem 1. Dezember 1343: „Ich mußte wegen des nicht zu beseitigenden garstigen Unfugs, welcher in dieser, in vieler andrer Hinsicht so ausgezeichneten Stadt eingewurzelt ist, immer sehr früh nach Hause kehren. Das Umhergehen ist hier zu nächtlicher Zeit mit nicht minderer Furcht und Gefahr begleitet, als inmitten dichter Wälder, indem die Straßen von edlen, sämtlich bewaffneten Jünglingen erfüllt sind, deren Ausschreitungen weder die väterliche Erziehung, noch die Autorität der Magistrate, noch die Majestät und Herrschaft der Könige jemals im Zaum zu halten vermochten. Aber was Wunder, daß im Schatten der Nacht und ohne Zeugen irgend jemand Verbrechen zu begehen wagt, wenn am offenen Tage, unter den Augen des Volkes und angesichts der Könige in dieser italienischen Stadt mit einer Wildheit, welche selbst die Barbaren schänden müßte, das infame Gladiatorenspiel geübt und wie Blut des Viehes menschliches Blut vergossen wird, wenn unter dem Beifallsjubel des unsinnigen, zahlreich herbeigeströmten Volkes vor den Augen der unglücklichen Eltern die Söhne abgeschlachtet werden und es für eine Schande gehalten wird, so oft einer mit Widerstreben seine Kehle dem Dolch darbietet. Als ob der Kampf dem Vaterlande oder dem Ruhme des himmlischen Lebens

gälte! Von allem diesem nichts wissend, wurde ich eines
Tages an einen gewissen Platz in der Stadt, welcher
Carbonaria genannt wird, geführt — ein für die Sache
in der That sehr passender Name, da jene frevelhafte
Anstalt die mitleidlosen Schmiedeknechte entehrt und
schändet, die sich dort auf dem Ambos des Todes ab=
arbeiten. Es war zugegen die Königin, zugegen der
noch im Knabenalter stehende König Andrea, welcher
verheißt, ein tüchtiger Herrscher zu werden, wenn es ihm
gelingt, sich die bestrittene Krone aufs Haupt zu setzen.
Es waren dort die Milizen von Neapel, so elegant und
nett gekleidet, wie es sich nur denken läßt; von allen
Seiten hatte sich Volk herangedrängt. Bei einem solchen
Zusammenlauf von Menschen und bei der gespannten
Aufmerksamkeit blickte ich achtsam zu, indem ich glaubte,
etwas Großes zu sehen zu bekommen, als plötzlich wie
bei einem höchst freudigen Ereignis ein unaussprechlicher
allgemeiner Beifall sich zu den Sternen erhebt. Ich
blickte umher und gewahre einen sehr schönen Jüngling,
welcher, durchbohrt von einem kalten Dolch, zu meinen
Füßen hinsinkt. Niedergedonnert und entsetzt gab ich dem
Pferde die Sporen, zürnend, daß die Begleiter mich so
hintergangen hatten. Entrüstet über die Grausamkeit der
Zuschauer, die Thorheit der Kämpfer wandte ich dem
höllischen Schauspiel den Rücken. — —"

In einem Briefe aus Bajä vom 23. Dezember 1343
spricht Petrarca von der Umgegend Neapels: „Ich sah
dieses Gestade, das in der Mitte des Winters köstlich ist,

welches jedoch, wenn ich mich nicht irre, von der Sommer=
hitze allzu stark getroffen werden muß. So wenigstens
glaube ich, der ich nie im Sommer hier war. — —
Ich sah jene Orte, welche von Virgil und, was erstaun=
licher ist, vor ihm von Homer beschrieben worden sind,
dem alten, höchst gelehrten Griechen, der, da er anderswo
keinen edleren und seinem Sinne mehr zusagenden Ort
fand, ihn aus Italien nahm. Ich sah also den Averner
und Luemer See, und die stockenden Wasser des Acheron,
den Sumpf jener erhabenen Herrscherin, welche die Grau=
samkeit ihres Sohnes unglücklich machte, und die prächtige
Straße des C. Caligula, die jetzt von den Wellen ver=
schlungen ist, und den von Julius Cäsar dem Meere an=
gelegten Zügel. Ich sah die Heimat und das Haus der
Sibylla, und jene fürchterliche Höhle, von wo die Thoren
nicht zurückkehren, und in welche einzudringen die Ver=
nünftigen nicht wagen. Ich sah den durch seine Wein=
pflanzungen berühmten Berg Falernus, und den Land=
strich, welcher beständig wohlthätige Dünste aushaucht
und aus seinem Schlunde Blasen von Asche und sieden=
dem Wasser hervorspeit, einem ehernen Kessel gleich, wel=
cher düster siedend ertönt. Ich sah die Felsen, aus denen
zu allen Seiten eine höchst gesunde Flüssigkeit hervor=
quillt, welche durch das Geschenk der Mutter Natur alle
Krankheiten heilt. Dies war einst, nachher aber, wie
gesagt wird, ist dieses Wasser durch den Neid der Aerzte
mit den andern Gewässern vermischt worden; doch ist
der Zudrang zu denselben von Personen jedes Alters

und Geschlechts aus den umliegenden Städten fortwäh=
rend groß."

Auf das kleine Grundstück, das Petrarca früher
in Vaucluse besessen, lädt er die Freunde aus dem
wüsten und verworfenen Babylon des Westens in die
ländliche Einsamkeit zum einfachen Mahl, wie es Virgil
beschreibt: Grobes Brot, zufällig ein Häslein oder ein
wandernder Kranich und die Schwarte eines wilden
Ebers; mildes Kernobst, zarte Kastanien und des Milch=
rahms triefende Fülle und das jungfräulichste Erzeugnis
der Fluren, das Olivenöl, das von selbst und ohne
gepreßt zu sein, den Beeren der Bäume, die auf diesen
Hügeln wachsen, entquillt. — Zwischen solchen Stellen,
die uns mit Sehnsucht nach Petrarcas idyllischer Zu=
rückgezogenheit in seinem „geschlossenen Thale" erfüllen
können, finden sich andre, in denen sich eine hohe und
ernste Lebensweisheit ausspricht. „Ich will eingedenk
sein," sagt der Dichter, „und immer ernster ringen, mir
stets gegenwärtig zu halten, daß alles, was ich besitze,
alle Gaben des Leibes und der Seele, mir zu Wagnis,
Uebung und Mühsal gegeben sind; um es kurz zu
fassen, ich weiß, daß ich steige, um hinabzugehen, daß
ich blühe, um zu welken, daß ich lebe, um zu sterben.
— Ich bin durch Gefahren und Mühseligkeiten ge=
gangen von Jugend auf, ich fand, daß das Leben
auf Erden nicht bloß ein harter Felddienst, sondern ein
heißes Kämpfen ist. Ich bin durch Verzweiflung an
vielem ruhiger geworden; denn was fürchtet noch, wer

so oft mit Tod und Verderben, mit Qual und Ent=
behrung gerungen hat? Ich will trachten, daß meines
Strebens Anfang und Ausgang sich gleich sei an Männ=
lichkeit, und desto fester, je stärker mich die Schläge und
Kränkungen des Wechsels der Dinge gereizt haben. Ich
will aber vor allem nicht viel davon reden, was wohl,
unter den Uebungen des Schicksals an mir, noch aus mir
werden möge; doch des Mutes bin ich, daß ich keiner
Hinfälligkeit mehr zur Beute werde.

> Und wenn das Weltgebäude bricht,
> Den Unverzagten schreckt es nicht.

„Wisse denn, daß ich mit Maro's und Flaccus Aus=
sprüchen, die ich sonst nur las und lobte, jetzt so ge=
waffnet bin, daß ich sie in meinen äußersten Kämpfen
unter des unentrinnbaren Fatums Nothwendigkeiten ganz
zu den meinigen gemacht habe."

Besonders eindringlich und noch heute beherzigens=
wert ist, was Petrarca über die Anerkennung und den
Ruhm bei der Mitwelt sagt: „Beachte vor allem, wem
die Werke angehören, die man so hoch stellt; — frage
nach den Autoren: sie sind längst Staub und Asche.
Willst Du, daß man auch Deine Werke lobe, so stirb
zuerst. Erst mit dem Tode des Menschen beginnt die
rechte Gunst der Sterblichen für ihn; das Ende des
Lebens ist des Ruhmes Anfang. Ein früheres Beginnen
ist selten und für vorzeitig zu halten. Ich sage mehr:
solange noch einer von Deinen Zeitgenossen lebt, wirst
Du dessen, wonach Dich lüstet, nicht vollauf haben;

wenn aber alle die Urne umschließt, kommen die, welche ohne Haß und Neid richten. Mag daher die Gegenwart, wie sie will, von uns urteilen; ist ihr Ausspruch gerecht, so wollen wir es mit Gleichmut aufnehmen; ist er un=gerecht, so wollen wir, wenn es keine andern Richter gibt, an die Nachwelt als an gerechtere Richter appelliren. Zu=sammenleben und vertrauterer Umgang schaden der Be=wunderung ungemein. Nun denn: übe das Gute, so=lange Du lebst; denn Ruhm findest Du im Grabe."

Dem Obigen füge ich noch Petrarcas Schreiben an die Nachwelt, sowie einen Auszug aus seinem Testament hinzu.

- - - - - - -

## Schreiben an die Nachwelt.

Du hast von mir vielleicht reden gehört (wenngleich es zweifelhaft sein mag, ob ein so unbedeutender Name wie der meinige den Raum und die Zeit durchdringt) und du wünschest ohne Zweifel zu erfahren, welchen Gegenstand meine Werke behandelt und welchen Erfolg sie gehabt haben. Besonders wirst du in betreff der=jenigen neugierig sein, deren Ruf bis zu dir gedrungen ist oder deren Titel du wenigstens kennst. In betreff der zweiten Frage werden die Meinungen geteilt sein; denn gewöhnlich folgt ein jeder bei seinen Urteilen nicht der Wahrheit, sondern seinem Geschmack, und man kennt weder beim Loben noch beim Tadeln Grenzen. Ich bin ein niederer Sterblicher, hervorgegangen aus der Menge,

deren Geburt weder besonders hoch noch völlig gering
ist. Meine Familie ist sehr alt, wie schon der Kaiser
Augustus gesagt hat. Ich hatte von der Natur einen
guten und bescheidenen Charakter, allein die Ansteckung
der Welt hat ihm geschadet. Schon in frühen Jahren
bin ich verdorben worden, die Jugend hat mich fort=
gerissen, das Alter mich verbessert. Das letztere hat mich
durch die Erfahrung die Wahrheit des Spruches gelehrt,
den ich lange zuvor gekannt hatte: „Die Jugend und
das Vergnügen sind nur Eitelkeiten," — oder vielmehr
diese Unterweisung verdanke ich dem Schöpfer aller Wesen
und aller Zeiten, welcher bisweilen die unglücklichen Sterb=
lichen sich in ihrem falschen Stolz verirren läßt, damit
sie sich desselben schämend sich später selbst erkennen.
In meiner Jugend war mein Körper nicht sehr kräftig,
aber geschmeidig. Mein Aeußeres, obgleich ich nicht sehr
schön war, konnte in der Blüte meiner Jahre Wohl=
gefallen erregen. Meine Gesichtsfarbe war frisch, hell=
braun; meine Augen lebhaft und mein Blick lange Zeit
hindurch sehr scharf, aber gegen meine Erwartung schwächte
er sich seit meinem sechzigsten Jahre dermaßen, daß ich
zu meinem großen Bedauern meine Zuflucht zur Brille
nehmen mußte. Mein Körper, bis dahin sehr gesund,
wurde durch das Alter und zugleich durch das gewöhn=
liche Gefolge der Gebrechen geschwächt.

Am 20. Juli 1304 wurde ich bei Tagesanbruch
in der Verbannung zu Arezzo geboren. Meine Eltern
waren ehrbar, sie stammten aus Florenz, von wo sie

vertrieben worden waren. Ihr Vermögen war nur
gering und streifte an Armut. Ich hatte stets eine tiefe
Verachtung gegen die Reichtümer, nicht daß ich nicht
danach begehrt hätte, sondern weil ich die Mühen und
Sorgen haßte, die unzertrennlich mit ihnen verbunden
sind. Ich möchte nicht nach Reichtümern streben, um
in Ueberfluß zu leben; denn mit einer frugalen Nahrung
und einfachen Gerichten habe ich ein froheres Leben geführt als alle Nachfolger des Apicius mit den ausge-
suchtesten Speisen. Feste, welche in Unmäßigkeit und
Orgien ausarten und die guten Sitten verhöhnen, haben
mir stets mißfallen. Ich habe es als einen Frohndienst
und als verlorene Zeit angesehen, andre einzuladen oder
selbst zu Gast gebeten zu werden. Aber mich mit einigen
Freunden zu Tische zu setzen, hatte für mich so viel Reiz,
daß mir nichts angenehmer war, als ihre unerwartete
Ankunft und daß es mir niemals angenehm ist, allein
zu speisen. Nichts widerstrebt mir so wie der Aufwand,
nicht allein weil er der Einfachheit widerspricht, sondern
auch weil er lästig ist und die Ruhe stört.

Ich bin in meiner frühen Jugend Beute einer sehr
heißen, aber einzigen und ehrlichen Liebe gewesen und
ich würde länger daran gelitten haben, wenn ein grau-
samer, aber für mich heilsamer Tod nicht meine Flamme
erstickt hätte. Ich möchte wohl sagen können, daß die
sinnlichen Vergnügungen keine Herrschaft über mich geübt
haben, aber wenn ich dies äußerte, so würde ich lügen.
Ich kann ohne Furcht, der Unwahrheit geziehen zu werden,

sagen, daß, wenn die Glut der Jugend und des Tempera=
ments mich zu ihnen hinrissen, ich immer im Herzen ihre
Gemeinheit verabscheut habe. Als ich mich dem vierzigsten
Jahre näherte, aber noch voll Feuer und Kraft war,
habe ich nicht allein der Sinnenlust entsagt, sondern auch
jede Erinnerung daran verloren, als wenn ich niemals
eine Frau angeblickt hätte. Ich sehe dies als ein be=
sonderes Glück für mich an, und ich danke Gott, der mich
in der vollen Kraft meiner Jahre von einer niedrigen
und mir stets so verhaßten Knechtschaft befreit hat. Doch
ich gehe zu andern Dingen über.

Der Stolz bei andern hat mich unangenehm berührt.
Was mich selbst betrifft, so hatte ich immer, wenngleich
ich meinen niederen Wert fühlte, doch eine noch mindere
Meinung von mir. Mein Zorn hat zwar häufig mir
geschadet, aber niemals andern. Sehr begierig, echte
Freunde zu erwerben, habe ich den Umgang mit ihnen
mit größter Treue gepflegt. Ich rühme mich dessen offen,
weil ich weiß, daß ich die Wahrheit sage. Von sehr
reizbarem Gemüt, vergesse ich leicht die Kränkungen und
bewahre stets die Erinnerung an Wohlthaten. Ich habe
das Glück gehabt, zum Umgang mit Fürsten und Großen
herangezogen zu werden und die Freundschaft der Edlen
in solchem Maße zu gewinnen, daß es den Neid gegen
mich wachrief. Aber die Strafe derer, welche alt werden,
ist es, daß sie nur zu oft den Tod ihrer Freunde zu be=
weinen haben. Die größten Könige meiner Zeit haben
mich geliebt und geehrt, weshalb weiß ich nicht; das

geht sie an. Ich habe mit einigen, das kann ich sagen, auf dem Fuße der Gleichheit gestanden und von ihrer hohen Stellung großen Vorteil gezogen, ohne irgend eine Unannehmlichkeit davon zu erfahren. Immer jedoch bin ich vor einigen geflohen, die ich am meisten liebte: ich war so von der Liebe zur Freiheit erfüllt, daß ich mich um jeden Preis fern von denen hielt, deren Name schon mir diese Freiheit zu behindern schien.

Ich habe mehr einen gewöhnlichen als durchdringenden Geist besessen. Derselbe war zu allen nützlichen Studien aufgelegt, indessen besonders für die Moral= philosophie und die Dichtkunst gestimmt. Die letztere ist von mir im Laufe der Jahre vernachlässigt worden, in= dem die ernsten Studien, die einen geheimen, bis dahin von mir verschmähten Reiz hatten, mich von der Poesie abzogen, und ich sehe diese nur als angenehme Nebenbeschäftigung an. Ich habe mich unter anderm besonders der Kenntnis des Altertums gewidmet, und wenn mich Freundschaft nicht an teuren Menschen fest= gehalten, so hätte ich vorgezogen, in einem ganz andern Zeitalter geboren zu sein. Um die Gegenwart zu ver= gessen, versetzte ich mich immer in der Einbildungskraft in die alten und vergangenen Zeiten. Ich fand daher an der Lektüre der Geschichtschreiber Gefallen, nicht jedoch ohne durch den Widerspruch, den ich in ihnen erkannte, befremdet zu sein. In zweihaften Fällen nehme ich zur Wahrscheinlichkeit der Thatsachen oder zur Autorität der Schriftsteller meine Zuflucht.

Wie man sagte, war meine Stimme klar und kräftig. Nach meiner Meinung aber war sie schwach und unverständlich. In der Unterhaltung mit meiner Familie oder meinen Bekannten trachtete ich niemals nach Beredsamkeit, und es verwundert mich, daß Cäsar Augustus sich darum bemüht hat. Aber wenn der Gegenstand, der Ort oder der Hörer es zu fordern schienen, habe ich einige Anstrengungen gemacht — mit welchem Erfolge, weiß ich nicht zu sagen. Diejenigen, welche mich gehört haben, mögen darüber urteilen. Nur daran lag mir, daß ich gut gelebt hätte, nicht an der Weise, wie ich geredet. Es ist Eitelkeit, seinen Ruhm bloß auf den Glanz des Ausdrucks zu legen.

So haben das Schicksal oder mein Wille bis heute meine Zeit verteilt: Ich habe das erste Jahr meines Lebens, jedoch nicht ganz, zu Arezzo verlebt, wo ich geboren war, und die sechs folgenden in Incisa, in einem Landhause meines Vaters, vierzehn Miglien oberhalb von Florenz. Nachdem meine Mutter aus der Verbannung zurückgerufen war, habe ich mein achtes Lebensjahr in Pisa verbracht, mein neuntes und die folgenden im transalpinischen Gallien, an dem Rhone. Avignon ist der Name dieser Stadt, wo der römische Pontifex die christliche Kirche in einem schmachvollen Exil hält und gehalten hat. Vor einiger Zeit schien es, als hätte Urban V. sie an ihren Sitz zurückgeführt. Aber wie man weiß, kam diese Absicht nicht zu Stande und, — was mich am meisten empört, — dies scheiterte zu Lebzeiten des Papstes, als ob er sein gutes Werk bereut hätte. Wenn er länger gelebt hätte, so würde er sicher das empfunden haben, was ich über seine Abreise dachte. Ich hatte schon die Feder in der Hand, als er plötzlich sein glorreiches Unternehmen mit dem Leben aufgab. Der Unglückliche! er hätte glücklich vor dem Altar des heiligen Petrus und in seinem eigenen Palast sterben können, denn entweder würden seine Nachfolger auf ihrem Stuhl geblieben sein und er wäre der Urheber dieses guten Werkes geworden, oder sie wären anderswohin gezogen und sein Verdienst wäre um so glänzender gewesen, als ihre Fehler allen vor Augen gelegen hätten. Aber diese Klage ist zu lang, da sie nur eine nebensächliche ist.

Ich habe also an jenem Ort, der am meisten von Stürmen heimgesucht wird, meine Kindheit bei meinen Eltern und dann meine ganze Jugend in Thorheiten verbracht; doch war ich auch häufig abwesend. In dieser Zeit verlebte ich drei volle Jahre zu Carpentras, einem kleinen, nicht ferne östlich von Avignon gelegenen Ort; und in diesen beiden Städten lernte ich etwas Grammatik, Dialektik und Rhetorik, so viel man in solchem Alter lernen kann und so viel man gewöhnlich davon in den Schulen lehrt: Du weißt nun, lieber Leser, wie wenig ich gelernt habe. Von dort begab ich mich nach Montpellier, wo ich vier weitere Jahre dem Studium der Rechte widmete; alsdann nach Bologna, wo ich während dreier Jahre das ganze Zivilrecht exponiren hörte. Man meinte all=

gemein, daß ich große Fortschritte in dieser Wissenschaft
gemacht haben würde, wenn ich das Studium fortgesetzt
hätte. Aber ich warf es völlig bei Seite, seit ich nicht
mehr unter der Vormundschaft meiner Eltern stand.
Dies war nicht deshalb, weil mir die Jurisprudenz
mißfiel, denn ohne Frage ist deren Wichtigkeit groß, und
sie ist voll vom römischen Altertum, das mein Entzücken
bildet. Aber ihr Gebrauch ist durch die Bosheit der
Menschen verdorben. Ich bedauerte daher, etwas er=
lernen zu sollen, dessen ich mich nicht auf unrechte Weise
bedienen mochte, das ich aber auf rechte Weise kaum
anwenden konnte und welches in diesem letzteren Falle
meine Ehrlichkeit als Dummheit hätte erscheinen lassen.

Im Alter von 22 Jahren kehrte ich in meine
Heimat zurück. Ich nenne meine Heimat dieses Avignon,
wo ich seit dem Ende meiner ersten Kindheit gelebt
hatte, denn die Gewohnheit wird zur zweiten Natur.
Dort begann ich zuerst bekannt zu werden und meine
Freundschaft wurde von großen Persönlichkeiten gesucht,
— warum, ich gestehe es, weiß ich nicht und daß es
so war, erstaunt mich. Es ist wahr, daß damals mich
dies nicht erstaunte, denn, wie die Jugend pflegt, glaubte
ich aller Ehren vollkommen würdig zu sein. Mein
Umgang ist besonders von der edlen und berühmten
Familie Colonna gesucht worden, welche damals die
römische Curie frequentirte, oder, um mich besser aus=
zudrücken, welche ihr Ehre brachte. In diese Familie
eingeführt, wurde mir dort mit einer Achtung begegnet,

die mir jetzt vielleicht nicht gebühren würde, und welche
ich damals sicherlich nicht verdiente. In die Gascogne
wurde ich durch den ausgezeichneten und unvergleichlichen
Giacomo Colonna geführt, welcher damals Bischof von
Lombez war. In der reizenden Gesellschaft dieses Mannes,
wie ich nie einen gleichen gesehen habe, noch vielleicht
sehen werde, habe ich am Fuß der Pyrenäen einen fast
himmlischen Winter verbracht, so daß ich immer noch
seufze, wenn ich an diese Zeit zurückdenke. Nach meiner
Rückkehr habe ich mehrere Jahre unter seinem Bruder
Johann Colonna gelebt — nicht wie unter einem Ge=
bieter, sondern wie unter einem Vater. Doch nein, ich
irre mich, ich habe mit ihm gelebt, wie mit dem zärt=
lichsten Bruder, oder um besser zu sagen, wie mit mir
selbst, wie in meinem eigenen Hause.

In dieser Zeit trieb mich ein jugendlicher Drang,
Frankreich und Deutschland zu besuchen. Um meine
Vorgesetzten zur Billigung dieser Reise zu bestimmen, gab
ich mehrere Ursachen an, aber das wahre Motiv war
der lebhafte Wunsch, vieles zu schauen. Auf meinen
Reisen sah ich zuerst Paris und es gefiel mir dort das=
jenige zu betrachten, das wahr unter den fabelhaften,
von dieser Stadt erzählten Dingen ist. Von dort zurück=
gekehrt begab ich mich nach Rom, das zu erblicken ich
seit meiner Kindheit mich heiß gesehnt hatte. Ich fand
dort Stefano Colonna, das großsinnige Haupt dieser
Familie, einen Mann, der jedem der Männer des Alter=
tums gleichkommt. Ich machte ihm meinen Hof und er

bezeigte mir so viele Freundschaft, daß man zwischen mir
und einem seiner Söhne keinen Unterschied gemacht haben
würde. Die Zuneigung zu mir und die Anhänglichkeit
an mich, welche mir dieser große Mann erwies, sind
fortwährend dieselben bis ans Ende seines Lebens ge=
blieben; sein Andenken lebt noch beständig in mir und
es wird nicht erlöschen, bevor ich selbst die Augen schließe.
Bei meiner Rückkehr, müde von allem und außer Stande,
den Widerwillen und Abscheu zu überwinden, den ich
natürlich im Grunde des Herzens gegen die langweiligste
Stadt der Welt — Avignon — empfinde, suchte ich
einen entlegenen Ort, in den ich mich wie in einen Hafen
hätte zurückziehen können. Ich habe ein sehr enges Thal
gefunden, das jedoch einsam und angenehm ist. Es heißt
Vaucluse und befindet sich fünfzehn Miglien von Avignon,
dort, wo die Königin aller Quellen, die Sorgue, ent=
springt. Verführt von dem Reize des Ortes, verfügte
ich mich mit meinen Büchern dorthin.

Es würde mich zu weit führen, wenn ich erzählen
wollte, was ich dort während langer Jahre gethan.
Kurz, fast alle Werkchen, die aus meiner Feder hervor=
gegangen sind (und die Zahl derselben ist so groß, daß
sie mich noch bis in mein jetziges Alter beschäftigt und
ermüdet), sind dort geschrieben, angefangen oder ersonnen
worden. Mein Geist, ebenso wie mein Körper, hat mehr
Gewandtheit als Kraft besessen. Auch habe ich auf die
Abfassung mehrerer Werke verzichtet, die im Entwurf
mir als leicht erschienen waren, deren Ausführung jedoch

schwierig war. Der Anblick der Gegenden flößte mir
die Idee ein, ein butolisches Gedicht zu schreiben, ein
pastorales Werk und die beiden Briefe „über das einsame
Leben", welche dem Philipp von Cabassole gewidmet
sind, der, immer groß von Seele, damals ein kleiner
Bischof von Cavaillon war, jetzt jedoch großer Bischof
von Sabinum und Kardinal ist. Er ist der einzige von
allen meinen alten Freunden, welcher noch lebt. Er
liebte mich und liebt mich noch, nicht wie ein Bischof,
wie St. Ambrosius, St. Augustinus geliebt hat, sondern
wie ein Bruder. Als ich mich eines Morgens am Kar=
freitag auf diesen Bergen erging, faßte ich den Gedanken,
ein heroisches Gedicht über den ersten Scipio Africanus
zu schreiben, dessen Name mir, ich weiß nicht weshalb,
seit der Kindheit teuer gewesen ist. Ich begann damals
dieses Werk mit außerordentlichem Eifer, dann von an=
dern Beschäftigungen abgezogen, unterbrach ich es. Ich
betitelte dieses Werk „Afrika" nach dem Namen des
Gegenstandes, und ich weiß nicht, durch welche mir oder
dem Gedichte geschenkte Gunst, es sehr geschätzt wurde,
noch bevor es bekannt ward.

Während meines Aufenthaltes in diesen Gegenden
erhielt ich, was erstaunlich ist, am nämlichen Tage Briefe
aus Rom und vom Kanzler der Universität Paris, in
welchen ich eingeladen wurde, hier in Rom, dort in
Paris die Dichterkrone zu empfangen. Ganz stolz auf
diese Briefe wie ein junger Mann, hielt ich selbst mich
einer so hohen Ehre für wert, deren so große Männer

mich würdig erachteten, und ich faßte dabei nicht mein Verdienst, sondern das Zeugnis andrer ins Auge. Dennoch zögerte ich eine Zeit lang, indem ich im Zweifel war, welchem der beiden Orte ich den Vorzug geben sollte. Ich befragte darüber in einem Briefe die Meinung des Kardinals Johann Colonna, von dem ich oben gesprochen habe. Er befand sich so nahe bei mir, daß, obgleich ich ihm am Abend geschrieben hatte, ich seine Antwort schon am folgenden Morgen vor drei Uhr empfing. Nach seinem Rat beschloß ich vor allem Rom den Vorzug zu geben; die beiden Briefe, welche ich an ihn schrieb, um seinem Rate zuzustimmen, sind noch vorhanden.

Ich brach daher auf, und, obgleich ich nach der Gewohnheit junger Leute meine eigenen Werke in sehr wohlwollender Weise schätzte, errötete ich doch immer, mich dabei auf mein eigenes Zeugnis oder auf dasjenige der Personen zu berufen, welche mich aufgefordert hatten, ein solches abzulegen, was sie ohne Zweifel nicht gethan haben würden, wenn sie mich der mir angethanen Ehre nicht für wert erachtet hätten. Deshalb entschloß ich mich, mich zuerst nach Neapel zu begeben und präsentirte mich dort dem großen König und Philosophen Robert, der nicht weniger berühmt durch sein Wissen als durch seine Krone ist, dem einzigen der Wissenschaft wie der Tugend befreundeten Monarchen, welchen unser Jahrhundert besaß; dieser sollte das Urteil über mich aussprechen. Die hohe Meinung, die er von mir faßte, und die herzliche Auf=

nahme, die er mir bereitete, erstaunen mich jetzt, und
wenn du, Leser, davon Zeuge gewesen wärest, so würdest
du selbst davon erstaunt sein. Als er die Ursache meiner
Ankunft erfuhr, war er hoch erfreut. Er fühlte sich ge=
schmeichelt, daß ein junger Mann ihm ein solches Ver=
trauen bewies und vielleicht meinte er, daß die Ehre,
die er mir anthat, ihm selbst Ehre bereitete, weil ich
unter allen Sterblichen ihn als den einzigen kompetenten
Richter gewählt hatte. Nach zahlreichen Unterredungen
über verschiedene Gegenstände zeigte ich ihm mein „Afrita",
wodurch er so entzückt wurde, daß er es von mir als
eine große Gunst erbat, ihm dasselbe zu widmen. Ich
konnte und wollte ihm dies nicht abschlagen. Endlich
bestimmte er mir einen Tag zu dem Zweck, der mich
zu ihm geführt hatte. Bei dieser Zusammenkunft hielt
er mich vom Mittag bis zum Abend fest, und da diese
Zeit für den zu besprechenden Gegenstand kurz erschien,
wiederholte sich eine solche Zusammenkunft auch die beiden
folgenden Tage. Nachdem er so während dreier Tage
meine Unwissenheit geprüft hatte, erachtete er mich am
letzten des Lorbeerkranzes für würdig. Er bot mir den=
selben in Neapel dar und bat mich lebhaft, ihn an=
zunehmen. Die Liebe zu Rom trug den Sieg über die
dringenden Bitten eines so großen Königs davon. Als
er erkannte, daß mein Entschluß unabänderlich war, gab
er mir für den römischen Senat ein Geleit und einen
Brief mit, in welchem er in den für mich günstigsten
Ausdrücken sein Urteil erklärte. Dieses königliche Urteil

stimmte damals mit dem verschiedener andrer überein und besonders mit dem meinigen; heute jedoch billige ich weder dieses Urteil, noch das meinige, noch das aller der Personen, welche es teilten. Die Freundschaft, die man für mich hegte, und das Interesse, das meine Jugend einflößte, trugen mehr dazu bei, als die Liebe zur Wahrheit. Ich brach nichtsdestoweniger auf, und trotz meiner Unwürdigkeit — denn ich war nur ein unwissender Schüler — empfing ich voll Vertrauen in ein so unanfechtbares Urteil den Dichterlorbeerkranz, und alle Römer, welche dieser Feier beiwohnen konnten, waren höchlich damit zufrieden. Es sind in Bezug auf diesen Gegenstand Briefe von mir in Vers und in Prosa vorhanden. Dieser Lorbeerkranz vermehrte zwar nicht mein Wissen, aber er zog mir viele Neider zu. Dies zu erzählen würde hier zu lang sein.

Von Rom begab ich mich nach Parma, wo ich einige Zeit bei den Gebietern von Correggio verbrachte, welche sehr freigebig und freundlich gegen mich waren, aber unter sich nicht übereinstimmten. Sie beherrschten damals diese Stadt mit einer Milde, welche ihr seit Menschengedenken nicht zu teil geworden war und die ihr meiner Meinung nach in diesem Jahrhundert nicht wieder zu teil werden wird. Indem ich mich der empfangenen Ehre erinnerte, fürchtete ich, daß man sagen würde, dieselbe sei einem Unwürdigen zugewandt worden. Eines Tages, nachdem ich die Berge überschritten hatte, setzte ich über den Fluß Enza, im Bezirk von Reggio,

und drang nach Silva plana vor. Plötzlich von der
Schönheit des Ortes überrascht, nahm ich wieder mein
„Afrika“ vor, an dem ich lange nicht gearbeitet hatte.
Meine Begeisterung, welche erloschen zu sein schien, er=
wachte von neuem, und ich schrieb an diesem Tage einige
Verse, dann an jedem der folgenden einige weitere.
Als ich hierauf nach Parma zurückgekehrt war und dort
ein einsames und ruhiges Haus fand, welches ich später
kaufte und das mir noch gehört, führte ich mein Werk
mit so großem Eifer und in so kurzer Zeit zu Ende,
daß ich jetzt selbst darüber erstaunt bin. Von Parma
kehrte ich zur Quelle der Sorgue zurück, nachdem ich
mein vierzigstes Jahr vollendet hatte.

Ich lebte lange in Parma und Verona und überall,
dem Himmel sei Dank, wurde ich über Verdienst ge=
ehrt.

Seit lange hatte ich auf die Kunde meiner Berühmt=
heit hin die Gunst Jakobs von Carrara des Jüngeren
gewonnen, eines vortrefflichen Mannes, der unter seinen
Zeitgenossen vielleicht nicht seinesgleichen hatte, — nein,
ich sollte sagen, mit dem sich sicher keiner mißt. Er
sandte mir Boten und Briefe bis jenseits der Alpen,
wenn ich dort war, und nach Italien, wo immer ich
sein mochte; während vieler Jahre bestürmte er mich so
mit seinen Bitten und seinen freundschaftlichen Anerbie=
tungen, daß ich mich endlich entschloß, ihn aufzusuchen und
zu sehen, was diese außerordentlich dringenden Bitten
einer mir unbekannten hohen Person zu bedeuten hatten.

Ich begab mich also, wenn auch spät, nach Padua, wo
ich von diesem in so edlem Andenken stehenden Manne
nicht allein mit Güte aufgenommen wurde, sondern so,
wie die gottbegnadeten Seelen im Himmel empfangen
werden; er zeigte solche Freude, bekundete mir solche
Zärtlichkeit, daß, da sich dies nicht in Worten ausdrücken
läßt, ich darüber schweigen muß. Unter anderem, da er
wußte, daß ich seit meiner Jugend ein geistliches Leben
geführt hätte, ließ er mich, um mich enger nicht nur an
sich, sondern auch an seine Vaterstadt zu fesseln, zum
Kanonitus von Padua ernennen; und endlich, wenn sein
Leben länger gewährt hätte, würde ich meinen Reisen
und Wanderungen ein Ziel gesetzt haben. Aber ach!
nichts ist auf dieser Erde von Dauer, und wenn uns
irgend eine Annehmlichkeit zu teil wird, so endet sie
bald in ihrem Gegenteil. Zwei Jahre waren noch nicht
verflossen, als Gott ihn mir, seinem Vaterlande und der
Welt raubte, die er schon verlassen hatte, weil weder ich
noch sein Vaterland noch die Welt (die Freundschaft macht
mich nicht blind) seiner würdig waren. Und obgleich
er seinen Sohn, einen sehr klugen und ausgezeichneten
Mann, welcher den Spuren seines Vaters folgte, zum
Nachfolger hatte, und dieser mir immer Freundschaft und
Achtung zeigte, kehrte ich doch, nachdem ich denjenigen
verloren hatte, mit dem ich am meisten übereinstimmte,
und besonders wegen meines Alters nach Frankreich zu=
rück. Mich veranlaßte hierzu weniger der Wunsch, das=
jenige wiederzusehen, was mir tausendfach bekannt war,

als vielmehr die Absicht, meinen Ueberdruß, wie dies Kranke zu thun pflegen, durch Wechsel des Aufenthaltes zu verscheuchen.

## Mein Testament.

Ich habe häufig an das gedacht, was den meisten Menschen allzufern liegt und womit nur äußerst wenige sich genügend beschäftigen, — nämlich an die letzte Stunde und an den Tod. Es ist dies ein weder überflüssiger noch voreiliger Gedanke, weil der Tod für alle gewiß, die Stunde desselben aber ungewiß ist. Darum, bevor der Tod mich daran hindert — denn abgesehen davon, daß er wegen aller möglichen Vorfälle immer über unserem Haupte schwebt, kann er wegen der Kürze des menschlichen Lebens nicht entfernt sein — glaube ich mich jetzt, da ich durch Gottes Gnade an Körper und Geist gesund bin, verpflichtet, testamentarisch über mich selbst und meine Güter zu verfügen. Zwar ist, um die Wahrheit zu sagen, meine Habe so gering und wertlos, daß ich mich fast schäme, sie zum Gegenstand eines Testaments zu machen. Aber Reiche und Arme haben dieselben Sorgen, wenn auch aus sehr ungleichen Anlässen. Ich will daher meinen letzten Willen regeln und ihn schriftlich niederlegen —, so gebietet mir ein Gefühl des Anstandes und besonders der Gedanke, daß nach meinem Tode infolge meiner Nachlässigkeit nicht ein Prozeß wegen meiner Habe stattfindet.

Erstens empfehle ich demütig dem Herrn Jesus Christus meine sündige Seele, doch flehe dabei die gött= liche Gnade, auf welche ich hoffe, an. Weil der Herr sie geschaffen und sie um den Preis seines geheiligten Blutes erlöst hat, erflehe ich auf den Knieen, er möge sie beschützen und nicht gestatten, daß sie in die Hände des Bösen falle. Noch mehr, ich erbitte gläubig und demutsvoll den Beistand seiner glückseligen Mutter, des seligen Erzengels Michael und der andern Heiligen, deren Vermittlung bei Jesus Christus ich erhoffe.

Ich will, daß dieser irdische und sterbliche Leib, die drückende Last edler Seelen, der Erde, aus welcher er gekommen, zurückgegeben werde, und zwar mit der größten Einfachheit und möglichsten Demut. Ich bitte und be= schwöre meinen Erben und meine Freunde, darüber zu wachen; ich thue dies bei der Barmherzigkeit unsers Gottes und bei der Freundschaft, die sie für mich gehegt haben, daß sie diese Vorsicht nicht unter dem Vorwande einer falschen Ehre vernachlässigen, indem mir solches durchaus genehm ist und ich es so will. Wenn vielleicht, was Gott nicht zugeben möge, sie meinem Willen ent= gegenhandeln, so werden sie sich am Tage des Gerichts wegen eines schweren Vergehens gegen Gott und mich zu verantworten haben.

Ich füge hinzu, daß nach meinem Willen mich keiner beweinen soll, daß anstatt Thränen zu vergießen, man Gebete für mich an Christus richte, und daß der= jenige, der dazu im Stande ist, Almosen an die Armen spende, damit sie für mich beten. Dies wird mir nützlich sein können, während Thränen den Verstorbenen nichts nützen und denjenigen schaden, welche sie vergießen.

Was den Ort meiner Beerdigung betrifft, so lege ich nicht großen Wert darauf. Ich werde zufrieden sein, wenn ich dort bestattet werde, wo es Gott und denjenigen gefällt, welche diese Sorge übernehmen. Wenn man jedoch genauer meinen Willen in dieser Hinsicht erfahren will, so bestimme ich: Wofern ich in Padua, wo ich mich jetzt befinde, sterbe, so wünsche ich in der Kirche bestattet zu werden, welche den Predigermönchen gehört, da dieser Platz mir gefällt und weil er die irdischen Reste eines Mannes umschließt, der mich sehr geliebt hat und dessen innige Bitten mich in diese Gegenden geführt haben -- nämlich die Gebeine Jakobs von Carrara, des früheren Herrn von Padua; wenn ich meine Tage in Arqua beschließe, wo sich meine ländliche Wohnung befindet, und wenn Gott mir vergönnt, was ich brünstig wünsche, an diesem Ort eine kleine Kapelle zu Ehren der seligen Jungfrau Maria zu errichten, so wähle ich dieselbe zu meiner Begräbnißstätte; sonst wird man mich an einem andern passenden Orte, neben der Pfarrkirche, bestatten. Wenn ich in Venedig sterbe, so will ich im Kloster S. Francesco de la Vigna, vor dem Thor der Kirche beigesetzt werden; wenn in Mailand — vor der Kirche St. Ambrosius, bei dem ersten Eingang, welcher nach den Mauern der Stadt gekehrt ist; wenn in Pavia - in der Kirche des

St. Augustin, wo die Mönche es passend finden werden;
wenn in Rom — dann in der Kirche St. Maria Maggiore
oder St. Peter am passendsten Ort, oder nahe bei einer
dieser Kirchen, so wie die Canonici es wünschen. Ich
habe die Orte genannt, wo ich mich in Italien aufzu=
halten pflege. Aber wenn ich in Parma sterbe, will ich
in der Kathedrale beerdigt werden, wo ich längere Zeit
unnützer und mehrenteils abwesender Archidiakonus war.
Ueberall dort, wo ich sonst sterben könnte, will ich in
dem Kloster der Frati minori begraben werden, wenn
ein solches am Orte existirt; wenn nicht, in der Kirche,
welche am nächsten bei meinem Sterbeort liegt. Ich
gestehe, das sind in betreff meines Begräbnisses mehr
Anweisungen, als für einen Gelehrten passend sein würde,
obgleich diese von einem Ignoranten ausgehen. —

Da mein erhabener Gebieter von Padua, Franz
von Carrara, durch Gottes Gnade nichts bedarf und ich
nichts besitze, was seiner würdig wäre, so hinterlasse ich
ihm ein Gemälde, das Bild der seligen Jungfrau, ge=
malt von dem ausgezeichneten Künstler Giotto, welches
mir von meinem Freunde Michael Vanni aus Florenz
geschenkt worden ist und dessen Schönheiten die Unwissenden
nicht zu schätzen verstehen, das aber die Meister der
Kunst zum Entzücken hinreißt. Ich vermache dieses Bild
meinem erhabenen Herrn, damit die allerheiligste Jung=
frau ihm bei ihrem Sohn Fürsprache verleihe. — —

Dem Giovanni von Certaldo, genannt Boccaccio,
vermache ich, indem ich mich schäme, einem so großen

Manne so wenig zu hinterlassen, 50 Florentiner Goldgulden, damit er sich einen Wintermantel für seine
nächtlichen Studien kaufe. — Dem Meister Thomas
Bombasio aus Ferrata vermache ich meine gute Laute,
damit er auf derselben nicht zum Preise der eitlen vergänglichen Welt, sondern zum Lobe des ewigen Gottes
spiele. — — —

Bevor ich dieses Schreiben beende, habe ich zweierlei
hinzuzufügen. Erstens bestimme ich folgendes betreffs
des Erdwinkels, den ich jenseits der Berge besitze, nämlich in der Grafschaft Venaissin, im Weiler oder Dorf
Vaucluse, in der Diöcese von Cavaillon: Da ohne
Zweifel, wenn ich selbst dorthin reisen oder jemand da-
hinsenden wollte, dies mehr kosten würde, als der Gegenstand wert ist, so will ich, daß dies Gütchen dem Hospital
des genannten Orts gehöre und den armen Christen zu-
gute komme. — — Zweitens verordne ich bezüglich
des Wenigen, was ich zu Padua oder in dessen Territorium an unbeweglichen Gütern besitze oder besitzen
werde, daß dasselbe ebenso wie alles übrige meinem
Erben gehöre. — — — — — — — —

Damit dieses Testament, welches der Ausdruck meines
letzten Willens ist, desto mehr Gültigkeit besitze, habe
ich es mit meiner eigenen Hand geschrieben. Padua,
in dem Hause der Kirche, wo ich wohne, am 4. April
1370. — — — — — — — — —

Noch füge ich folgendes hinzu: Sogleich nach meinem
Ableben soll mein Erbe meinen leiblichen Bruder Petrarca,

Karthäusermönch im Kloster Montrieu bei Marseille, da=
von benachrichtigen und ihm zwischen einem einmaligen
Geschenk von hundert Goldgulden und einer jährlichen
Rente von fünf oder zehn Gulden die Wahl stellen und
danach soll es geschehen.

Geschrieben von mir, Francesco Petrarca, der ich
ein anderes Testament gemacht haben würde, wenn ich
reich wäre, wie der unwissende Pöbel sich einbildet.

—————

Den Schluß dieser kleinen Anthologie aus den allzu=
sehr vernachlässigten lateinischen Schriften Petrarcas
möge die dessen Heldengedicht „Afrika“ entlehnte Episode
„Sophonisbe“ bilden. Dieses Epos liefert einen auf=
fallenden Beweis dafür, wie verschieden das Urteil eines
Autors selbst und seiner Zeit bisweilen von dem der
Nachwelt ist. Petrarca gründet — wenigstens in der
früheren Periode seines Lebens — seinen Anspruch auf
Nachruhm und Unsterblichkeit besonders auf dieses Ge=
dicht. Auch verdankte er den poetischen Lorbeer, der ihm
auf dem Kapitol erteilt wurde, keineswegs seinen lyrischen
Poesien, durch die er doch unsterblich geworden ist,
sondern eben dieser lateinischen Epopöe. Die Nachwelt
dagegen hat dieselbe kaum beachtet, und es ist wohl
fraglich, ob irgend ein in unserm Jahrhundert Lebender
diese beinahe endlose Reihe von Hexametern gelesen hat.
Dennoch scheint solche völlige Vernachlässigung eines
Werks, an das ein ausgezeichneter Mann einen großen

Teil seiner Kraft gesetzt hat, ungerecht. Um zu zeigen, daß einzelne Teile desselben nicht arm an Schönheiten sind, will ich hier eine Episode desselben einschalten, welche die später von den tragischen Dichtern bearbeitete Geschichte der Sophonisbe behandelt. Bei der Uebertragung habe ich mir erlaubt, einiges zu kürzen und den Hexameter, in Bezug auf den ich Platens Meinung teile, er sei im Deutschen, verschieden von dem der Griechen, ein wohl für die Lyrik, aber nicht für das Epos geeignetes Versmaß, in fünffüßige Trochäen umzuwandeln.

# Sophonisbe.

Siegreich zog der König Masinissa
In die Thore Cirtas ein. Mit Freude
Ließ auf seinen väterlichen Laren,
Den Palästen seiner hohen Ahnen,
Er die Blicke ruh'n. Von seinen Kriegern
Ward die Stadt besetzt, indes er selber
Schnellen Schritts zum festen Schloß emporstieg.
Also läßt ein Wolf, wenn einer Herde
Er begegnet, an der Hürden Eingang
Seine Raubgefährten, daß entrinnen
Ihm die Opfer seiner Gier nicht mögen.

Angelangt war vor des Prachtpalastes
Thor der König, wo seit Königs Syphax
Sturze dessen schwerbedrängte Gattin
Wohnte. An der Schwelle hintrat diese
Vor den Sieger, daß von ihm sie Lind'rung
Ihres herben Mißgeschicks erlange.
Reich von Golde schimmerten die Hallen,
Und von Edelsteinen, sternenähnlich.
Reicher war kein Herrscher je gewesen,
Als in seines Glückes Tagen König
Syphax; jetzt — das ist des Schicksals Wandel —
War er arm, wie keiner. Aber heller,
Als das Schloß, das er vordem besessen,
Glänzte seiner Gattin Schönheit. Leuchtend,
Gleich der Sonne Strahlen, schlang in Ringeln
Sich ihr Goldhaar um die weißen Schultern.
Was von ihren Augen soll ich sagen?
Selbst die hohen Götter des Olympus
Hätten sie mit Neid erfüllen können.

Feucht von Thränen glänzten eben lieblich
Sie gleich Sternen am gewitternassen
Himmel, wenn der Regen aufhört. Trüber
Wölben sich zwei leichtgeschwungne Bogen,
Ihre Wangen leuchten weiß wie Lilien,
Zwischen denen Purpurblüten prangen.
Ihrer Zähne Reihen, von der Lippen
Rosen halbversteckt, an Glanz beschämen
Sie das Elfenbein. In sanfter Rundung
Hebt ihr Busen sich, und ihm entwallen
Holde Seufzer, jenen gleich, durch welche
Im Verein mit den beredten Bitten
Ihres Mundes sie den Gatten Syphar,
Den bestandlos wankelmüt'gen, dorthin,
Von woher sie nicht zurück ihn führen
Kann, getrieben. Ihre Füße scheinen
Nicht wie andrer Sterblichen zu schreiten:
Ihre Spur, wie sie den Boden streifen,
Schwindet hinter ihnen gleich als ginge
Durch den Aether hin ihr Weg.

       An Schönheit
Keiner Gottheit weichend, bot sich also
Sophonisbe Masinissas Blicken.
Ein Gewand von Purpur, mit Demanten
Reich gestickt, bedeckt der Trostberaubten
Glieder. Schöner macht sie noch ihr Jammer,
Als sie war in ihres Glückes Tagen,
Wenn geschmückt mit königlichem Prangen.
Masinissa wird bei ihrem Anblick
Von den Reizen der gefangnen Fürstin
Ueberwältigt, und der stolze Sieger
Fällt als Sklav in der Besiegten Hände.
Ueber was nicht triumphirt die Liebe?
Welcher Himmelsblitz ist ihr vergleichbar?
Zitternd nieder warf sich Sophonisbe

Vor den Herrscher, den sie an den stolzen
Mienen, seinen Waffen und der Ehrfurcht,
Die ihm die Begleiter ringsum zollten,
Leicht erkannte. Seine Hand ergriff sie,
Und sprach so zu ihm mit fleh'nder Stimme:
„Wenn ich, die verwitwet und gefangen,
Deine Hand berühren darf, Erhabner,
So beschwör' ich dich bei allen Göttern:
Habe Mitleid! Vieles nicht erbitt' ich:
Brauch' das Recht, das dir, dem Sieger, zusteht,
Laß in schwerer Kerkerhaft mich enden,
Oder grausam durch den Henker sterben.
Denn für mich ist Leben Tod; das Schicksal
Hat mich so verfolgt, daß mir des Tages
Licht verhaßt ist. Wähle, welche Weise
Gut dir dünkt, damit des Daseins Bürde
Du mir nehmest; nur um Eines fleh' ich:
Nicht hinweg in harte Sklaverei laß
Schleppen mich! Du siehst, welch herbes Schicksal
Mich betroffen: Unheil folgt dem Glücke.
Aber glaub', o Herr, nichts Schlimmes wünschen
Will ich dir. Mögst du bis an dein Ende
Glorreich herrschen, und dein Reich als Erbe
Deinen Söhnen lassen! — Hör' mich, König:
Feind gewesen bin ich stets den Römern;
Angefacht durch mich nur sei das Feuer
Dieses Krieges, sagen sie. Und Wahrheit
Ist's: vor ihrem Grimme, großer König,
Schütze mich! Entreiß' mich ihren Händen!
Aber du, dem ich mich unterwerfe,
Laß des Todes, wie du willst, mich sterben!"

Wie sie solche Worte sprach, benetzte
Sophonisbe mit dem Naß der Thränen
Ihres Siegers Füße. Masinissa,
Nicht der Waffen mehr gedenkend, fühlte

Von den Reizen dieser seltnen Schönheit
Ganz sein Herz entflammt. „O Fürstin," sprach er,
„Trockne deine Thränen! Deine Sorgen
Scheuch'! Nur wenig bittest du; doch vieles
Soll zuteil dir werden. Deine Schönheit,
Deine hohe Herkunft und die Größe
Deiner Seele sagen mir: daß wert du
Selbst des Höchsten bist, was zu gewähren
Ich vermag. So sollst du Königin denn
Bleiben und Genossin meines Lagers
Werden, wenn nicht eine ältre Flamme
Sich der Liebe, die ich für dich fühle,
Widersetzt."

     Indes er's sprach, umarmte
Er die tiefgebeugte Fürstin, deren
Antlitz auf die Füße ihres Retters
Hingesenkt war. Thränen selbst vergießend
Hebt er sie vom Boden. Sophonisbe
Drauf: „Gewalt'ger König, hoher Schützer
Meines Vaterlandes, als es würdig
Deines Schirms war — nun sein größter Schrecken!
Wenn mein Glück nach diesem jähen Sturze
Wieder sich erheben sollte, wenn mir
Nach so vielem Mißgeschick ein Schimmer
Noch von Hoffnung bliebe: könnten jemals
Wohl ein größres Glück, als solches Helden
Weib zu werden, mir die Götter gönnen?
Aber da verfolgt ich bin vom Unglück
Und das Ende meiner Tage nah ist,
Höre auf, o Freund, den tiefgesunknen
Mut in mir von neuem aufzurichten.
Wenn ein Schiff auf solchem wilden Meere
Scheiterte, ist seine Fahrt beendet.
Welch Vertrau'n das Glück verdient, ich weiß es;
Und für dein Geschenk werd' ich dich preisen,

Wenn du mir den Tod verhängst. Geraden
Weges, da die Freiheit mir geraubt ist,
Mag ins Reich der Schatten meine Seele
Eingehn. Eines nur für dich erfleh' ich:
Möge reichlich, so wie du's verdient hast,
Dir der höchste Gott es lohnen, der du
Größres mir, als ich begehrt, verhießest."

Wie sie's sprach, hinweg das Antlitz wendend,
Lockte sie aus Masinissas Augen
Neue Thränen. „Schone meine Schmerzen,
Herrin," rief er, „schone meine Augen,
Daß sie durch die Zähren nicht erblinden.
Deine tiefgebeugte Seele schaut nicht,
Welche hohen Hoffnungen ihr winken.
Glaub', dir werden beßre Tage kommen!
Wenn das Schicksal dem sich widersetzte
Denken mag ich's nicht    als letzte Zuflucht
Bleibt das Sterben dir, das dir versprochen.
Zeugen dessen, was ich dir gelobte,
Sei'n des Firmamentes ew'ge Sterne,
Der Verstorbnen Manen und die Götter."

Tief bewegt war er, daß seine Stimme
Bebte, wie er also sprach. Die Schritte
Lenkt' er dann in den Palast, der leer stand.
Wer ermißt die wogenden Gefühle
In Gemütern, die der Liebe Qualen
Dulden? Ihnen gleich nicht kommen
Der von winterlichem Sturm durchwühlte
Euripus, nicht Scylla, noch Charybdis.
Keine Ruhe findet Platz im Herzen
Eines Liebenden, von Leidenschaften
Wild Bewegten. Seines Lichtes milde
Strahlen hat für ihn der Tag verloren,

Und die Nacht ihr heitres Antlitz; nicht mehr
Hat für ihn das Schiff ein Steuer, keine
Sicherheit beut mehr der Landungshafen;
Klippen drohen ihm von ringsher Schiffbruch.

Masinissa war in des Palastes
Schlafgemach getreten. Einsam, schweigend
Setzt er nieder sich und, alles sorglich
Prüfend, sah er, daß er sein Versprechen
Gegen die Geliebte zu erfüllen
Schwer vermöchte. Ihn erschreckt's zu denken,
Daß des Syphax unglückfel'ge Gattin,
Ob gefangen auch, doch stolz wie Scipio
Und von strenger Tugend sei. Ihm bangte,
Seiner Werbung werde sie sich weigern.
Aber ob er auch ein hartes Schicksal
Ihn von fern bedroh'n sah, mit Gewalt doch
Trieb sein Los ihn vorwärts. Zweifelnd, schwankend
Und in Klagen sich ergießend blieb er
Einsam eine Stunde. Sophonisbens
Schönes Antlitz schwebte vor dem Blick ihm
Bald, dann wieder ihrer holden Stimme
Klang zu hören glaubt' er, bald die Küsse,
Die auf seinen Fuß sie preßte, fühlt' er,
Bald den sanften Druck von ihrer Rechten.
Vor dem Geist ihm stand ihr weicher Busen,
Wie ihn Seufzer schwellten, und entzündet
Wurde sein Gemüt von Wonneflammen. —
Aber wenn, indes er also dachte,
Plötzlich des geliebten Feldherrn Antlitz
Ihm erschien, entschwand die flücht'ge Hoffnung,
Und die Glut erlosch in seinem Herzen:
Also, wenn in siedend Wasser plötzlich
Eis geworfen wird, verstummt der Welle
Brodelndes Gezisch und bleibt auf kurze
Dauer regungslos, sodann von neuem

Doppelt heftig hebt es an zu kochen.
Kurz besänftigt wird in Masinissas
Brust das Ungestüm; doch wiederum dann
Durch dieselben Triebe aufgestachelt,
Schlägt empor die Leidenschaft noch mächt'ger
Und verliert die Zügel der Besinnung.
Von der Liebe Schmerzen' überwältigt,
Nicht zurück sich hielt er. Was ihm herrlich
Vor den Augen stand  der Reiz der Schönheit —
Und die Wonnen des Genusses wurden
Dem entfernten Scipio vorgezogen.
Ob er jenem auch als Oberfeldherrn
Zu gehorchen hatte. Plötzlich rafft er
Zum Entschluß sich auf, und redet also
Zu sich selber:
            „Was noch zögern? Bietet
Sich durch Hymen doch ein Ehbund dir,
Wie du keinen herrlichern dir wünschen
Könntest, und beglückte Tage siehst du
Vor dir liegen. Welche Leiden hast du
Nicht ertragen! Flüchtig, ein Verbannter
Und beraubt des Reiches meiner Väter,
Jahrelang zu Land, zu Meere mußt' ich
Unter tausendfältigen Gefahren
Irren, bald die Völker, bald die Kön'ge
Anfleh'nd. Nun, vielleicht wird mir der Ruhe
Stunde kommen. O wenn man sie zählte,
Meines kurzen Lebens Unglücksfälle
Alle, finden würde man, daß keiner
So viel Zeit gelebt wie ich. Doch endlich
Gibt das Glück mein Königreich mir,
Daß ich lange dessen mich erfreue.
Reiche Gabe beut es mir. In Ketten
Liegt mein Feind, und über Tod und Leben
Dessen bin ich Richter, welcher alles
Mir geraubt, was teuer mir auf Erden.

Jetzt auf einmal wird mir das Entrissue
Wiederum zuteil. Der ungerechte
Kronenräuber gibt, wenn auch mit Seufzen,
Mir mein Königreich zurück. Der Weiber
Schönstes, Göttinnen an Reiz vergleichbar,
Kommt, nachdem durchs Kriegsrecht ihres ersten
Gatten sie beraubt ist, mir entgegen,
Voll Begier, als Weib sich mir zu einen,
Wenn es ihr vergönnt wird. Eingeschüchtert
Ist sie vom Gefühl des Loses, das sie
Traf. Im Stillen wünscht sie, was sie offen
Auszuschlagen schien. — In ihrem Schmerze,
O, wie schön ist sie! In ihren Thränen,
Welche Reize zeigt sie! Welche Hoheit
Ist in ihrem Wesen! Wie erst würde
Auf dem Thron in Würde und in Anmut
Sie erscheinen, da sie schon als Fleh'nde
Solchen Adel, und schon als Gefangne
Solche Majestät entfaltet! Läßt sich
Für zwei Liebende ein süßres Leben
Denken, als wenn wir vereint? Uns beide
Wird nur Ein Gedanke einen, Ruhe
Werden wir und Mühsal miteinander
Teilen. O, zu fürchten, Sophonisbe,
Brauchst du nicht, daß dir der gute Scipio
Wegen deiner jugendlichen Liebe
Zürne; wird gewahr er deiner Thränen,
So verzeiht er sicher deine Liebe,
Und erkennt in ihr ein heil'ges Bündnis."

Seine Freunde ruft dann Masinissa,
Und enthüllt vor ihnen seine Absicht.
Er gebietet, daß man alles eilends
Vorbereite. Ohne Prunk geordnet
Wird das Fest. Rings in den Bogengängen
Waltet Stille, nicht empor zum Himmel

Hallt die Erzdrommete, nicht die Rufe
Des Gefolges hört man, nicht Gedränge
Herrscht im Schlosse, nicht von tausend Lichtern
Glänzt die Halle,     eine einz'ge Fackel
Leuchtet bei der beiden Liebesfeier.

Wiederbringt der schöne Stern des Abends,
In das Meer des Atlas niedertauchend,
Die ersehnte Nacht. In sel'gen Träumen
Künst'gen Glückes wiegt sich Masinissa.
Doch in Sophonisbe haben alle
Küsse ihres neuen Gatten, haben
Seine Schwüre, daß ihr altes Reich er
Ihr bewahren wolle, die Besorgnis
Aus der Seele nicht verbannen können.
Schreckensvoll vor ihren Augen sieht sie
Stets das Grab, und Gutes nicht verkündet
Ihr der Traum. Des ersten Gatten Stimme
Hört sie drohend stets, weil einem zweiten
Sie sich anvermählt, und schrickt zusammen.

In den Nachbarstädten wird die Kunde
Bald verbreitet, daß mit der Besiegten
Sich vermählt der Sieger hat. Im Volke
Ward gerügt als Ehebruch dies Bündnis,
Weil der erste Gatte noch am Leben,
Weil der Sieger an demselben Tage
Die Gefangene gesehn, in Liebe
Für sie aufgeflammt und sie geehlicht;
Also übel ausgelegt ward alles.
Diese Nachricht war, von gift'gen Zungen
Rings gezischelt, zu den Ohren Scipios
Schon gedrungen. Und der edle Feldherr
Fühlte Gram darüber, daß sein Freund sich
So mit Schuld befleckt. Fluchwürdig schien ihm
Diese Liebe; tausend Vorwurfspfeile

Gegen den Entfernten in Bereitschaft
Hielt er schon. So waffnet sich ein Vater,
Wenn er zürnt, mit Blitzen seines Grimmes,
Um sie auf den Sohn, sobald vor Augen
Er ihm tritt, zu schleudern; aber bald dann
Läßt er sich durch ein geliebtes Antlitz
Und durch Schmeichelworte leicht besänft'gen.

Eine zweite Kunde folgt der ersten,
Und erfüllt das immer wankelmüt'ge
Volk mit Freude. Kettenwucht=belastet,
Sagt man, lange Syphar an im Lager.
Voll Begierde, ihn zu sehen, werfen
Alle Krieger eilends fort die Waffen,
Und das ganze Heer eilt ihm entgegen.
Das Willkommen bieten wollten alle
Diesem mächt'gen König, welcher ehmals
Der Karthager und der Römer Feldherrn
Demutsvoll vor sich in seinem Schlosse
Auf den Knien gesehen, um sich Frieden
Und Verzeihung zu erbitten, welchem
Schmeichelreden beide viel geboten,
Dem aus Furcht der Erde größter König
Masinissa einstens seines Reiches
Herrschaft abgetreten, und den plötzlich
Nun das wechselvolle Schicksal wieder
So gestürzt von seiner Schwindelhöhe.
Kaum, entsetzt von solchem jähen Falle,
Schenkten manche Glauben dem Geschehnen.
Wenn man den Olympus so, den Athos,
Umgestürzt die Gipfel, in des Aegeus
Meerflut sinken, wenn des Eryx Scheitel
Und den deinen, mächt'ger Apenninus,
Ins Tyrrhenermeer man tauchen sähe —
Eines Traumes Truggebild zu schauen
Wähnen würde man.

Der König Syphar
Ward inmitten großen Volksgedränges
Zu des Feldherrn Zelte so geleitet.
O! Durch wieviel Trug vernichtest, Schicksal,
Alles du, was sterblich, und wie neidisch
Suchst du alles Hohe zu verderben.
Kurz nur dauern und zusammenstürzen
Solches Los ist allen großen Reichen
Vorbehalten. Der gewalt'ge König,
Hingestreckt dort liegt er wie ein Sklave,
Dem zum Kaufe, der am meisten bietet,
Feilgeboten. Fest in Erz geschmiedet
Und umringt von tausend Feinden wird er
Hergeschleppt. Gerührt wird Scipios Seele,
Wie er denkt, daß mit dem Gastfreund alte,
Nun zerrißne Bande ihn vereinigt,
Wie er wiederschaut die Züge dessen,
Dem durch Neigung ehmals er verbunden,
Dessen Hand er oft gedrückt, an dessen
Reicher Tafel oftmals er gesessen.
Und das Vormals mit dem Heut vergleichend,
Sprach er so zu ihm: „Woher denn kommt dir,
Eitler Syphar, solch Vermessen? War's dir
Nicht genug, daß die versprochne Hilfe
Du uns weigertest? Den Krieg erklären
Gar uns mußtest du?" — Bei diesen Worten
Starr blieb Syphar, keine Wandlung zeigte
Sich in seinen Zügen. Endlich sprach er
Voll von tiefer Trauer: „Großgesinnter
Feldherr, hohe Zierde des Jahrhunderts,
Unter allen Schlägen des Geschickes
Traf mich der am schwersten, daß ich sterbend
Nicht die blut'gen Glieder auf dem Schlachtfeld
Zwischen Haufen hingestreuter Waffen
Und getürmter Leichen lassen durfte.

Ja, die schwerste Strafe, die verhängt mir
Wurde, war, daß ich bis an des Krieges
Ende leben mußte. Wenn den Vorwurf
Du mir machst, daß treulos ich gehandelt,
Offen red' ich jetzt. Aus eignem Antrieb
Geb' ich zu: verdient der Züchtigungen
Schwerste hab' ich, der ich fort mich reißen
Ließ von niedrer Leidenschaft, mit Füßen
Religion, Gerechtigkeit und Ehre,
Jede Pflicht zu treten, die Verträge
Zu zerbrechen und die hohen Götter
Selbst zu kränken, welche meines Treubruchs
Zeugen waren. Aber unbekannt ist
Dir vielleicht, was also ins Verderben
Mich gestürzt. Die ganze Wahrheit sagen
Will ich jetzt dir: mein Verbrechen mindern
Kann sie nicht, vielleicht nur meine Schande
Wird sie mehren.

      „Seit dem Tag, erfahr' es,
Als ein fremdes Weib zu mir geführt ward —
Unter unheildroh'nden Zeichen war es —
Sank das Diadem von meiner Stirne,
Aus der Hand das Scepter, meine Ehre
Und mein Ruhm war hin, ich selbst verloren.
Von verräterischer Feuersbrunst ward
Mein Palast verzehrt. Dies Weib warf zündend
Eine Fackel in mein Herz, und ihren
Thränen, ihren Schmeichelei'n gelang es,
So mich zu bethören, daß des Gastfreunds,
Des geheiligten, ich nicht mehr dachte.
Meines Rufes selber, ja der Götter
Selbst vergaß. Kurz: sie war es — sie nur,
Welche ihrem unglückfel'gen Gatten
Waffen reichte, auf das Haupt den Helm ihm
Setzte, in die Hand das Schwert ihm legte

Und ihn dann, den Zitternden, mit Zagen
Auf des Krieges Wechselfälle Schau'nden
Zwang, mit dir zu kämpfen, ob's der Götter
Willen auch entgegen war. So glaub' mir,
Als die Schlachtreih'n wir in Ordnung stellten
Und der Kampf entbrannte: meines Irrtums
Ende war es. Daß ich der Umarmung
Einer üpp'gen Schönheit mich ergeben,
War der Anfang meines jähen Sturzes.
O du königliches Weib — wohl nennen
Muß ich so dich, denn mit vielen Kön'gen
Nacheinander wirst du dich vermählen —
Zu den Göttern fleh' ich: daß mit gleichem
Feuer du die anderen Penaten
Auch verbrennst; und wenn mich meine Ahnung
Nicht betrügt, so wirst du's. Diese Tröstung
Wird mich in die Unterwelt geleiten."

Schweigend, als er so gesprochen, senkt' er
Bodenwärts die trauervollen Blicke.
Zornglut flammte in der Brust des Scipio:
Und voll Abscheu vor des frühern Freundes
Frevel gab den Kriegern er Befehle,
Daß in Kerkerhaft sie Syphax brächten.

Da durchs ganze Lager hin verbreitet
Das Gerücht sich, Masinissa gleichwie
Lälius nahten an der Spitze ihrer
Sieggekrönten Scharen. Freundlich nimmt sie
Bei der Ankunft Scipio auf. Nachdem er
Sie belobt und reichlich mit Geschenken
Ueberhäuft, zur Seite nimmt den König
Er, gebeut ihm, daß er neben ihn sich
Setze und spricht, ohne daß es jemand
Hört, zu ihm: „Wohl zwingend muß der Grund sein,
Masinissa, der dich hergetrieben,

Deinen Gruß dem Scipio zu entbieten,
Und, dich trennend von den frühern Freunden,
Dein Geschick in seine Hand zu legen.
Weit entfernt ist Afrika von Latium
Durch das ungeheure Meeresbecken,
Und durch die Verschiedenheit der Sitten
Sind gleichweit getrennt wir voneinander.
Zwingend also war der Grund, aus dem du
Einst inmitten solches Kriegsgetümmels
Eingeschifft dich, denk' ich. Wahrlich, nichts kann
Mich mit höherm Stolz erfüllen, als daß
Ich den Lockungen der Wollust trotze.
Nicht des Aetna lohe Flammenwirbel,
Nicht das Brausen von Euböas Meere,
Dessen Wellen aus des Abgrunds Tiefe
Sich wie Berge türmen, sind gefährlich
Uns, wie diese Freuden, diese Lüste,
Die herein auf uns gleich Bienenschwärmen
Dringen. Diese Geißel ist für alle
Der Ruin der Jugend; unserm Alter
Wird zumeist verderblich sie. Des Aetna
Donner schweigt bisweilen und des Meeres
Wellen ruhen. Wenn der Feind uns angreift,
Können feste Mauern uns beschützen.
Doch die Wollust stiftet unaufhörlich
Unheil. Nie von deinen Wällen kannst du
Fern sie halten; in das Herz der Feste
Wird sie ein durch alle Wälle dringen,
Und der Wachsamkeit der Hunde spottend,
Bricht sie Bahn sich durch die eh'rnen Thore
In der Großen prächtige Paläste.

„Wenn die Jugend über dich so große
Macht besessen hat, daß deine Tempel,
Deine Laren und dein Königreich du
Ließest, und nach eignem freien Willen

Uns dich unterwarfst, den Herrschertitel
Von dir legend — wohl, so thue dar mir
Welcher große Mann du bist, indem du
Jene Tugend der Enthaltsamkeit mir
Zeigest, deren ich mich selbst befleiße.
Groß wohl ist der Ruhm, daß du den großen
Syphax überwunden; doch ein größrer,
Glaub' mir, ist es, ob des eignen Herzens
Mächt'gem Drange triumphirt zu haben.
Einen treuen Förderer deiner Tugend
Hast du stets in mir, und deine Thaten,
Deine Worte rühmend gern bericht' ich.
Ueberleg's bei dir; und das Gewissen
Mag das Rot der Scham dir in das Antlitz
Treiben, eh' du Antwort mir erteilest.
Deiner Waffen Macht in diesem Kriege
Haben wir erkannt; allein verzeih' mir,
Ich war Ordner dieser Schlacht und Leiter,
Und durch mich auch ward der Sieg erstritten.
Uns, samt seinem Reich und seinen Gütern,
Drum gehört der König, wirst du wissen.
Gib drum zu, daß ich nach Rom den Syphax
Mit der unglückfel'gen Gattin sende,
Die durch ihre Bitten diesem Kriege
Nahrung gab, und die, Gemahlin eines
Unsrer schlimmsten Feinde, dem Triumphe
Seinen größten Glanz verleih'n wird. Bänd'ge
Denn dein Herz, bezwing' dich selbst. Beflecke
Nicht durch Ein Verbrechen so viel Thaten
Hohen Ruhmes! Sieh, wie alle Früchte,
Die dir solcher Frevel tragen könnte,
Nichts sind, und wie viele Reue einst du
Ueber solche nicht erlaubte Liebe
Fühlen müßtest. Denk', was einem König
Ziemt, und wie die Wollust Schmach begleitet."

Scipio schwieg. Seit lange von den Wangen
Masinissas floß ein Strom von Thränen.
So löst, wenn der weiße Schnee die Dächer
Ueberdeckt, und nun der laue Windhauch
Her von Süden säuselt, plötzlich schmelzend
Sich der Frost, und schwere Tropfen fallen
Durch die Luft. Kurz gibt der König Antwort:
„Meine erste Pflicht ist, den Geboten
Zu gehorchen, die du gibst. Mein Heil ruht
Ganz in deinen Händen. Du bewältigst
Dieses Herzens ungestüme Regung,
Und besänftigst eines Unglückfel'gen
Liebesleidenschaft. Allein ich bitte:
Schone meinen Ruf; und wenn mein Wort ich
Brechen soll, sei's unter der Bedingung,
Daß mein teures Weib gerettet werde.“

Halb erstickt von seinen Thränen wurden
Diese Worte. In sein Zelt zurück dann
Zog er sich, das Angesicht voll Trauer,
Und die Brust sich mit den Händen schlagend.
Wenn ein Angeklagter der Verdammung
Spruch vernimmt, der ihn zum Tod verurteilt,
Und vor der Vollstreckung die Trommete
Schmettert, also zittert er voll Schrecken,
Leichenblässe überzieht sein Antlitz,
Schon erscheint der Tod vor seinen Augen
Sichtbar; ihm erteilt Befehl der Liktor,
Seinen Hals dem Schlag des Beils zu beugen,
Er erblickt als gegenwärtig alles,
Was erst kommen soll. Fast ohne Leben
Schon erfüllt mit fürchterlichen Bildern
Seinen Geist er und erblickt als Leiche
Selber sich, sein Haupt gefällt. Nicht anders
Fühlt der junge Masinissa, da er
Die geliebte Gattin sich entrissen

Sehn soll, schon den ganzen Schmerz, als hätt' er
Sie verloren! Nach den stummen Klagen
Essen in Verwünschungen entlädt sich
Dann sein Geist. „O," ruft er, „düstrer Faden
Meines Lebens, haben dich die Parzen
Grausam dazu nur geschont, damit ich
Solchen Schmerz erlitte? Wohl! Mit Ehren
Laßt mich sterben, da es so der Feldherr
Will, wofern er nicht vermeint, ich könnte
Atmen noch, nachdem er mir das Leben
Raubte. Ist von Stein das Herz dir, Scipio?
Was hab' ich gemein denn mit den Römern,
Den Barbaren? Und warum verderben
Willst du einen Freund, der eines bessern
Loses wert war? Dich bedünkt mein Leben
Eine Last! Wohl, ач genug der Wunden
Blut' ich, um zu sterben! Unter Seufzern
Werd' ich den betrübten Geist verhauchen,
Ob kein Tod auch einem Manne minder
Ansteht. Doch zu tragen nicht vermag ich's!"

Eben an der Hesperiden Ufer
Trieb der Gott der Sonne seine Rosse.
An die Glut vielleicht gedacht' er, welche
Für Thessaliens schöne Jungfrau eben
Ihm das Herz erfüllte. Vor den Augen
Stand ihm sein geweihter Lorbeer Daphne,
Die geraubt ihm worden: er gedachte
An den Schmerz, der drum sein Herz zerwühlte,
An die Küsse, die er auf des Baumes
Stamm gedrückt, aus dem des Lebens Odem
Nach und nach entwich. Erfüllt von Mitleid
Für des Königs Schicksal, das dem seinen
Glich, barg er sein thränenvolles Antlitz
In das Meer und überließ die Zügel
Des Gespanns der Nacht.

                         Mit unentschlossnem
Sinn wälzt tausend Pläne unterdessen
Scipio. Ob er der Karthager Mauern,
Die vor Angst schon zittern, niederreißen,
Ihre Stadt zerstören solle, fragt er
Sich im Geist; ob er durch Libyens Felder
Im Verwüstungszuge vorwärts dringen,
Oder seinen schon erschöpften Reitern
Ein'ge Zeit der Ruhe gönnen solle,
Und dem Fußvolk gleichfalls Rast gewähren.

Mit Bedacht erwog der weise Feldherr,
Wie er meerhinüber im Triumphe
Das Karthagerheer nach Latium führen
Solle. Sorge macht es ihm vor allem,
Unter wessen Hut er Sophonisbe
Und den Syphax bei der Seefahrt stelle.
Zweifelvoll schwankt so der reiche Kaufherr,
Der, durchs Glück begünstigt, große Schätze
Von der Reise heimbringt, welchem Schiffe
Er sein Gold vertrauen, seine Perlen,
Wen zum Wächter all der Kostbarkeiten
Er erwählen solle. Scipio hatte
Keinen so vertrauten Freund wie Lälius.
War er selbst ermüdet, zuversichtlich
Ueberließ er ihm die Staatsgeschäfte.
Ihn darum zur Nachtzeit läßt er rufen,
Gibt gemessnen Auftrag ihm, zehn Schiffe
Auszurüsten, sie mit Ruderknechten
Zu versehen und mit dieser Flotte
An des Vaterlandes Strand zu eilen.

Aber anders schwand die Nacht dem armen,
Liebesschmerz-verzehrten Masinissa.
Welche Mittel zu Gebot ihm ständen,
Fragt er sich, von welchem Gott er Hilfe

Sich erflehen sollte, wie die Parzen
Er erweichen könnte, um des Lebens
Faden der Geliebten zu verlängern.
Bald fuhr durch den Geist ihm der Gedanke,
Insgeheim sich mit der teuren Gattin
An Herakles' Säulen einzuschiffen,
Um die sel'gen Inseln zu erreichen.
Bald dann wieder dacht' er, nach Karthago
Aufzubrechen und mit Sophonisbe
Vor die frühern Freunde hinzutreten,
Und in Demut, seufzend, ihr Verzeihen
Zu erbitten. Wieder bald ergriff er
Eine Klinge oder sonst ein Werkzeug,
Das durch einen schnellen Tod sein langes
Leiden kürzen möchte. Nach dem Schwerte
Zuckte krampfhaft seine Hand; die Scham nur
Hielt zurück sie, nicht die Furcht. Besorgniß,
Daß durch einen Frevel, nie zu sühnen,
Er auf ewig seinen Ruf befleckte,
Riß den Griff des Stahls aus seiner Rechten
Und ließ wanken ihn in dem Entschlusse.
Ruhelos auf seinem Lager wälzte
Dann er hin und her sich; denn die Liebe
Tobte fort und fort in seinem Innern,
Und ein wilder Gram zerriß das Herz ihm.
Wie in Flammen lodert er. Den Schlummer
Scheuchen Wut und Angst, und Schmerz und Sorge
Ihm vom Auge. Unter Thränenströmen
Oft in seine Arme die Geliebte
Schlingt er, ob sie fern auch. An sein Lager,
Es umklammernd, oftmals süße Worte
Richtet er. Erkennend, daß kein Zügel
Seinen Schmerz zu bändigen vermöge,
Spricht er vor sich hin und sucht durch Klage
Seinen Gram zu sänft'gen:

　　　　　　　　　　"Teures Wesen,

Du, die mehr ich als das Leben liebe,
Sophonisbe, lebe wohl! Nicht wieder
Werd' ich sehn dich, Vielgeliebte — schauen
Nicht dein Angesicht, das himmlisch=schöne,
Und dein Lockenhaar, wie es von goldnem
Reif gehalten dir das Haupt umflutet.
Deine süßen Worte nicht mehr hören
Werd' ich, die den Himmel und die Götter
Mit Entzücken füllen, ach, und nicht mehr,
Holde, das geheimnisvolle Murmeln
Deines duft'gen Mundes! Einsam werd' ich
Sein, und auf das öde kalte Lager
Meine Glieder strecken. Mag der Himmel
Geben, Teure, daß in einem Grabmal
Selig mit dir ruhend jene Tage,
Die hier oben mir das herbe Schicksal
Weigert, ich in Frieden dort verbringe!
Besser wird mein Schicksal sein im Grabe.
Wenn, vermengt vom Tode, unsre beiden
Herzen nur ein Aschenhaufe wären,
Unvermögend wäre dann zur Trennung
Unsrer Liebe Scipio. Ach, Geliebte,
Daß ein Schatten doch wir in des Hades
Tiefe wären! Dort vereinigt würden
Wir auf myrtenübergrünten Auen
Wandeln, und kein Scipio könnt' uns trennen.
Mich beneiden würden des Olympus
Götter, mich die Manen und der finstre
Erebus, und nicht zerreißen könnte
Mehr der Römerfeldherr diese zarten
Bande, welche mich mit dir vereinen.
Mag den Himmel und des Sternenäthers
Lichtgefilde jener hocherlauchte
Heeresfürst bewohnen! O, daß nimmer
Afrika sein Fuß betreten hätte! —
Aber wehe, welcher Wunsch entrang sich

Eben meinen Lippen! Ich Bethörter!
Wär' in Latium drüben er geblieben,
Nie erblickt ja dann das sonnengleiche
Antlitz meiner Freundin hätt' ich, nimmer
Mich gelabt an ihrer Schönheit, ihrer
Anmut, und ein reizlos ödes Leben
Wäre mein gewesen. Wundersamer
Widerspruch! Zugleich genommen hat er
Alles mir, und doch, das Dasein dank' ich
Ihm! — O hätte nur den ew'gen Göttern
Es gefallen, daß nach Rom, o Scipio,
Deine Siegesfahnen unverzüglich
Und zugleich den überwundnen Syphar
Du zurückgetragen hättest, und daß
Sophonisbe hier geblieben wäre,
Ohne je von dir geschaut zu werden!
Doch was hilft's, die tauben Himmelsmächte
Anzurufen? — Nun verlangt der stolze
Feldherr die Gefangne. Was beginn' ich?
Soll ich sie ihm geben? Daß ich's thue,
Drängt er mich! Er bittet; doch ich lese
Auf dem stummen Angesicht ihm tausend
Drohungen. Er bittet; doch ich fühle
Unter seinen Bitten alle Härten
Des Befehls. Soll ich Gehorsam leisten?
O, mag eher Zeus, erfaßt von Schauder,
Seine Blitze auf das Haupt mir schleudern!
Mag des Abgrunds Tiefe mich verschlingen,
Daß die gottverhaßten Reste eines
Gottverhaßten Königs drunten modern! —
So denn, weil es eines Römers Wille
Heischt, muß ich der Ehe heil'ge Bande
Brechen? — Abzuleugnen nicht vermag ich,
Daß den Ehbund ich geschlossen habe.
Aber ein Gebot, dem ich entziehen
Nicht mich kann, läßt keine Wahl mir. — Was nun

Soll ich thun? Geliebte Sophonisbe,
Sterben wirst du durch den teuren Gatten.
Jupiter heischt grausam solche Opfer.
So nicht als Gefangne an Hesperiens
Ufer wirst hinweggeschleppt du werden,
Nicht den Frauen der Lateiner wirst du
Dienstbar sein, noch mich verklagen können,
Daß ich treulos dich verraten habe,
Oder untreu meinem Wort geworden.
Sterben wirst du! – Was denn wird das Ende
Unsrer Liebe sein? Ein fürchterlicher
Tod. O habt, ihr Himmelswohner alle,
Mitleid mit mir Armen! Nein, mit Füßen
Will mein Wort ich treten, und ans Ende
Dieses Weltalls wollen wir entfliehen!
Dort das Land der Schlangen in dem Sande
Afrikas wird eine beßre Zuflucht
Für uns sein, als diese unsre Heimat.
Denn dorthin kommt Scipio nicht; voll Scheu wird
Selbst das giftigste Gewürm nicht wagen,
Solche schönen Füße zu verletzen,
Und beim Anblick Sophonisbes werden
Mich die grimmen Tiere auch verschonen.
Ja, geliebtes Weib! ich bin entschlossen,
Zu entfliehen, und dem droh'nden Tod dich
Zu entreißen. Gern mit dir ertragen
Will Verbannung ich und Not und Armut.

„Doch wenn ich das Herz der Frauen kenne,
Wirst du meinem Ruf nicht Folge leisten,
Da auf königlichem Sitz zu thronen
Du gewohnt bist. Und wenn mir zu folgen
Selbst geneigt du wärst      doch dich zu retten
Nicht vermöcht' ich — durch die Allmacht Roms ist
Jeder Pfad versperrt, und Scipio kennen
Alle bis ans fernste Weltenende.

Jetzt versteh' ich jene Schreckensträume,
Die mich ehmals in der nächt'gen Stille
Auf vom Lager scheuchten, und die früher
Ich nicht faßte. Warst du, Sophonisbe,
Nicht die strahlend-weiße Hindin, welche
Ihrem toten Hirsch entrissen worden
Und die dann ein ungerechter Hirte
Ihrem neuen Hüter raubte? Damals,
Als ich dich in dieser Form erschaute
Wohlgefallen fand ich bei dem Anblick.
Doch - entfernt von mir, ihr ew'gen Götter,
Jede unheilvolle Vorbedeutung
Zittern muß vor dem ich, was mir jener
Hindin Tod verkündet. Denn zusammen
Grauenvoll stimmt alles, was seitdem sich
Mir gezeigt hat, und getäuscht nicht ward ich
Durch den Traum. Was bleibt zu thun denn? Sterben
Mußt du, sterben   ja! Kein andrer Ausweg
Steht mehr offen, unglücksel'ge Gattin,
Und durch mich wird dich der Tod ereilen.

„Doch was wird aus meinem Leben werden?
Du, o Jupiter, du, Venus, weißt es,
Die der Sterblichen Geschick von droben
Und ihr Erdenleiden ihr betrachtet!
Ach, von wessen Mund noch werd' ich Worte
Hören, welche der bewegten Seele
Sorgen stillen, und des Schlummers Labsal
Uns bei Nacht aufs Auge niederlocken?
Wer wird mich in seine Arme schließen?
Wer mit süßen Küssen mich erquicken?
Ohne dich ist alles nichts mir! Was denn
Soll ein Hof mir, der von Sklaven wimmelt?
Was ein Bett, bedeckt mit Tyruspurpur?
Und was edelsteingeschmückte Schlösser?
Was liegt mir am Diadem, am Ruhme

Eines weiten Reichs? Von Liebe brenn' ich,
Und die Flamme, ewig lodernd, nagt mir
Am gequälten Herzen. Ach, die ewig
Teuer du mir bist, die teuer noch du
Uebers Grab hinaus mir sein wirst, wie nun
Stirbt auf deinem Angesicht das Lächeln?
Jetzt, da nur ein Augenblick des Lebens
Dir gegönnt wird, ist's dich zu beweinen,
Freundin, süß für mich. O du, der Götter
Ruhm, sowie der Menschen, Sophonisbe,
Du, die dies Jahrhundert als ein Abbild
Von des Himmels Schönheit uns geschenkt hat,
Leih' dein Ohr voll Mitleid meinen Klagen!

„Wie so süß wird mir die Rückerinn'rung
Sein an diese Augen, deren Strahlen
Mit Entzücken selbst den Himmel füllen!
Und ein enger Sarg soll sie umschließen,
Diese schönen Augen, die der Götter
Herz erweichen und der härtsten Menschen
Grausamkeit bezwingen könnten, welche
Mich mir selbst geraubt, und alle Sorgen
Mir beschwichtigt hatten! Diese weiße,
Mit dem Reif von Gold geschmückte Stirne,
Herrlicher als alle Menschenstirnen,
Wird ein kalter Marmorstein bedecken!
Dieses Lächeln, dem selbst eisenstarre
Herzen nicht zu widerstehn vermögen,
Das den Himmel, seine trüben Wolken
Scheuchend, strahlen läßt mit hellem Glanze,
Wird der Tartarus in seiner Höhle
Nun bestatten! Ach, ich Unglücksel'ger!
Wie beneid' ich jene Seelen, welche
Plötzlich Sophonisben, wie den Abgrund
Sie erleuchtet, schau'n. Wie glücklich ist nicht,
Wer sich an den Schätzen, die der Tod mir

Unbarmherzig raubt, vermag zu laben!
Und ihr Fuß, so weiß wie Milch, wird eilends
In das schwarze Boot nun steigen müssen,
Und die Flut des Lethe überschiffen!
Dürft' ich, Charon, doch dein Steuer führen!
Lange wird es währen, bis das Ufer
Ich berühre, und des Reiches Steuer
Ist bis dahin mir verhängt, zu lenken.
Du, beneidenswerter Greis, geschaut hast
Wunder du, wie an des Aetna Fuße
Sie geraubt ward. Unsrer Dido Schönheit,
Der Gorgona fürchterliches Antlitz
Sahst du, sahst Laodamia, wie sie
Sich erwürgte, um dem teuren Gatten
Nachzufolgen    Helena, der Troer
Geißel, und des Minos eine Tochter,
Phädra, deren Schwester, Ariadne,
Hoch am Himmel eine Sternenkrone
Auf dem Haupte trägt. Doch glaub', o Greis, mir,
Kein Jahrhundert wird ein Weib erblicken,
Das so blendend schön wie Sophonisbe!
Und der früheren Geschlechter keines
Hat ein Wesen, irgend ihr vergleichbar,
Je hervorgebracht! O glaub' mir, Alter,
Rühren wird dich dieser jugendliche
Anblick, und mit Liebe dich entflammen.
Wenn ich meiner unglückse'gen Gattin
Spuren folge, wirst vielleicht du spät mich
Am Gestad des dunklen Stroms empfangen.
Kommen werd' ich; dieser Kerker hier soll
Lang mich fest nicht halten. Wenn mit ihr mich
Zu vereinen man mich hemmt, wenn nochmals
Auf die Welt in dieser Körperhülle
Rückzukehren mir verhängt ist    weh dann
Mir Unsel'gen! Hab' mit mir Erbarmen,
Greis, und richte mich mit strengem Maß nicht,

Da du von demselben Feuer loderst,
Sei auch meiner jugendlichen Flamme
Günstig! Cerberus, wenn deine Zornwut
Orpheus durch die Töne seiner Leier
Sänft'gen konnte, was wird nicht die Schönheit
Meiner Gattin über dich vermögen,
Wenn du sie erblickst, und vor des Pluto
Throne sie erscheint? Mein Herz klopft bange,
Daß, bestrickt von ihrem Reiz, des finstern
Abgrunds Herr in seinen Arm sie locken
Und Proserpina zurück zur Mutter
Senden werde.      Das sind eitle Träume,
Welche, Masinissa, dir die Liebe
Einflößt; sinnlos selber dich betrügst du.
Hemme, Unglückselg'er, deine Klagen! —
O geliebte Gattin, meiner Seele
Hälfte, kurze Tröstung meines Lebens,
Meine lange Qual! geraden Weges
Wirst du in Elysiums Thäler gehen,
Und durch deinen Tod nur Seufzer, Thränen
Lassen wirst du mir. Allein dir folgen
Werd' ich; in des Schmerzes Uebermaße
Bleibt nur dieser Trost mir!"
                              Seine Stimme
Stockte, und der Schlummer senkte
Mählich sich auf ihn; durch seine Glieder
Rinnend, schenkte Labsal er dem Müden.
Aber selbst im Schlummer noch verhauchte
Masinissa Klagen, — auf den Himmel,
Auf das Chaos, das Geschick, die Götter
Und die Menschen seinen Vorwurf schleudernd.

Phöbus tauchte aus des Ostens Meere,
Um dies Liebesleiden zu beenden.
Die Trompeten tönten. Masinissa
Fährt erschreckt empor, läßt seinen Ingrimm

Wieder lodern, und beginnt von neuem
Seine Klagen. Wie er nun das Lager
In Bewegung sieht, vor dem Befehle
Seines Feldherrn bangt er und befürchtet,
Daß im Falle seiner Weig'rung Scipio
Zur Gewalt greift. Zum beklagenswerten
Fürchterlichen Mittel seine Zuflucht
Nimmt er so, das ihm die Liebe einflößt.
Einen Kelch von Golde, dem des Giftes
Glut er anvertrau'n will, einem Diener
Uebergibt er. Als sodann gesehn er.
Wie, zum Rand aufschäumend, in den Becher
Jener Sklav den Tod gegossen, sprach er:
„Geh, und bring' der unglückfel'gen Fürstin
Meine traurigen Geschenke! Nimm so
Von der Seele mir hinweg die Eide,
Die den Göttern ich geschworen! Wissen
Soll die Herrliche, daß nicht vergessen
Mein Versprechen ich. Das zweite hiermit
Lös' ich ein. Ein andres Anerbieten
Hatt' ich, daß Gebieterin des Thrones sie
Und an meiner Seite bleiben könnte.
Meinem Wunsche widerstrebt mit aller
Fülle seiner Macht der Römerfeldherr.
Durch der Götter und des Schicksals Willen
Sind wir ganz in seine Hand gegeben.
Mag denn Sophonisbe sich entscheiden!
Mag sie denken an die hohe Würde,
Die sie einnahm, und von der gesunken
Nun sie ist! Bedenken, welches Los ihr
Aufbehalten ist, wenn man von mir sie
Fortreißt! Ein Entschluß geziemt ihr würdig
Ihres Ruhms und ihres Stammes! Alles,
Was ich thun kann, ist, daß ich ein Werkzeug
Für die Flucht ihr und die Freiheit schaffe."

So, hinweg die thränenvollen Augen
Wendend, spricht er. Eilends geht der Bote,
Klopft ans Thor der Königin und bringt ihr
Das unselige Geschenk. Herbeieilt
Eine Alte, ganz gehüllt in Lumpen.
Ihrer Herrin gibt sie von dem Becher,
Den der Bote in der Hand trägt, Kunde.
Staunend und erschreckt steht Sophonisbe.
Aber ihr Entsetzen bald besiegend
Spricht sie, als ob plötzlich ein Gedanke
Sie durchzucke: „Laß ihn ein!" Der Diener,
Auf die Erde starrend, gibt vom Auftrag
Zitternd ihr Bericht. Ihn unterbrechend
Aber spricht sie:

        „Nicht unwillig nehm' ich,
Was du bringst; die königliche Gabe
Reich' sie her! Denn er, der mich so zärtlich
Liebt — er hätte Beßres mir zu senden
Nicht vermocht. Wohl leichter sterben würd' ich,
Hätt' ich mich im Augenblick des Todes
Thöricht nicht vermählt. Zu Zeugen ruf' ich
Alle Götter, die in meiner Seele
Lesen wie in einem offnen Buche:
So gehandelt hat an mir mein Gatte,
Daß ich's einzig preisen kann. Doch werd' ich,
Wenn ich abgestreift der Erde Fesseln,
Schneller zu des Himmels Höh'n gelangen.
Bring' ihm diese meine letzten Worte,
Und sei Zeuge, Guter, meines Todes!
Und ihr, Himmelswohner, die der Erde
Regionen und des Meeres Tiefen,
Und des Styr schwarzflutende Gewässer
Ihr beherrscht, zu denen vor der Zeit ich
Niedersteige, leihet meinen Klagen
Günstiges Gehör! Mag Meer und Himmel,
Mag der Erde Abgrund mich vernehmen!

Sterben werd' ich; aber meines Todes
Grund schafft größern Schmerz mir, als das Sterben.
Unser Liebesbund — was hat der Römer
Feldherr sein zu achten? Welche Frevel
Uebt dies Volk! Wie? ist es denn genug nicht,
Daß es seinen Feinden ihre Reiche
Raubt, die von den Vätern sie ererbten?
Müssen auch den Seelen ihre Freiheit
Sie entreißen? Müssen Ehebande,
Gültig abgeschlossen, sie vernichten,
Weil der Sieg dem Heeresführer zufiel!
Mag an seines Lebens Ende Scipio
Den mit Bitterkeit zum Rand gefüllten
Becher leeren! Und mag Rom mit Undank
Ihm die glänzenden Trophäen lohnen,
Die er ihm erkämpft! Vereinsamt mög' er
Und verbannt, fern seinem Vaterlande,
Seinen Freunden, trauervoll sein Leben
In verödeten Gefilden enden!
Mag die Kränkung, die ein teurer Bruder
Auf ihn lädt, an seinem Herzen nagen!
Mag voll Schmerz er sehn, wie auf die Seinen
Ungerechtigkeit man häuft! Und möge
Ihm ein Sohn, der nicht des Vaters würdig
Ist, den Gram der letzten Jahre mehren!
Scipio, ja! in einem niedern Grabe
Bette sterbend dich, dir selber grollend,
Und dem Vaterlande! In die Felsen
Grabe sterbend deines Herzens Klagen,
Die von Mund zu Mund in schwermutsvollen
Lauten wandern. Du auch, teurer Gatte,
Wenn mit ihm in Zukunft du ein Bündnis
Eingehst: immer soll dir deiner Nachbarn
Angriff drohen! Sieh von frühem Tode
Deine Kinder hingerafft und, einen
Nach dem andern, von der Würger Händen

Deine Enkel sterben! Mag ein Bauer,
Ein blutgieriger, aus diesem Volke
Wüt'gen Kampfs die Deinigen bekriegen,
Mag in Fesseln er an seinem Wagen
Durch die Stadt hin die Gefangnen schleifen,
Und wenn du den Grimmen unterlegen,
Roms Triumph durch dich verherrlicht werden!"

Also spricht sie. Um sie her mit Schluchzen
Und bethränten Blicken schauten alle
Ihr unsel'ges Ende. Sophonisbe,
In der Hand den Becher und zum Himmel
Ihre Blicke hebend, rief: „O Sonne,
Mutter der Natur, und ihr, der Erde
Wohner alle, lebet wohl! Leb' wohl auch,
Masinissa, und gedenke meiner!"
Dann entschlossnen Muts leert sie den Becher
Voll des Todesgifts, als hätte dürstend
Sie nach einem kühlen Trank Verlangen
Und ihr stolzer Geist vereint sich drunten
Mit den Schatten an des Styx Gestaden.

Nie genaht hat sich dem düstern Strome
Noch ein Schatten, den ein größrer Rundkreis
Von Bewunderern umgeben hätte,
Seit in Tartarus und Erd' und Himmel
Von den Göttern diese Welt geteilt ward.
Eine Schar Karthagerinnen starren
Blicks umstand sie, und die Eumeniden
Mit den Schlangenhaaren schauten sprachlos
Auf sie hin. Aus ihren Augen strahlte
Königliches Ansehn, ihre Blässe
Flößte Ehrfurcht ein, und stolz erstrahlte
Noch die Majestät auf ihren Zügen.
Doch Unwille auf die Götter las man
Ihr im Angesichte und Erbitt'rung
Auf den Tod, der sie hinweggerissen.

Als sie mit dem Zug der andern Schatten
Vor des Minos Tribunal gelangt war,
Sprach der Höllenrichter seines Hauptes
Greise Locken schüttelnd: „Ihre Tage
Hat sie selbst gekürzt. Im zweiten Kerker
Soll sie büßen, wo die schuld'gen Seelen
Wohnen, welche nicht des eignen Lebens
Schonten!" Rhadamanth mit strengem Spruche
Stimmte diesem Urteil zu. Schon hatte
Grausam seine Hand an Sophonisbe
Angelegt der Liktor, als die Stimme
Aeakus erhob, der Herrschgewalt'ge.
In des Tartarus von dumpfem Lärmen
Sonst durchrauschten Reiche ward es stille,
Und jenseits des styg'schen Sumpfes hörte
Man den Aeakus noch, wie er sagte:
„Liebe hat sie in den Tod getrieben;
Eine höh're Macht war's, die dem Leben
Sie entriß. Der dritte Kerker ist es,
Welcher ihr gebührt. Dorthin denn mag sie
Gehen! Nicht soll unverdiente Kränkung
Sie von uns erfahren. Viele Leiden
Trug sie auf der Erde, und von dannen führte
Sie ein herber Tod."
                                    Einhellig stimmten
Ihm die Schatten und des finstern Reiches
Blasse Richter zu. — Sobald ein Urteil
Einen Angeklagten zu des Stranges
Oder Feuers Strafe, die Entehrung
Mit sich führt, verdammt hat, zittert bange
Seine Seele, wenn noch Sinnesadel
In ihr wohnt, weil sie die Schande fürchtet.
Doch wenn eine Todesart, die Edlen
Keinen Schimpf bringt, dann für ihn bestimmt wird,
Plötzlich wandelt sich sein Antlitz, heitrer
Werden seine Züge, und die Thräne,

Welche seinem Blick entquillt, verkündet
Seines Herzens Freude. So verklärten
Blicks und schöner wiederum geworden,
Weil der Zorn in ihr gelegt sich,
Ging die Königin gemessnen Schrittes,
Um den Platz zu schau'n, den sie ersehnte.
Viele jugendliche Schatten sieht sie
Rings, die ihr vergangnes Leben traumgleich
Ihrem Geiste neu vorüberführen.

Unfern vom Gestad des Lethe, da wo
Es die Angelangten aus den Schiffen
Aufnimmt und in düstre Felsenhöhlen
Sie verteilt, erstreckt sich eine Ebne,
Die von schwarzen Hügeln rings umschlossen.
Ew'ges Schweigen herrscht dort im Gefilde
Und ein alter Hain von Myrten bietet
Schatt'gen Aufenthalt. Nicht Pferde wiehern
Hört man dort, nicht eines Arbeitswerkzeugs
Lärm, kein Hundebellen, keines Stieres
Brüllen. Sorgen, Thränen, bange Seufzer,
Selbstverachtung, Leichenblässe, Frevel,
Zornwut, Schamerröten, Meineid, Lügen
Wohnen dort, und selten eine Wahrheit
Zwischen ihnen. Kaum daß Sophonisbe
Eine finstre Schlucht durchschritten hatte
Und in das Gefängnis trat, so sah sie
Iphis, der den Hals mit einem Knoten
Sich umstrickt, und Byblis, der von Weinen
Fast erstickt ist; weiterhin dann Myrrha,
Die mit Blättern sich das schamerglühte
Antlitz deckt. Der Räuber des Avernus,
Orpheus, müht umsonst sich, Eurydice
Neu zurückzuführen. An der Grenze
Eines Waldes schritt Achill, der mächt'ge,
Auf den bleichen Rasen seines Fußes

Tritte drückend. Gegenüber haftig,
Aber ftumm, von dannen eilte Paris
Gleich als ob er feines Gegners Waffen
Fürchtete. Von hinten unter Thränen
Rief ihn an die trauernde Oenone;
Doch er wandte fich zur andern Seite.
Helena, durch die fo vieles Unheil
Ueber Troja kam, und Turnus, trauernd
Ob der Gattin Tode, irrten ruhlos
Durchs Gefild. Inmitten eines Thales
Ward gewahr man eines Liebespaares,
Das fich mit den Armen hielt umfchlungen.
„O glückfel'ge Thisbe," fagte feufzend
Sophonisbe, „dem Avernus, feh' ich,
Hat's gefallen, deine zarte Liebe
Zu bewahren: auch dort unten lebt fie
Weiter, unbeneidet von den Schatten.
Keine Gattin, vom Gemahl verlaffen,
Hat in ihrer Bruft an dem Gedächtnis
Ihres Teuren inn'ger feftgehalten,
Als ich's that. Allein umfonft! Inmitten
Der Heroen wird ein andrer Platz ihm
In verfchiednem Kreife angewiefen!"

# Ein sizilianischer Sänger.

Während in Spanien die Erinnerung der lang=
jährigen Herrschaft der Araber immer lebendig geblieben
ist, und auch nach der Verbannung der Mauren, als die
Inquisition den Besitz eines arabischen Buches mit dem
Tode auf dem Scheiterhaufen bedrohte, die Romanzen von
den Bürgerkämpfen und der Schlacht am grünen Strome
auf den Lippen des Volkes lebten, ist in Sizilien das Ge=
dächtnis an den gleichfalls langen Aufenthalt der Sara=
cenen daselbst geraume Zeit hindurch nahezu erloschen ge=
wesen. Wenn in Andalusien von den umherziehenden
Sängern die Romanze von der Einnahme von Alhama
gesungen wurde, wiederholte auch noch Jahrhunderte nach
diesem Ereignis die Menge den Refrain: „Weh um mein
Alhama!" fast mit demselben Trauergefühl, wie es die
Granadiner gethan, wenn König Boabdil wehklagend
vom Thor von Elvira bis zu dem von Bivarambla ritt.
Seltsamerweise verherrlichten auch die dramatischen Dichter,

selbst größtenteils Geistliche, die Thaten des unterge=
gangenen Volkes, und wenn in ihren Dramen die Kreuzes=
fahne auf die Zinnen der Alhambra gepflanzt wird, so
ist die Schilderung davon oft derart, daß man zweifeln
möchte, ob sie nicht eher das besiegte als das siegende
Volk der Sympathie ihrer Landsleute ans Herz legen
wollen. Die Abencerragen sind, obgleich sie für Koran
und Halbmond kämpften, immer Lieblingshelden der
Spanier geblieben und leben in ihren Herzen neben
Gonzalvo de Cordova und dem Großmeister von Santiago.
Weiter zurück als in die Zeit der letzten Könige von
Granada reicht jedoch die Erinnerung der spanischen
Dichter nicht. Man möchte sagen, auch nicht die der
Geschichtschreiber. Beide wissen nichts von der großen
Periode ihres Landes unter der Herrschaft der Omajaden,
als Andalusien das mächtigste und glänzendste Reich des
Abendlandes war, nichts von dem großen Abdurrhaman
und dem Flor der Wissenschaften und Künste unter ihm.
In unserm Jahrhundert ist die Erinnerung hieran all=
mählich wieder lebendig geworden, und strahlt mit den
Berichten der arabischen Geschichtschreiber in märchen=
haftem Glanze zu uns herüber. Die Trümmer der
omajadischen Prachtbauten liegen zerbröckelt unter den
Erdschichten, welche die Jahrhunderte gehäuft, nur die
große Moschee von Cordova ragt einsam über eine ganze
versunkene Welt empor.

Indessen neben andern Erinnerungen an die Herr=
schaft der Nasriden sich auch Erwähnungen und Be=

schreibungen der Alhambra von der Zeit Ferdinands und
Jsabellas an durch die folgenden Jahrhunderte erhalten
haben, verlor sich in Sizilien das Andenken an die
Saracenen fast vollständig; das Reich derselben war
allerdings minder glänzend gewesen, hatte auch eine kür=
zere Dauer gehabt. Aber wenn man die Zeit der Nor=
mannen und Friedrichs II. von Hohenstaufen hinzu=
rechnet, während welcher zwei Dritteile der Bevölkerung
aus Arabern bestanden, so ergibt sich doch ein halbes
Jahrtausend, in welchem das Arabische auf der Insel
geredet und geschrieben wurde, und arabische Architekten
ihre Kunst dort übten. Uns sind noch einige wissen=
schaftliche und poetische Werke aus der Zeit der Aghla=
biden, architektonische nur aus der Zeit der Normannen
erhalten, da die früheren, bis auf ganz geringe Reste,
untergegangen sind. Allein seit dem Tode Friedrichs II.,
des großen Gönners der Mohammedaner, der sich mit
einer aus ihnen gebildeten Leibwache umgab und zu
Luceria in Apulien einen ganzen Landstrich mit ihnen
bevölkerte, finden sich meines Wissens nur sporadisch und
mit langen Pausen Erwähnungen davon, daß einst ein
orientalisches Volk auf der Insel gewohnt. Die wich=
tigsten stehen in Leo Albertis „Geographie" und Fazellos
„Geschichte und Beschreibung Siziliens", beide aus dem
16. Jahrhundert. Hier geschieht der beiden Schlösser Zisa
und Cuba bei Palermo Erwähnung und sie werden in
ihrem damaligen Zustande geschildert, als ihr Verfall noch
nicht so weit vorgeschritten war wie jetzt. Gegen Ende

des vorigen Jahrhunderts aber begegnen wir einem solchen
Stillschweigen, als ob sie vom Erdboden verschwunden
gewesen wären. Der berühmteste Reisende, der Palermo
zu jener Zeit besuchte, Goethe, gedenkt ihrer mit keiner
Silbe, während er den Fratzengestalten in der Villa
Pallagonia große Aufmerksamkeit zuwendet, ebensowenig
wie Stolberg in seiner vortrefflichen, sich ausführlich über
Sizilien verbreitenden Reisebeschreibung davon spricht.
Es scheint, daß die Ueberreste arabischer Baukunst ebenso wie die Tempel von Pästum, deren Existenz erst vor
einem Jahrhundert von englischen Reisenden ihren Lands-
leuten verkündet worden, erst wieder entdeckt werden
mußten. Jetzt bieten sie den Besuchern Palermos einen
der Hauptanziehungspunkte dieser herrlichen Stadt. Daß
sie nicht von den Arabern, sondern unter der Normannen-
herrschaft, und zwar auf deren Befehl von saracenischen
Werkmeistern erbaut worden sind, steht durch die Unter-
suchungen Amaris, des trefflichen Geschichtschreibers seiner
heimatlichen Insel, fest.

Die Hinterlassenschaft litterarischer Werke von sizilianischen Arabern ist keine große. Aus dem Diwan des
Ibn Hamdis, der seiner Zeit als größter Dichter Siziliens
galt, sind in meinem Buche über die spanischen Araber
Proben enthalten, und ebenso habe ich Gedichte einiger
andrer sizilianischer Sänger mitgeteilt. Meines Bedünkens sind dieselben von besonderer Schönheit; sie
haben auch bei den Wenigen, die sich in Deutschland
noch für dergleichen interessiren, entschiedenen Beifall ge-

funden. Aber ich trug Verlangen nach mehr, und als ich bei meinem letzten Aufenthalt in Palermo das dort erschienene Buch, dessen Titel unten angegeben\*), erblickte, ward meine Neugierde nach seinem Inhalt lebhaft erregt. Der Gesang des letzten sizilianisch-arabischen Dichters, und zwar, wie der erste Blick in das Buch zeigte, nicht bloß ein Diwan lyrischer Poesien, sondern dabei ein Faden der Erzählung, welcher sich durch dieselben hinschlingt, wenn auch die lyrischen Partien vorherrschen und ihn oft fast gänzlich verschwinden lassen. Dies ist etwas so Erstaunliches, daß ich in der arabischen Litteratur kaum ein Seitenstück dazu kenne. Das einzige, was man in dieser Hinsicht etwa herbeiziehen könnte, sind die Romane wie Antar, die Heldentöterin Dschundabad u. s. w. Jedoch hier sind nur Verse zwischen die Prosa gemischt, Recitationen des Helden.

Diese im Orient sehr alte Weise, Verse in eine prosaische Erzählung einzulegen (wie sich das auch in dem alten indischen Fabelbuch Hitopadesa findet), ist vielleicht aus Arabien nach Europa gekommen, wo z. B. das altfranzösische Fabliau Aucassin und Nicolette und die spanische Geschichte der Bürgerkriege von Granada

---

\*) L'ultimo dei trovatori arabi in Sicilia. Versione da antico manoscritto di Giuseppe Bennici. Palermo L. Pedone Lauriel.

Schack, Mosaik. 18

größtenteils in Prosa sind, aber vielfach eingelegte Verse
enthalten. Daß schon im früheren Mittelalter im christ=
lichen Europa Erzählungen durchgehend in Versen ge=
schrieben wurden, ist bekannt, allein ich habe nie von
einer epischen oder erzählenden Dichtung, die in der
klassischen arabischen Sprache abgefaßt wäre, gehört,
einzig im Vulgärarabischen kommen dergleichen vor. Bei
dieser Sachlage war es nun doch noch immer möglich,
daß der Gesang des letzten sizilianischen Sängers auf
einem arabischen Orginale beruhte. Da sich besonders
seit der Normannenzeit so viele Völker auf der Insel
gedrängt, so viele verschiedenen Sprachen dort geredet,
sicher auch französische und provençalische Lieder ge=
sungen wurden, und der Hof von Palermo unter König
Wilhelm und Tankred wie unter dem großen Kaiser
die Wiege der italienischen Dichtkunst wurde, blieb die
Möglichkeit, daß ein Araber dieser späten Zeit durch das
Bekanntwerden mit abendländischen erzählenden Dich=
tungen darauf verfallen sei, in seiner Sprache auch etwas
Aehnliches zu versuchen. Und in dieser Annahme be=
gann ich die Lektüre des „letzten arabischen Sängers
auf Sizilien“.

In der Vorrede sagt der italienische Herausgeber:
Während des Bürgerkrieges, welcher im Anfang der
siebziger Jahre so viele Verheerungen in Spanien ange=
richtet, sei die Stadt *** diejenige gewesen, welche viel=
leicht vor allen andern gelitten habe.

Sogar die Bibliotheken und Museen seien geplün=

dert worden. Nach Wiederherstellung der Ordnung hätten
im Hafen dieser Stad Leute der untersten Volksklassen
Münzen und andre Gegenstände an die Schiffskapitäne
verkauft. Einem sizilianischen aus Amerika zurückgekehr=
ten Kapitän, der zur Ausbesserung seines Schiffes dort
vor Anker gegangen, seien nun sehr wertvolle Bücher
und alte Manuskripte angeboten worden. Dieser, wie
die meisten Seeleute, honette Mann habe jedoch ein so
unerlaubtes Geschäft nicht abschließen wollen. Aber beim
Anblick eines Manuskriptes hätte er nicht widerstehen
können, da er erkannt, daß es von Sizilien handelte.
So sei dieser Gesang des letzten arabischen Trouba=
dours in Sizilien in seine, des Herausgebers, Hände
gefallen.

Die Handschrift bestehe aus zwei Teilen, dem an
einigen Stellen lückenhaften arabischen Text und aus
einer vollständigen spanischen, von dem Direktor der
Bibliothek jener Stadt gefertigten Uebersetzung.

Ein Reskript von der eignen Hand des Ministers
des öffentlichen Unterrichts des Königs Joseph Buona=
parte, datirt vom 20. Juli 1813, gestatte die Ver=
öffentlichung des Werkes. Und die letztere sei auch
ernstlich beabsichtigt worden, da zwischen den ungeord=
neten Blättern des Manuskripts sich einige gedruckte
Kapitel fänden. Es scheine jedoch, daß die politischen
Stürme die Vollendung des Druckes und die Heraus=
gabe gehindert hätten, da alles, sowohl der arabische
Text und die spanische Uebersetzung, wie die Druck=

bogen zusammen in ein staubiges Büchergestell verkramt
worden seien.

Dieses Vorwort machte mich stutzig. Gleich im
Anfang war es auffallend, daß der Herausgeber den
Namen der Hafenstadt nicht nannte, wo das Manuskript
gefunden worden; weiter befremdete es mich, daß er
nicht Sorge getragen, eine Probe des arabischen Textes
mitzuteilen, was ihm doch leicht gewesen wäre, da in
verschiedenen italienischen Städten, besonders in Florenz,
vortreffliche orientalische Druckereien sind; zum aller=
mindesten aber hätten Kapitel aus der spanischen Ueber=
setzung mitgeteilt werden müssen — doch ich las weiter,
um mich von dem Inhalt des letzten arabischen Trouba=
dours zu unterrichten. Die von vielen Beschreibungen
und lyrischen Ergüssen überwucherte und beinahe erstickte
Erzählung ist folgende:

Ein edler Mohammedaner aus Luceria (jener in
Apulien gelegenen, zahlreichen Saracenen von Friedrich II.
angewiesenen Kolonie), Schildknappe des Königs Manfred,
begibt sich am Abend vor der Schlacht von Benevent
mit drei Söhnen in einen Wald und entdeckt ihnen beim
Sternenschein einen reichen Schatz, welchen die moham=
medanischen Bewohner von Jato in Sizilien vergruben,
als Kaiser Friedrich II. sie auf das neapolitanische Fest=
land verpflanzen wollte. Dann übergibt er auf geheim=
nisvolle Art den Söhnen drei kleine Schlüssel, an deren
Eisenspitze die Lage des vergrabenen Schatzes angegeben
ist. Am Morgen nach der Schlacht stirbt der treue

Schildknappe an der Seite Manfreds; der eine seiner
Söhne fällt sodann bei Tagliacozzo. Ein andrer von ihnen
versucht nach Sizilien zu entfliehen, wo schon die Vesper
ausgebrochen ist, fällt jedoch in die Hände Karls von Anjou.
Der dritte, Ben-Said-Ibn-Zoffris gelangt sicher nach
Sizilien, und durch seine Tapferkeit zum Grade eines
Kapitäns der Adalid im Corps der Almogavaren. Als
dann Friede eingetreten, wird er von Liebe zu Zu-
leima, einer schönen Palermitanerin, erfaßt. Da sie seinen
Augen entschwunden ist, sucht er sie in den verschiedenen
Schlössern der sizilischen Hauptstadt, wo zur Feier der
Befreiung von dem französischen Joch große Feste stattfinden. In dem vom Normannenkönig Wilhelm 1. er-
bauten Schlosse Zisa findet er die Schöne wieder, welche
er nun in seinen Gesängen verherrlicht. Die Feier
Zuleimas geht Hand in Hand mit Beschreibungen der
Prachtschlösser El-Kubbet (Cuba), Fawarah (Maredolce),
El Menani und Dschennet-ul-ardh). In diesen Palästen
begegnet er reizenden Mädchen, er feiert deren Schönheit, bis sie von einem Zauberer entführt werden, der
auf einem geflügelten Esel reitet. Im Schlosse El-Kubbet
wird der Saracene freundlich von König Friedrich von
Aragon empfangen, da er im Kampfe seine glänzende
Tapferkeit gezeigt hat. Der Troubadour sucht den König
zu neuen Kämpfen gegen das Haus Anjou anzufeuern,
indem er vor ihm den Heldentod Manfreds im Gesang
feiert. Es folgen Kriegslieder, Beschreibungen von
Palermo, Schilderung der Vesper u. s. w. Aber der

Sänger gerät in Lebensgefahr, indem Vater und Bruder
Zuleimas seiner Liebschaft mit der letzteren entgegenstehen.
Die beiden Liebenden sind jedoch entschlossen, allen Gefahren Trotz zu bieten, um ganz einander zu gehören
und wollen zu dem Zweck den Schatz von Jato erheben
und mit ihm nach Arabien entfliehen. Während er sich
in der Grotte inmitten der Reichtümer, die er fortschleppen
will, befindet, umzingelt ein Schwarm von Kriegern, die
Zuleimas Vater aufgeboten, den Berg, um Ibn Zoffris
zu töten. Durch einen glücklichen Zufall werden die mit
dem Sänger befreundeten Saracenen von dem gegen
letzteren geschmiedeten Plan unterrichtet, indem Zuleima
ihnen mittels einer Brieftaube Kunde von der Gefahr
gibt, in welcher ihr Geliebter schwebt. Sie langen
im Augenblick der höchsten Gefahr an, um ihn zu retten.
Aber Zuleima stirbt und Ibn Zoffris bleibt trostlos zurück; auch beim König Friedrich in Ungnade gefallen,
lebt er fortan in Einsamkeit, um seine verlorene Geliebte
zu betrauern.

Diese summarische Angabe der Begebenheit, welche
sich durch nicht endenwollende Schilderungen, Beschreibungen und Gefühlsergüsse hindurchzieht und deren Faden
oft schwer herauszufinden ist, wird ebenso, wie deren
Behandlung im einzelnen, demjenigen, der wirklich orientalische Gedichte kennt, die Ueberzeugung aufdrängen, daß
der letzte arabische Troubadour keine Ueberzetzung aus
dem Arabischen ist. Fast in jedem Gesang kommen
Stellen vor, die unmöglich von einem Mohammedaner,

hätte er auch unter christlicher Herrschaft gelebt und
Bekanntschaft mit französischen oder italienischen erzählen=
den Gedichten gehabt, verfaßt sein können. Dies beweist
allein die Stelle, wo wir auf das Schlachtfeld von
Tagliacazzo geführt werden und einen langen, übrigens
recht schöne Stellen enthaltenden Klagegesang der Mutter
des Konradin über den Tod des Sohnes zu hören
bekommen. In manchen andern Partien ist die Nach=
ahmung des morgenländischen Stiles recht glücklich.
Der Verfasser hat die große Geschichte des arabischen
Sizilien von Amari fleißig studirt und sich auch orien=
talische Gedichte, soweit sie ihm durch Uebersetzungen
zugänglich waren, zu nutze gemacht. Er hätte jedoch
unsers Bedünkens sein Talent und seine Kenntnisse
besser verwenden können, als zu einer derartigen Arbeit.
Wenn er dieselbe für eine Uebersetzung aus dem Arabi=
schen ausgegeben hat, so ist dies nicht in humoristischen
Versen geschehen, wie Cervantes den Sidi Hamed Ben
Engeli als den ursprünglichen Verfasser des Don Cuijote
angab, sondern er scheint wirklich den Glauben an
einen orientalischen Ursprung seiner Arbeit haben hervor=
rufen zu wollen, und manche, die nicht Orientalisten
sind, könnten sich auch dadurch täuschen lassen. Eine
solche Arbeit ist übrigens eine Fälschung von ziemlich
harmloser Art, verglichen mit andern, die schon geübt
worden sind, z. B. derjenigen eines Italieners, der gegen
Ende des vorigen Jahrhunderts behauptete, eine arabische
Uebersetzung der verloren gegangenen Bücher des Livius

aufgefunden zu haben und eine italienische Version derselben produzirte, oder der Geschichte Phöniziens von
Sanchuniaton, welche vor etwa 50 Jahren ein deutscher
Gelehrter wieder aufgefunden zu haben behauptete und
herausgab.

# Litterarische Erinnerungen.

Paralipomena aus meinen Lebens-Erinnerungen.

# I.

Berlin, Herbst 1877.

Wenn wir in den Jahren vorrücken, vergeht selten
eine Woche, daß wir nicht durch die Kunde von dem
Ableben dieses oder jenes Bekannten schmerzlich berührt
werden. Zwar hält der Tod auch unter der Jugend
reichliche Ernte, das braune Haar und die roten Wangen
schützen nicht vor ihm, aber emsiger, als unter dem erst
aufblühenden Geschlecht mäht doch seine Sichel unter
denen, welche die Hälfte der normalen Lebensdauer über=
schritten haben. Es wäre passend, daß solche, bei denen
dies der Fall, sich das Memento mori in großen Buch=
staben über das Bett schrieben, damit sie an jedem Abend
und Morgen daran erinnert, beim plötzlichen Hinscheiden
von Bekannten nicht erschrecken möchten. Aber ich
habe dies bisher nicht gethan, und so überraschte es mich
eben jetzt in betrübender Weise, als ich vernahm, daß
zwei Männer, an deren Schicksal ich Anteil genommen,
aus der Welt der Lebenden hinweggegangen seien. Ich
hatte, da ich wenige Tagesblätter lese, nichts von ihrem
Tode vernommen und mußte erst nun, als ich an ihre

Thüren klopfte, hören, daß der eine vor nicht lange, der andre schon vor Jahren gestorben sei. Beide waren begabte Männer, aber teilten das Schicksal miteinander, daß ihre Werke, besonders die poetischen, nie in weitere Kreise eindrangen. Ich möchte wünschen, daß die Nach= welt gut machte, was die Zeitgenossen an ihnen gesündigt, doch drängt sich mir wieder die Frage auf, ob ihre Leistungen hierzu bedeutend genug seien. Nur ganz Aus= gezeichnetes gelangt wohl nach dem Tode von dessen Urheber zu der Anerkennung, die ihm die Mitwelt ver= sagte. Denn jede Zeit wird genug mit Produkten ver= sehen, die ganz achtbare Qualitäten, aber doch keinen hervorragenden Wert haben, und kann sich nicht um solche vergangener Zeiten kümmern. Dennoch erregt es mir eine wehmütige Empfindung, zu denken, wie die Männer, von denen ich hier rede, zu Grabe gegangen sind, ohne von ihren Zeitgenossen für ihre Werke auch nur die Anerkennung zu finden, welche dieselben ungleich ge= ringeren, ja völlig gehaltlosen Hervorbringungen zuteil werden ließen, und daß wahrscheinlich auch die Zukunft dieses Unrecht nicht sühnen wird. Die beiden Männer heißen J. L. Klein und O. F. Gruppe.

Ich lernte ersteren im Jahre 1856 kennen; da= mals wußte ich kaum noch andres von ihm, als daß er Kunstkritiken in etwas schwülstigem und überschweng= lichem Stile verfaßt hatte; nun aber zeigte er sich mir als dramatischer Dichter. Als ich mich auf der Durchreise nach München in Berlin befand, überreichte

er mir ein Trauerspiel „Moreto" mit der Bitte, ich möchte
dessen Aufführung in der bayrischen Hauptstadt befür=
worten; er traute mir hierbei einen Einfluß zu, den ich
gar nicht besaß. Aber ich beschloß doch, für die Dar=
stellung seines Stücks nach Kräften zu wirken. Dasselbe
ist auf den mysteriösen Umstand gegründet, daß der
spanische Dichter Moreto in seinem Testamente die Be=
stimmung machte, seine Leiche solle auf dem Acker der
Hingerichteten begraben werden. Ich fand darin einzelne
ergreifende Scenen, aber vielen Schwulst der Sprache und
andre Auswüchse, die neben der allzu großen Breite für
die Aufführung jedenfalls beschnitten werden mußten;
aber wenn dies geschähe, hielt ich eine Wirkung auf der
Bühne für möglich. Ich übergab die Tragödie der In=
tendanz, machte mir jedoch, da ich wußte, wie abgeneigt
dieselbe der Annahme neuer Stücke sei, keine Erwartung
eines günstigen Resultates. Nachdem ich lange keine
Nachricht von dem Erfolge meines Schrittes gehabt hatte,
hörte ich plötzlich, daß der damalige Dramaturg des
Theaters sich für den „Moreto" interessirte, und sich mit
dem Verfasser in Verbindung gesetzt hatte, um dessen
Zustimmung zu den nötigen Abänderungen und Kürzungen
zu erhalten. Aber beinahe umgehend war eine sehr ge=
reizte Antwort Kleins eingetroffen, in welcher es hieß,
das Stück sei, nachdem die Glut des poetischen Schaffens
vorüber, mit der größten Sorgfalt durchgesehen und ge=
feilt worden, und jeder Einsichtige müsse die Ueberzeugung
des Autors teilen, daß auch nicht eine Zeile darin gestrichen

oder geändert werden könne, ohne das Ganze zu zerstören.
So wurde denn das Manuskript beiseite gelegt. Klein sandte
mir nachher noch eine ganze Reihe von Dramen, für die
er meine Beihülfe, um sie zur Darstellung zu bringen,
begehrte, ich verhielt mich nun aber negativ; einige der=
selben hatten die Länge von Schillers Don Carlos, und
würden zur Aufführung mehrere Abende erfordert haben;
andre litten, wenn sie auch etwas kürzer waren, an viel
zu weitläufig ausgeführten, mit der Haupthandlung kaum
in Verbindung stehenden Nebenscenen, und enthielten,
wie die „Zenobia", die sonst zu den besten gehört, lange
philosophische Diskussionen; wenn keine Streichungen vor=
genommen werden sollten, konnte daher von einer Dar=
stellung nicht die Rede sein. Eine der Tragödien, die
sich am meisten für eine solche zu eignen schien, „Heliodora",
streifte durch die Häufung von blutigen Greueln an eine
Karikatur des Tragischen; und dennoch las ich alle dra=
matischen Werke des Dichters, trotz ihrer großen Gebrechen,
mit Interesse, denn nachdem ich mich durch Partien der=
selben nur mit Anstrengung hindurchgearbeitet hatte,
stieß ich auf andre, die von entschiedenem Talente Zeugniß
gaben. Es ist sehr zu bedauern, daß Klein, der sich sein
Leben lang mit der dramatischen Litteratur aller Zeiten
beschäftigt, doch so wenig aus ihr gelernt hat. Aber
man muß diese Klage noch weiter ausdehnen und sagen,
daß seine Stücke, auch wenn man ganz von ihrer Auf=
führbarkeit absieht und sie nur als für die Lektüre be=
rechnet betrachtet, an unbegreiflichen Mängeln leiden,

die den Genuß des Lesers erstaunlich beeinträchtigen.
Man möchte glauben, daß er sich nach Art von Jean
Paul Zettelkasten für alle möglichen Einfälle, Gedanken
und Bilder angelegt hatte, die er dann in seinen Schau=
spielen oft da, wo sie gar nicht hingehörten, verwertete.
Aber, was schon in den Romanen unsers genialen
Richter nicht selten störend wirkt, wird im Drama ganz
unerträglich. Zugleich findet sich bei Klein vielfach ein
Bombast, der an Lohenstein erinnert, und neben dem
das Stärkste, was Grabbe in seinem „Gothland" in
dieser Hinsicht leistet, noch sehr mäßig erscheint; dabei
ist noch der Unterschied, daß Grabbes Ausschweifungen
sowohl in Diktion, wie in Erfindung aus einem excen=
trischen Naturell hervorgehen und immerhin einen hin=
reißenden Eindruck machen, während diejenigen unsers
Dichters etwas Forcirtes und Gequältes an sich tragen.
Sein ganzes Leben hindurch war Klein von einem ver=
zehrenden Ehrgeiz besessen, sich die deutsche Bühne zu
erobern; er machte unaufhörlich Anstrengungen, seine
Stücke auf das Theater zu bringen; aber wenn ihm dies
endlich gelang, war der Mißerfolg immer ein entschiedener.
Seine „Maria" und seine „Zenobia" wurden, wie ich
höre, nach der ersten Vorstellung in Berlin wieder bei=
seite gelegt. Diese Trauerspiele besaßen einzelne Vorzüge,
wegen deren sie ein besseres Schicksal verdient hätten,
aber es wären unbedingt beträchtliche Kürzungen und
Abänderungen nötig gewesen; müssen doch bei der einmal
vorhandenen Beschaffenheit unsrer Bühne selbst Shake=

speares Stücke sich solche gefallen lassen. Aber Klein
widersetzte sich stets hartnäckig jeder Konzession in dieser
Hinsicht; er war von der unbedingten Vollkommenheit
seiner Dramen überzeugt, und alle Mißerfolge, die er
hatte, erfüllten ihn nur mit bitterem Unmute gegen das
Publikum, dessen mangelnder Einsicht er allein die Schuld
davon beimaß. Das traurigste Geschick ereilte noch in
der letzten Zeit seines Lebens sein Lustspiel „Die Herzogin",
in diesem finden sich wirklich einige vortreffliche komische
Scenen, dieselben sind aber in einer endlos weitschweifigen
Handlung ertränkt; trotz dieses Uebelstandes hatte die
Münchener Hofbühne sich entschlossen, die Komödie in
ihrer vollen Länge zur Aufführung zu bringen; allein
schon im zweiten Akte begannen die Zuschauer das Haus
zu verlassen, und die Vorstellung mußte, wenn sie nicht
vor leeren Bänken stattfinden sollte, in der Mitte abge=
brochen werden.

Etwas mehr Succeß, als mit seinen Dichtungen,
hatte Klein mit der Geschichte des Dramas bei allen
Nationen, die er in schon vorgerückten Jahren zu schreiben
unternahm. In der Zeit, als er dieses Werk begann
und sodann ausführte, sah ich ihn häufiger bei meiner
Durchreise durch Berlin. Ich ward nicht müde, ihm zu
raten, er solle vor allem das Theater der Engländer,
Franzosen und Italiener behandeln, weil darüber aus=
führliche Werke, wenigstens im Deutschen, noch nicht
vorhanden seien, von neuem über das Drama der
Griechen zu schreiben, über das wir schon so viel Vor=

treffliches besäßen, könne nicht sehr ersprießlich sein, und
an wie großen Mängeln auch meine Geschichte des
spanischen Theaters leide, so werde er doch, wenn er
nicht zuvor Forschungen in Spanien und auf den Haupt-
bibliotheken Europas gemacht, nichts wesentlich Neues
über den Gegenstand bringen können. Allein Klein blieb
bei seinem ersten Vorhaben, und so ist es, wie voraus-
zusehen war, gekommen, daß sein Werk in der Mitte
stehen geblieben und nur bis zum Beginne des Teiles
vorgerückt ist, welcher am wichtigsten gewesen wäre, der
Geschichte der englischen Bühne. Man muß demselben,
das nun fragmentarisch, wenn auch in einer Reihe
kolossaler Bände vor uns liegt, von vornherein nach-
rühmen, daß es von großem Fleiße zeugt und auf gründ-
lichen Studien beruht, somit einen erstaunlichen Vorzug
vor den zahlreichen oberflächlichen Kompilationen über
Litteraturgeschichte besitzt, mit denen unser Büchermarkt
überschwemmt wird. In der Besprechung der verschiedenen Dramatiker findet sich viel Geistvolles und An-
regendes, aber diesen Lichtseiten gesellen sich auch sehr
starke Schatten. Vor allem laborirt Kleins Arbeit an
einer unermeßlichen Weitschweifigkeit. Der Verfasser ver-
gißt beständig sein Thema, er kann keinen Einfall, der
ihm eben in den Sinn kommt, unterdrücken und verbreitet sich oft seitenlang über Gegenstände, die mit dem
seinigen in gar keiner Verbindung stehen. Ungerechte
Angriffe von Kritikern, die er höchstens in einer kurzen
Note hätte zurückweisen dürfen, geben ihm Anlaß zu

einer endlosen Polemik im Texte selbst, und während er sich eben mit dem Drama der Azteken oder mit dem der Inder beschäftigt, flicht er plötzlich Invektiven gegen deutsche, in den nächsten Jahren schon wieder vergessene Tagesschriftsteller ein. Und als wäre dies noch nicht genug, um seine Bände zu einem ungeheuren Umfang anzuschwellen, sind die Inhaltsanzeigen, die er von einzelnen Dramen liefert, bisweilen so lang, daß man die Stücke selbst in kürzerer Zeit lesen könnte. Dabei ist der Stil abwechselnd hochtrabend und skurril, und ich kann mich deshalb nicht eben wundern, daß geistvolle Männer mir gesagt haben, sie läsen Kleins Geschichts= werk nicht anders, als um sich eine lustige Stunde zu machen; in der That ist es schwer, bei einigen Partien desselben ernst zu bleiben; trotzdem wird sein Wert wegen der Fülle des darin aufgespeicherten Materials durch diese argen Gebrechen nicht aufgehoben. Am interessantesten sind mir die Bände, die das italienische Theater besprechen, weil sie viel durchaus Neues bieten.

Es war längst bekannt, daß der große Brite viel= fach ältere englische Schauspiele benutzt und überarbeitet hatte. Auch daß eine Anzahl seiner Dramen wie: „Romeo und Julia", „Kaufmann von Venedig", „Was ihr wollt", „Maß für Maß", auf alten italienischen Novellen beruhen. Ebenso ward schon vor langem von Philarete Chasles durch Abdruck des betreffenden französischen Textes dargethan, daß mehrere Stellen im „Sturm" fast wörtlich aus Montaignes Essays genommen sind. Ueberraschend

aber war es nun, durch Klein zu erfahren, daß Shakespeare
auch von italienischen Schauspielen, die damals durch
umherziehende Komödianten des südlichen Volkes in London
aufgeführt zu werden pflegten, mannigfachen Gebrauch
gemacht hat. Nur in Bezug auf „Romeo und Julia" hatte
schon ein englischer Schriftsteller Walker in einem Werk
über das italienische Trauerspiel durch Abdruck der be=
treffenden Stellen dargethan, daß die Balkonscene dieses
Stücks offenbare Reminiscenzen an eine ähnliche Unter=
redung zweier Liebenden in Luigi Grotos „Hadriana"
enthalte. Nun aber kommt Klein und behauptet, Shake=
speare habe den vierten Akt von Ariosts „I' suppositi"
mit Haut und Haar als Episode in seine „Gezähmte
Widerspenstige" aufgenommen, und sagt bei dieser Ge=
legenheit: „Aus Ariostos üppigem Wipfel Shakespeares
eigene urwüchsige Fruchtfülle hervorbrechen und schwellen
zu sehen, ist eine um so größere Merkwürdigkeit bei
diesem All=Aneigner und Umwandler von italienischen
Novellen, englischen Chroniken, alten Schartekenstücken,
von allen unmöglichen Stoffen in sein unsterblich Saft
und Blut — ist eine um so größere Merkwürdigkeit, als
er sonst auch in dieser Beziehung mit der schaffenden
Natur wetteifert, deren Früchten und Blumen man es
nicht anmerkt, daß sie ihre Nahrung aus Düngstoff=
Wegwurf, Kot und Moder ziehen."

In „Ende gut, alles gut" hat Shakespeare nach
Klein nicht nur, wie dies bekannt, eine Novelle von
Boccaccio, sondern auch eine schon im Jahre 1513 ge=

druckte Komödie von Bernardo Accolti „Virginia" be=
nutzt, ebenso in „Was ihr wollt" die Komödie „Gl' in-
gannati" vom Jahre 1511. Die „Beiden Veronejer"
lehnen sich nach ihm an Montemayors berühmten
Schäferroman „Diana" und an Paraboscos Komödie
„Il Viluppo".

Die Scene zwischen Lear, Edgar und dem Narren
ist nach Klein inspirirt durch eine Scene mit drei Nar=
ren (einem verstellten, einem wirklichen und einem zu=
künftigen) in Critoforos Komödie „Le stravaganze
d'amore".

Weiter druckt er eine Stelle aus Seccos „Gl' in-
ganni" und eine andre aus „Was ihr wollt" ab, indem
er meint, die letztere sei der ersteren nachgebildet; auch
im zweiten Teile „Heinrichs IV." soll Shakespeare nach
ihm Scenen einer italienischen Komödie benutzt haben.
Ob die Aehnlichkeit zwischen den englischen und italieni=
schen Stücken überall so groß ist, wie Klein meint,
um auf eine Entlehnung schließen zu lassen, mag da=
hingestellt bleiben. Seltsam aber ist es gewiß, daß er
dem Briten aus solchen angeblichen Plagiaten ein Ver=
dienst macht.

Kleins Urteil ist nicht frei von Einseitigkeit und
daraus hervorgehender Ungerechtigkeit; nach ihm, wie er
das schon in den erschienenen Bänden seiner Geschichte
ziemlich klar ausspricht, noch viel deutlicher aber mir
mündlich kundgab, würde von der ganzen dramatischen
Litteratur bei einer strengen Ausscheidung des Wertlosen

nicht viel andres übrig bleiben, als die Dramen Shake=
speares, der Griechen, besonders des Aeschylus, und
einige der Spanier (und diejenigen J. L. Kleins?).
Gegen die französischen Tragiker hatte er einen fast
fanatischen Haß. Wenn ich mich in meiner Geschichte
des spanischen Theaters fortreißen ließ, in geringschätzigem
Tone über sie im allgemeinen zu sprechen, so konnte das
mit meiner damaligen Jugend entschuldigt werden; aber
Klein steht ein solcher Entschuldigungsgrund nicht zur
Seite, und doch geht er in seiner Wegwerfung und der
Art, wie er sie ausdrückt, noch weit über mich hinaus.
Man lese nur, in wie beinahe cynischer Weise er von
Corneille redet; über Racine äußerte er sich nicht viel
anders. Es ist ungerecht, außer acht zu lassen, daß
diese Dichter sich einem Systeme unterwerfen mußten,
welches ihnen durch die obwaltenden Umstände auf=
genötigt wurde, und daß dieses System die meisten
ihrer Gebrechen hervorgerufen hat, über diese Ge=
brechen aber ihre Schönheiten und Vorzüge zu ver=
kennen. Klein folgte auch Theorien über das Tragische,
die, wiewohl man sie in vielen Büchern findet, nach
meiner Meinung falsch sind, oder wenigstens keine All=
gemeingültigkeit haben. Nach diesen Theorien, denen
wohl einige von Shakespeares Stücken, jedoch keineswegs,
wie er behauptet, alle entsprechen, beurteilte er nun sämt=
liche übrigen Trauerspiele der Welt; was Wunder, daß
er überall zu tadeln findet? Schlegels Verherrlichung
Shakespeares, die schon nahezu eine Apotheose ist, muß

den Ansprüchen aller aufrichtigen Bewunderer des großen
Briten genügen, aber Kleins Vergötterung desselben geht
in blinde Idolatrie über.

\*    \*    \*

Schon früher, als zu dem Genannten, trat ich zu
O. F. Gruppe in persönliche Beziehung. Er verband mit
ausgebreiteten Kenntnissen und mannigfacher Begabung
die liebenswürdigsten Eigenschaften. Zuerst trat er mit
zwei Büchern gegen die Hegelsche Philosophie auf, welche
die Hohlheit und den leeren Wortkram dieser damals
noch allmächtig herrschenden Lehre in schlagender und
überzeugender Weise darlegten. Jetzt, wo jenes System,
das so viele Köpfe zu wahrem Denken unfähig gemacht
hat, gestürzt ist, sollte man Gruppe den Tribut des
Dankes zollen, daß er als einer der ersten dasselbe mit
einer Schärfe, die gegen die Schopenhauers nicht zurück=
bleibt, und auf eingehende, unwiderlegbare Weise be=
kämpft hat; vielleicht hätte er größere unmittelbare Wirkung
ausgeübt, wenn er sich mehr beschränkt hätte und nicht
oft in Weitschweifigkeit geraten wäre. In andern Werken,
wie besonders in demjenigen über die Fälschungen in
den römischen Dichtern, zeigte er sich als sehr tüch=
tiger Philolog; seine vorzüglichste Arbeit aber scheint mir
die ausführliche Geschichte der deutschen Poesie seit
Opitz zu sein. Die Flut wertloser Schreibereien über
diesen Gegenstand, deren eine immer wieder zehn andre
hervorruft, ist ungeheuer, aber nur die gedankenlos

kompilirten scheinen ein Publikum zu finden; das Werk
Gruppes ist bisher nur wenig verbreitet; dennoch zeichnet
es sich vor allen mir bekannten durch selbständiges, überall
auf sorgfältige Lektüre gegründetes Urteil aus, und be=
handelt nicht bloß manche mit Unrecht vernachlässigte
Dichter der vergangenen Perioden in dankenswerter Weise,
sondern ist auch in den Abschnitten über Klopstock, Lessing,
Goethe und Schiller, deren Werke er unparteiisch bis in
ihre Einzelheiten hinein bespricht, überaus lehrreich.
Gruppe hält sich ebenso frei von dem heute üblichen
Götzendienst, mit welchem wahre Erkenntnis unvereinbar
ist, als von kleinlicher Tadelsucht.

Neben wissenschaftlichen Arbeiten widmete er sich
von früh an poetischer Produktion. Man begegnet bis=
weilen dem Vorurteil, daß diese beiden Beschäftigungen
miteinander unverträglich seien, oder daß wenigstens
derjenige, der sich beiden widme, nur in einer von ihnen
Vorzügliches leisten könne; diese Meinung scheint mir
auf durchaus falschen Voraussetzungen zu beruhen und
wird faktisch durch zahlreiche Beispiele widerlegt. Ein
neuerer Dichter kann nicht mehr singen, wie diejenigen
eines primitiven Zeitalters, oder höchstens können dies
die Lyriker, welche sich damit begnügen, ihre individuellen
Empfindungen auszuströmen; wer Höheres leisten will,
muß an den mannigfaltigen Quellen des Wissens, die
seiner Zeit fließen, getrunken haben, und es liegt daher
nahe, daß er, ebenso wie er seine poetischen Werke mit
neuen, hier geschöpften Gedanken erfüllt, so auch den

Drang empfindet, seine neue Erkenntnis in gelehrten
Arbeiten niederzulegen. So war Goethe von früh an
mannigfaltigen wissenschaftlichen Studien ergeben und in
diesem Fache fast ebenso groß wie als Dichter; denn
gewiß kann man nichts Höheres von einem Manne sagen,
als daß er die erstaunliche Entdeckung von Lamarque,
Wallace und Darwin, welche für unsre Zeit das ist,
was die des Kopernikus für die ihrige, schon vor diesen
gemacht, und, zwar noch nicht im einzelnen ausgeführt,
jedoch klar ausgesprochen hat. Schiller war, was immer
die Krittler sagen mögen, ein vortrefflicher Historiker, auch
ein ausgezeichneter Uebersetzer, bei dem unsre Philologen,
die sich viel einbilden, wenn sie ein antikes Gedicht mit
peinlicher Genauigkeit, aber so, daß es völlig unlesbar
wird, deutsch nachstammeln, in die Schule gehen sollten.
Uhland war ein emsiger Forscher auf dem Gebiete der
Sage und mittelalterlichen Litteratur und hat zahlreiche
wertvolle Dokumente dieser seiner Thätigkeit geliefert.
Rückert besaß eine erstaunliche Gelehrsamkeit auf dem
Gebiete der Linguistik, und nur weil seine dahin gehörigen
Arbeiten lediglich unter den Orientalisten bekannt sind,
spricht man gewöhnlich einzig von seinen poetischen Produkten. Soll ich endlich noch Lessing erwähnen, von
dem wir weit mehr wissenschaftliche, als dichterische Werke
besitzen? Um nun auf Gruppe zurückzukommen, so kann
man demselben allerdings kein sehr hervorragendes
poetisches Talent beimessen; er besaß aber dessen immerhin genug, um eine größere Anerkennung zu verdienen,

als ihm zuteil geworden. Unter seinen lyrischen Ge=
dichten finden sich ganz reizende. In dem Bande, den
er unter dem Titel „Karl der Große", eine epische Trilogie,
herausgegeben, sind „Pipin und Bertha", sowie „Eginhard
und Emma" vortrefflich, und es ist mir unerklärlich,
wie sie in unsern Tagen, wo manche weit geringere
Erzählungen in ähnlichem Stile beliebt geworden sind,
so wenig Anklang gefunden haben. Aber habent sua
fata libelli.

Gruppe mußte mit jeder neuen Dichtung, die er
herausgab, die niederschlagendsten Erfahrungen machen.
Von einer derselben, „Theudelinde", ward erzählt, der
Verleger habe nicht nur alle versendeten Exemplare als
„Krebse" zurückerhalten, sondern noch eines mehr! Im
Jahre 1874 sah ich meinen Freund zum letztenmal,
und erblickte mit Erstaunen die große Anzahl von
Manuskripten poetischer Produktionen, die er mir zeigte.
Niedergeschlagen durch seine Mißerfolge hatte er in der
sicheren Voraussicht ablehnender Antworten aufgehört,
seine Handschriften noch Buchhändlern anzubieten, aber
einem unwiderstehlichen Triebe folgend, war er doch noch
fort und fort dichterisch thätig gewesen. Ich selbst ver=
suchte umsonst den einzigen Verleger, mit dem ich in
Verbindung stand, zur Herausgabe eines neuen Bandes
seiner lyrischen Gedichte zu bewegen. Man kann den
Buchhändlern, von denen nicht zu verlangen ist, daß sie
Opfer für die Litteratur bringen, in solchen Fällen kaum
einen Vorwurf machen, aber das Publikum, das in seiner

Urteils= und Geschmacklosigkeit elende Reimereien massen=
weise kauft, dagegen sehr achtbare Erzeugnisse der Muse
unbeachtet läßt, richtet sich selbst durch solches Verfahren.
Was aus dem handschriftlichen Nachlaß Gruppes, der
sehr umfangreich sein muß, geworden ist, habe ich nicht
erfahren.

Auf einer meiner Reisen nach Norddeutschland be=
suchte ich einen Mann, dessen Unterhaltung immer große
Anziehungskraft für mich hat. Ich meine Karl Witte.
In Italien war ich mehrmals an verschiedenen Orten
mit ihm zusammengetroffen und hatte in ihm einen
glühenden Bewunderer dieses Landes kennen gelernt.
Italienische Litteratur und Kunst, Erinnerungen an unser
früheres Zusammentreffen in Sizilien und an einen ge=
meinsamen Ausflug nach dem toskanischen Kloster
Vallombrosa bildeten den Gegenstand unsers Gesprächs.
Karl Witte war bekanntlich ein sog. Wunderkind gewesen und
hatte bereits, ich weiß nicht ob im achten oder zehnten Jahre,
die juristische Doktorwürde erlangt. Man ist gewöhnlich
der Meinung, aus solchen frühreifen Begabungen werde
später nichts; es ließen sich jedoch dagegen manche Bei=
spiele anführen, so dasjenige des Picus von Mirandola,
der schon in sehr zarter Jugend ein Wunder von Ge=
lehrsamkeit war und später Tüchtiges in dem Fach der
Philologie leistete, ferner das von Mozart, welcher bereits
mit acht Jahren ein hohes Talent für die Musik verriet.
Ein Wundermann ist freilich Karl Witte nicht geworden,
aber er hat sein Leben würdig ausgefüllt, indem er nicht
nur mit offenem Sinne vieles Schöne in sich aufnahm,
sondern auch, teils in mündlichem Gespräch, teils in
öffentlichen Vorträgen anregend auf weitere Kreise wirkte.

Seine wissenschaftliche Thätigkeit war, außer auf sein
eigentliches Fach, die Jurisprudenz, besonders auf Dante
gerichtet, und gegen dieses sein rastloses Kommentiren
und Emendiren des florentinischen Dichters erlaubte ich
mir dem trefflichen Manne einige Einwendungen zu
machen. Mehr als ein halbes Jahrhundert hindurch hat
Karl Witte jeden Vers Dantes durch das Mikroskop
betrachtet, hat er sich rastlos bemüht, die Anspielungen
in dessen Gedicht auf die Fehden und Parteikämpfe seiner
Zeit zu illustriren; mir scheint aber von den Kommen-
tatoren der göttlichen Komödie hierin schon mehr als zu
viel geschehen zu sein. Dieselben haben den poetischen
Genuß, den wir aus ihr schöpfen können, mehr erschwert
als gefördert. Wozu daher noch neue Erläuterungen zu
den alten fügen? Eine gewisse Kenntnis der äußeren
Verhältnisse und Zeitumstände, unter denen das Gedicht
entstanden, ist zwar für den Leser wünschenswert, aber
keineswegs braucht er diese zahllosen Details zu wissen.
Er hat es mit den Schönheiten zu thun, die sich unmittelbar dem Verständnis erschließen, und die wie einzelne grünende Oasen inmitten weiter Wüsten dastehen,
nicht mit solchen Stellen, die sich auf vergessene und
unerhebliche Vorgänge beziehen und die erst aus alten
Chroniken Licht erhalten, dadurch jedoch poetisch um nichts
wertvoller werden. Diese Manie des Kommentirens von
Dante ist eine wahre Krankheit unsrer Zeit, und die
Saalestadt war eine Hauptbrutstätte solcher Auslegungen;
denn ein Prediger Blanc daselbst widmete sich eifrig der-

selben Beschäftigung. Wenn man übrigens bedenkt, daß das Kommentiren der Divina Comedia jetzt bereits fünfhundert Jahre lang gedauert hat, indem schon Boccaccio in Florenz zu diesem Zwecke Vorlesungen hielt, so muß man hierin den stärksten Beweis für deren poetischen Wert sehen, in dem aller dieser aufgehäufte Wust das dichterische Feuer, das im Zentrum des Gedichtes brennt, nicht zu ersticken vermocht hat. — Auch der Uebersetzung Dantes hat Witte langjährigen Fleiß gewidmet; es kam ihm besonders auf möglichst engen Anschluß an das Original an, und er wählte deshalb den reimlosen Jambus; nach meiner Meinung jedoch würde er zu diesem Behufe besser die Prosa angewandt haben; dann hätte er buchstäblich treu sein und dem Anfänger ein willkommenes Hilfsmittel zum Eindringen in den Text liefern können. Wozu seine Uebertragung in Versen dienen soll, begreife ich nicht. Die metrische Form machte eine gewisse Freiheit unerläßlich, wodurch die Absicht, dem Lernenden eine Eselsbrücke zu bauen, vereitelt wurde. Für diejenigen aber, denen es um ein poetisches Abbild des Originals zu thun ist, hatte schon lange zuvor Streckfuß ungleich vollkommener gesorgt. Von diesem waren in bewunderungswürdiger Verschmelzung von Kühnheit und Treue die Terzinen meisterhaft nachgebildet worden; die meisten späteren Uebersetzer machten es sich nun doch gar zu leicht, indem sie die Fesseln des Reims abstreifend, die Hauptschwierigkeit der Arbeit umgingen, und es war ein sehr wohlfeiler Ruhm,

unter solcher Bedingung etwas treuer zu sein. Nach
Streckfuß, der an Kannegießer einen unvollkommenern
Vorgänger gehabt hatte, sind noch einige sehr achtbare
Nachbildungen in gereimten Versen erschienen und diese
mögen in Ehren gehalten werden, es mag ihren Ver=
fassern gelungen sein, an einzelnen Stellen Streckfuß zu
übertreffen, aber im Ganzen möchte noch immer die Arbeit
des letzteren den Preis verdienen. Wenn nun weiter
noch, besonders bei Gelegenheit des Dantejubiläums, eine
Flut von Uebertragungen des italienischen Gedichtes,
mehrenteils in saloppster Form erfolgt ist, und diese Flut
noch fortwährend anschwillt, so erscheint das als Symptom
von einer jener Geisteskrankheiten, wie unser Deutschland
deren schon so viele zu überstehen gehabt hat. Bei kaum
einer von diesen Uebersetzungen gibt sich das Bestreben
kund, die früheren an Treue oder Lesbarkeit zu über=
treffen, und ihnen gegenüber steht denn wieder die Leistung
von Karl Witte als hochpreiswürdig da. Zu welchem
Zwecke alle solche Arbeiten, welche mit Recht, gleich nach=
dem sie die Druckerpresse verlassen, Makulatur werden,
dienen sollen, ist nicht ersichtlich. Ich habe deren welche
gesehen, die nur aus den älteren Uebertragungen zu=
sammengeschrieben zu sein schienen, indem der eine Vers
der einen, der andre der andern entnommen war. Sollte
nun aber dies Danteübersetzen auch noch ferner fortdauern,
und sollte sich auch wirklich ein talentvoller und gewissen=
hafter Autor dazu anschicken, die Divina Comedia von
neuem in deutsche gereimte oder ungereimte Verse zu

bringen, so würde ich ihn von der Ausführung ab=
zuhalten suchen, und ihm zurufen: Dein Unternehmen
ist fruchtlos, die Verdeutschung von Streckfuß genügt
uns schon, und für den, der eine wörtlichere Treue ver=
langt, ist diejenige von Witte da; sei es nun, daß du
ein dichterisches Werk wie jener oder ein Mittelding
zwischen einem solchen und einer Interlinearversion, wie
dieser, hervorzubringen strebst, es wird dir schwer gelingen,
etwas Besseres zu liefern! Allein selbst wenn du hie
und da eine glücklichere Wendung zu Stande brächtest,
wenn du dich stellenweise dem Text genauer anschlössest,
es würde hierauf nicht viel ankommen. Das Original
würde dadurch uns im Ganzen keinen größeren Genuß
gewähren, dir selbst aber würde man es kaum als Ver=
dienst anrechnen können, deine Vorgänger in Einzelheiten
übertroffen zu haben. Wahren Ruhm als Uebersetzer
konnten diejenigen erwerben, welche, wie Luther, Voß
und Schlegel, die Bibel, den Homer und Shakspeare
zuerst in mustergültiger Weise bei uns heimisch machten,
für solche dagegen, die sich nachher auf ihre Schultern
stellen, und etwas Großes gethan zu haben glauben,
wenn sie einige von ihren Vorgängern begangene Ver=
sehen berichtigen, wenn sie mit Aufopferung des fließen=
den Ausdruckes und der Verständlichkeit dies und das
treuer wiedergeben, sind keine Kränze da, und in Bezug
auf Dante gilt, zum mindesten auf einige Generationen
hinaus, dasselbe, wie in Bezug auf die Genannten.
Wenn in späteren Jahrhunderten unsre Sprache eine

weitere Ausbildung erhalten haben wird, daß die Vossische Odyssee und der Streckfußsche Dante den Deutschen ebenso veraltet vorkommen, wie den heutigen Engländern der Homer von Chapman, so möge man sich von neuem an diesen Dichtern versuchen. In unsrer Zeit muß man die an solche Arbeiten gesetzte Mühe auch deshalb beklagen, weil sie so viel ersprießlicher angewandt werden könnte; noch sind viele Dichterwerke fremder Nationen der deutschen Lesewelt nicht zugänglich; von den zahlreichen Dramen des Calderon ist nicht viel mehr als der vierte Teil verdeutscht, von denen der übrigen spanischen Dramatiker fast gar nichts. Auch andre Litteraturen besitzen manches, was wir gern bei uns eingebürgert sehen möchten; wenn daher diejenigen, die ihre Kräfte dazu verwenden, den 19 Danteübersetzungen noch eine 20. und 21. hinzuzufügen, lieber solche bei uns noch unbekannte Werte verdolmetschen wollten, so würde man ihnen das weit mehr danken.

# Die Araber in Frankreich, der Schweiz und Savoyen.

---

Obgleich es eine unzweifelhafte historische Thatsache ist, daß die Mohammedaner nicht lange nach der Verkündigung des Islam Fuß in Frankreich, Savoyen und der Schweiz faßten und sich geraume Zeit hindurch in genannten Gegenden behaupteten, glauben wir doch bei dem Gedanken an diese frühe Periode des europäischen Völkerlebens nicht auf dem festen Boden der Geschichte, sondern vielmehr auf dem der Sage zu stehen. Wir haben in den Heldengedichten, besonders der Italiener, von der Belagerung von Paris durch die Sarazenen gelesen, welche in unübersehbaren Scharen die französische Hauptstadt umzingeln; von den Heeren der Ungläubigen, die mit beturbanten Häuptern und krummen Säbeln, die Lanze zur Seite, an den Abhängen und in den Thälern Frankreichs wimmeln; von christlichen Rittern, die, in tödlicher Liebe für eine schöne Mohammedanerin entbrannt, die verwegensten Abenteuer nicht scheuen, bis sie endlich mit der Schönen auf ihrem Streitroß von dannen sprengen; vom Zauberer Atlas auf seinem stahlblauen Schlosse, dort wo man, wie Ariost singt, von der Höhe der

Pyrenäen, wenn die Luft klar ist, zugleich Frankreichs
und Spaniens Gefilde erblicken kann; und endlich von
der ungeheuren Schlacht von Ronceval, in welcher der
Kaiser Karl mit seinen Paladinen fast der Wucht der
arabischen Schwerter erliegt. Diese Scenen stehen im
magischen Lichte der Poesie vor unserm Geiste; wir
denken nicht an die Verwüstungen, mit denen die Feinde
der Christenheit jahrhundertelang Europa heimsuchten,
sondern an die glänzende Herrschaft, welche die Moham=
medaner nicht nur in Spanien, sondern auch in den
angrenzenden Ländern geübt haben, an ihre Pflege der
Wissenschaften und Künste, sowie an die glänzende Zivili=
sation, welche sich unter ihnen in Europa verbreitete.
Letztere imponirte den Völkern, die durch das Schwert
der Eroberer dem Islam unterworfen worden, so sehr,
daß sie alles Erstaunliche und Prächtige, was aus den
Zeiten des Altertums in Europa übrig geblieben war,
den Arabern beimaßen. Die großartigen Ueberbleibsel
römischer Architektur zu Orange an dem Rhone wurden
für Werke der Sarazenen gehalten, ebenso die alten
römischen Mauern zu Vienne in der Dauphiné. Noch
heute schreibt das Landvolk in Frankreich Reste einge=
stürzter Gebäude, besonders kunstreich gebrannte Ziegel=
steine, gern den Sarazenen zu, und alte Wachttürme an
der Küste des Mittelländischen wie Atlantischen Meeres,
die vielmehr zum Schutze gegen die Einfälle der Mos=
limen dienten, sowie die gezinnten Mauern mancher
südfranzösischer Städte wurden für Werke der Araber

gehalten. Ein historisches Fundament haben diese An-
gaben nicht; allein sie bezeugen, welchen tiefen Eindruck
die Verheerungszüge der Sarazenen auf die Bevölkerung
der von diesen in Besitz genommenen oder durchstreiften
Länder machten. Der Einfall der Normannen und
der Ungarn hat, obgleich er später stattfand, kaum eine
Erinnerung in der Bevölkerung Frankreichs zurückgelassen;
das Gedächtnis an das orientalische Volk, das bis zur
Loire und Seine vordrang, hat sich dagegen nicht nur
in der mündlichen Tradition der Franzosen, sondern auch
in deren Litteratur erhalten. Besonders zeigt sich das
in den Rittergedichten und Ritterromanen. Diese im
11., 12. und 13. Jahrhundert geschriebenen Bücher
übten einen Einfluß auf die Gemüter, von dem man
sich gegenwärtig schwer noch einen Begriff macht; sie
bildeten die Lieblingslektüre von Jung und Alt und
wurden noch mehr gelesen, als die Legenden der Heiligen.
Aus ihnen schöpften die Ritter und Krieger ihre Vorstellungen von Tapferkeit und Großmut; sie waren für
alle, welche auf höhere Bildung Anspruch machten, eine
Schule der Galanterie. Die Ritterbücher hatten Verbreitung durch das ganze Volk und wurden nicht nur
in den Schlössern der Vornehmen wie des Adels vorgetragen, sondern auch von umherziehenden Jongleurs vor
der versammelten Menge gesungen. Diese Aventüren
von Kämpfen zwischen Christen und Mohammedanern,
von Riesen und Unholden, von schönen Damen, welche
an der Seite kühner Ritter abenteuernd die Welt durch-

schweifen, sind später von Pulci, Bojardo und Ariost
mit dem poetischen Glanze umkleidet worden, der ihnen
ursprünglich nur in geringem Maße eigen ist. Wie
in den Gedichten der letzteren, so ist auch in den Ritter=
büchern ihrer Vorgänger nur noch eine vage Erinnerung
an die wirkliche Geschichte vorhanden. Sarazenen figu=
riren in ihnen auf jeder Seite als Muster von Tapfer=
keit, Edelsinn und Heldenmut. Selbst auf den Tur=
niren der christlichen Ritter erscheinen sie, um diesen
den Preis zu entreißen.

Es ist klar, daß wir es hier mehr mit Gebilden
der dichterischen Phantasie, als mit historischen Thatsachen
zu thun haben, und für die spätere Zeit läßt sich beides
unschwer scheiden. Aber für die frühere Periode ist die
geschichtliche Wahrheit so mit Phantasiegebilden vermengt,
daß es schwierig wird, die erstere aus dem Schleier der
Tradition abzulösen, welcher sie umsponnen hat. Denn
die Nachrichten der lateinischen Chroniken aus jener
Periode sind überaus dürftig und wegen der völligen
Unkenntnis, in welcher die damaligen Christen in betreff
der Sarazenen lebten, ganz unzuverlässig. Die Kunden
der Araber fließen zwar reichlicher, sind aber großenteils
aus späterer Zeit und durch die Uebertreibungssucht, mit
welcher die Annalisten dieses Volkes alles in möglichst
glänzendem Lichte für sich darzustellen suchen, vielfach
unglaubwürdig. Trotzdem würde der Geschichtschreiber
sicher irre gehen, der sich durch das Fabelhafte in vielen
der überkommenen Berichte bestimmen ließe, um alles,

was den Anschein des Außerordentlichen hat, für Lüge
zu halten oder auf Rechnung der orientalischen Ein=
bildungskraft zu · setzen. Die Thaten und Eroberungen
der Mohammedaner in den ersten Jahrhunderten des
Islam waren so erstaunlicher Art, daß sie an sich schon,
im Lichte der Gegenwart betrachtet, als eine Art von
Wunder erscheinen, und man darf Begebenheiten, welche
sich nach Aussage der Chronisten inmitten dieser gigan=
tischen Kriegszüge ereignet haben, wegen des märchen=
haften Charakters, den sie tragen, nicht sofort für Aus=
geburten eines überspannten Gehirns halten. Nur eines
möchte von vornherein ratsam sein: von den ungeheuren
Zahlenangaben, mit denen die Orientalen immer um sich
werfen, stets einige Nullen zu streichen*).

Nachdem in unglaublich kurzer Zeit die in den
heiligen Städten Medina und Mekka geborene Lehre des
Islam sich über einen großen Teil von Vorderasien ver=
breitet und die Kalifen oder Nachfolger des Propheten
ihren Sitz in Damaskus aufgeschlagen hatten, wälzten
sich bald Scharen der Gläubigen auf der einen Seite
über das gestürzte Reich der Sassaniden und die blutende
Leiche ihres letzten Fürsten Jesdedscherd hinweg, dem
fernen Osten zu, auf der andern längs der Nordküste
von Afrika gegen den Atlantischen Ozean, um dem Ge=

---

*) Siehe die Arbeiten von Rainaud über die Einfälle der
Sarazenen in Frankreich, Savoyen und der Schweiz, Dozy über
die Geschichte der spanischen Mohammedaner und Keller über den
Aufenthalt der Araber in der Schweiz.

bote Mohammeds gemäß sein geweihtes Buch, den Koran, bis in die fernsten Weltgegenden zu verbreiten. Bald war das Christentum, das an diesen Ufern schon zahlreiche Kirchen und Bischofssitze gegründet hatte, in größter Gefahr, von den neuen Eroberern, die mehrenteils aus Arabern der Gegend von Medina und aus Syrern bestanden, hinweggeschwemmt zu werden. Doch die Berbern, das an der Nordküste Afrikas einheimische Volk, setzten den Eindringlingen Widerstand entgegen. Da sandte der Kalif Walid seinen erprobten Feldherrn Musa Ben Nosair gegen diese wilden Stämme. Hier erkämpften er und seine beiden Söhne großartige Siege. Kaum hatte der eine dieser letzteren, Abdallah, von einem Streifzug hunderttausend Köpfe Erschlagener heimgebracht, als der Vater auch seinen zweiten Sohn Merwar mit einer gleichen Anzahl von Häuptern anlangen sah. Zuletzt unterwarfen sich die trotzigen Berbern und bekannten sich zur Lehre des Propheten. Musa setzte seinen tapferen Unterfeldherrn Tarik im Maghrib oder westlichen Nordafrika ein, während er selbst wieder nach dem Osten zurückging. Schon waren die Araber bis zu den Säulen des Herkules vorgedrungen, und es konnte nicht ausbleiben, daß von dort die siegestrunkenen Moslimen begehrende Blicke nach den gegenüberliegenden Küsten Andalusiens warfen. Bald gaben Ereignisse, die in jenem Lande eingetreten waren, Anlaß, daß sie die Meerenge überschifften. Ein kühner Abenteurer, Rodrigo, hatte sich auf den Thron des letzten schwachen Gotenkönigs Witiza

geschwungen und sich daher dessen beide Söhne zu unver=
söhnlichen Feinden gemacht. Noch gefährlicher als diese
wurde ihm ein mächtiger Großer, Julian. Die Zweifel=
sucht des vorigen Jahrhunderts, welche auch zu leugnen
versuchte, daß je ein Cid gelebt habe, hatte alles, was
von der Existenz und den Thaten dieses Julian berichtet
wird, für Fabel erklärt. Allein ihre Behauptung ist,
wie hinsichtlich des Campeador, so auch in betreff Julians
durch die ältesten arabischen Chroniken widerlegt worden.
In einer solchen hat der große Orientalist Slane ge=
funden, Julian habe einen Sohn Pedro hinterlassen und
sein Enkel den Islam, sowie den Namen Abdallah an=
genommen. Zweifelhafter war man bisher über die
Nationalität Julians; die meisten hatten ihn für einen
Westgoten und einen der höchsten Hofbeamten des Königs
Witiza gehalten. Nun ist jedoch von Dozy dargethan
worden, daß er in Diensten des byzantinischen Imperators
stand und sein Befehlshaber in der Festung Ceuta war.
Die nördliche Küste Afrikas, welche längere Zeit den
Vandalen unterworfen gewesen, war nämlich durch Belisar
wieder für den griechischen Kaiser erobert worden. Da
nun wegen der weiten Entfernung Ceutas vom Sitze
des östlichen Imperiums und wegen der Nähe Spaniens
das westliche Maghrib mehr Beziehungen zu Andalusien
als zu Byzanz hatte, so ließ Julian seine Tochter nach
dem Gebrauch der westgotischen Großen am Hofe von
Toledo erziehen. Dort entbrannte der Usurpator Rodrigo
in heftiger Liebe zu der Schönen und that ihr, als er

sich verschmäht sah, Gewalt an. Der leidenschaftliche Julian geriet über solche Kränkung in maßlosen Zorn und wandte sich racheschnaubend an Musa mit dem Anerbieten, er wolle ihm von Ceuta aus den Uebergang nach Spanien und weiterhin die Eroberung dieses Landes ermöglichen. Musa ging nach reiflicher Ueberlegung des Vorschlages auf denselben ein, und sandte seinen Unterfeldherrn Tarik mit einem Heere über die Meerenge. Dieser landete an dem gegenüberliegenden Felsen, welcher seitdem „Dschebel-Tarik" (Gibraltar), auch der Berg der Eroberung, heißt. Die verwegenen arabischen und afrikanischen Scharen fanden zunächst nicht großen Widerstand und pflanzten die Fahne des Propheten an vielen Punkten im Süden Andalusiens auf. Indessen bald rückte ihnen ein zahlreiches westgotisches Heer, geführt von Rodrigo, entgegen und an der Mündung des Flusses Salado, der sich nicht weit vom Kap Trafalgar in den Ozean ergießt, kam es zu einer Schlacht. Die Westgoten waren den Moslimen an Menge erstaunlich überlegen, aber Zwietracht wütete in ihren Reihen. Die beiden Söhne Witizas leisteten aus Haß gegen den König Roderich diesem nicht gehörigen Beistand, und so siegte der Islam. Die Leichen unzähliger Goten überdeckten das Schlachtfeld, und Roderich selbst scheint in den Wellen des Flusses Salado umgekommen zu sein. Von nun an war den Streitern des Propheten der weitere Weg durch die Halbinsel gebahnt. Tarik richtete die heiligen Banner nacheinander in vielen Burgen und

Städten der Westgoten auf und schlug mit dem stärksten
Teil seines Heeres den Weg nach der Hauptstadt Toledo
ein, während er andre Truppen nach Cordova sandte.
Toledo wurde ihm von den dort zahlreichen Juden,
welche erbitterte Feinde der Christen waren, ausgeliefert.
So hatte der Unterfeldherr Musas in kurzer Zeit glänzende Siege erfochten, welche den Neid des letzteren erregten und ihn veranlaßten, selbst mit einer beträchtlichen
Armee nach Spanien überzusetzen und die weitere Unterwerfung des Landes in seine Hand zu nehmen. Im
Jahre 712 langte der Greis, welcher der erste unter den
Befehlshabern des Kalifen war und so viele Siege erstritten hatte, wie er Schlachten geliefert, auf andalusi-
schem Boden an und richtete seine Waffen zunächst gegen
die Städte, welche Tarik noch nicht bezwungen. Sevilla,
die hauptsächlichste von diesen, vermochte er erst nach
monatelanger Belagerung einzunehmen. Merida, eine
noch aus der Römerzeit bedeutende Stadt, öffnete ihm
gleichfalls ihre Thore, und nun begab er sich nach Toledo.
Hier zog ihm Tarik mit allen Zeichen der Unterwürfig-
keit entgegen. Indessen Musa war so wütend gegen
ihn, daß er ihm Peitschenhiebe versetzte und ihn dann
ganz beiseite schob.

Von nun an war die Eroberung Spaniens vollendet; keine Ortschaft dort vermochte mehr Widerstand zu
leisten. Die Zustände der unterworfenen Christen waren
verhältnismäßig recht günstig. Die Mohammedaner rissen
überall einige der vorgefundenen Kirchen an sich und

verwandelten sie in Moscheen, ließen dagegen die übrigen in den Händen der Eingeborenen. Die Christen, welche ihrem Glauben treu blieben, mußten eine jährliche Ab= gabe entrichten; diese fiel jedoch weg, sobald sie zum Islam übertraten. Die Moslimen bemühten sich daher nicht sehr lebhaft, sie zu bekehren, weil — wenn ihre Proselytenmacherei gelungen wäre — sie ihre Einkünfte dadurch geschmälert hätten. Im westgotischen Spanien war übrigens zur Zeit der Eroberung der Kultus der alten Götter von den Zeiten der Römer her noch fast ebenso verbreitet, wie der des Kreuzes, und die Anbeter der Olympier gingen nun, wenn sie die Religion wechsel= ten, vielmehr zum Islam, als zum Christentum über. Besonders häufig fand das bei den Sklaven und Leib= eigenen statt, da diese durch Annahme des Korans ihre Freiheit erhielten.

Nach den arabischen Chronisten unternahm Musa, als er seine Herrschaft auf der Halbinsel ziemlich fest gegründet sah, einen Zug über die Pyrenäen und hatte große Erfolge. Wo sich die Einwohner ihm freiwillig unterwarfen, wurden sie im Besitz ihrer Güter gelassen und milde behandelt. Leisteten sie jedoch Widerstand, so hatten sie die ganze Strenge der Sieger zu empfinden. Ueberall boten die Juden den Mohammedanern Beistand, und wenn in den bezwungenen Ortschaften eine Besatzung zurückblieb, so wurde sie meistens aus ihnen erwählt. Musa soll die Absicht gehabt haben, seinen Rückweg nach Damaskus durch das Festland von Europa über Kon=

stantinopel zu nehmen und so das Mittelländische Meer
zu einem Binnensee dieses unermeßlichen Kalifenreiches
zu machen. Indessen schien ihm dieses Vorhaben doch
zuletzt wohl unausführbar. Nachdem er innerhalb zweier
Jahre ganz Spanien und einen Teil Südfrankreichs unter=
jocht hatte, übergab er die Statthalterschaft dieser neuen
Provinzen seinem Sohne Abd al Aziz, der seine Residenz
in Sevilla nahm. Er selbst zog über die Meerenge nach
Mauritanien zurück, um sich längs der Nordküste des
schwarzen Weltteils nach Damaskus zu begeben. Vier=
hundert, mit Kronen und goldenen Gürteln geschmückte
Söhne westgotischer Großen bildeten sein Gefolge. Noch
bevor er die Kalifenstadt erreichte, empfing er die Bot=
schaft, der Beherrscher der Gläubigen, Walid, liege in
den letzten Zügen, dessen Nachfolger aber wünsche, seinen
Regierungsantritt durch den Triumphzug des Eroberers
von Andalusien zu verherrlichen, weshalb Musa aufge=
fordert wurde, seine Rückkunft zu verzögern. Der greise
Feldherr glaubte jedoch es seinem Wohlthäter schuldig
zu sein, ihm ungesäumt seine Huldigung darzubringen,
hielt seinen Einzug in Damaskus und lenkte hierdurch
den Grimm Suleimans auf sich. Als dieser dann zur
Regierung gekommen, ließ er Musa in Ketten werfen
und gab zugleich den Befehl, dessen Sohn Abd al Aziz,
den Stadthalter von Spanien, aus der Welt zu schaffen.
Der Blutbefehl gegen den letzteren, der sich mit Egilona,
der Witwe Roderichs, vermählt hatte, wurde in der
Moschee von Sevilla an ihm vollstreckt und sein Haupt

an Suleiman nach Damaskus gesandt. Der neue Kalif hatte noch die Grausamkeit, dem Musa den abgehauenen Kopf seines Sohnes in einer Schüssel darreichen zu lassen. Dieser aber, der Sieger in 100 Schlachten, der mehr zur Verherrlichung des Kalifats gethan, als eine ganze Reihe von Herrschern, zog sich, von Weh gebeugt, in die Wüste zurück, um dort seine Tage zu beschließen.

Als die Mohammedaner unter Tariks und Musas Befehl ganz Spanien bis an die Nordgrenze in ihre Gewalt gebracht hatten, flüchteten sich einige hundert tapfere Goten, geführt von dem kühnen Pelayo, in die Hochgebirge des östlichen Asturien. Dort diente ihnen eine große Höhle, die unter dem Namen derjenigen von Covadonga als die Wiege der neuen spanischen Monarchie berühmt geworden ist, zum Asyl. Diese von der Natur in die Felsen gesprengte Grotte liegt auf einer beträchtlichen Höhe, zu welcher man stufenweise emporklimmt, inmitten rauher, von vielen Schluchten zerklüfteter Felsenmassen. Der Weg ist so steil, daß nur die wilden Rehe des Gebirges nach oben zu klettern vermögen. Hier konnten sich kühne Krieger, wenn auch in kleiner Anzahl, gegen große Heere lange behaupten. Die kleine, verwegene Schar, welche im trotzigen Unabhängigkeitsgefühl ein mühseliges, von täglichen Gefahren bedrohtes Leben der Unterwerfung unter die Ungläubigen vorzog, behauptete sich unter fortwährenden Kämpfen eine Zeitlang gegen jeden Angriff. Zuletzt aber schrumpfte sie, indem viele den Entbehrungen und den Waffen der Feinde erlagen, bis auf vierzig zusammen, unter welchen sich zehn Frauen befanden. Ihre einzige Nahrung bestand in dem Honig der wilden Bienen, welchen sie in den Spalten der Felsen fanden. Als sie so zusammengeschmolzen waren, hielten die Moslimen sie für ungefährlich und kümmerten sich nicht länger um sie. Infolge hiervon aber wuchs der Mut Pelayos von neuem. Es gesellten sich noch andre in den asturischen Wildnissen verirrte Christen zu ihm, und er unternahm nun den Angriffskrieg gegen die Feinde des Kreuzes. Der Statthalter von Asturien, Monusa, sandte eine Heermacht wider ihn; doch Pelayo trieb diese in die Flucht und bedrängte den Führer dergestalt, daß derselbe seine Hauptstadt Gijon verließ. Auch in Leon, wohin er sich begab, fand er keine Sicherheit vor den immer kühner werdenden Goten, welche sich den Mauern seines Kastells näherten. Die Krieger weigerten sich, ihm von neuem auf einem Zuge nach der Höhle von Cavadonga zu folgen, und so wuchs Pelayos Macht fort und fort derart, daß er zuletzt ein beträchtliches Territorium in den asturischen Bergen als unabhängiges Fürstentum beherrschte. Oestlich grenzte sein Gebiet an Cantabrien, das sich gleichfalls von den Arabern unabhängig machte; und als dessen Herzog Alfons, der mit einer Tochter Pelayos vermählt war, später den Thron von Asturien bestieg, erhöhte sich die Macht des neuen Reiches um ein Bedeutendes. — Den Arabern erschien übrigens diese wachsende Macht der Christen in den Nordostgebirgen noch nicht bedrohlich. Der neue Ober-

befehlshaber von Andalusien, Alsamah, wendete seine
Waffen nicht gegen sie, sondern unternahm einen Zug
nach Frankreich. Die Mohammedaner, die er führte,
waren von Weibern und Kindern begleitet, und viele
arme Familien aus Syrien und Nordafrika wälzten sich
durch Spanien und die Pyrenäen weiter nach Norden,
in der Absicht, sich dort niederzulassen. Der Feldherr
belagerte zunächst Narbonne und brachte es zu Falle.
Er machte diese Stadt zum Mittelpunkt der arabischen
Herrschaft in Frankreich und häufte dort große Waffen-
vorräte auf. Sodann zog er gegen Toulouse, die Hauptstadt des Herzogtums Aquitanien, und war schon nahe
daran, die Mauern zu erstürmen, als der Herzog Eudes
mit einem starken Heer herankam und einen glänzenden
Sieg über die Sarazenen davontrug, deren Führer Alsamah in den Getümmel den Tod fand. Hierdurch er-
mutigt, nahmen die Christen mit neuem Eifer den Krieg
gegen die Ungläubigen auf; aber in der festen Stadt
Narbonne hatten die letzteren einen Haltpunkt für ihre
weiteren Unternehmungen. Durch Zuzüge aus Spanien
verstärkt, verheerten sie ganz Languedoc mit Feuer und
Schwert. Viele Kirchen, Abteien und Klöster wurden
von ihnen zerstört. Im Jahre 724 traf ein neuer Befehlshaber, Ambissa, aus Afrika ein. Carcassonne, das
Widerstand zu leisten wagte, wurde fast dem Boden
gleichgemacht und Nismes öffnete seine Thore, worauf die
Sarazenen verlangten, daß die Bewohner Geiseln zum
Pfand ihrer Treue stellten. Immer neue Ankömmlinge

aus Spanien verstärkten das Heer der Mohammedaner, und die Verheerungen, welche dies über das südliche und mittlere Frankreich brachte, müssen nach Aeußerung der fränkischen Annalisten fürchterlich gewesen sein. Eine Scene, die einen Begriff von solchen Schrecknissen geben kann, ist uns in der Erzählung eines Dichters aufbewahrt. Sie ereignete sich in der Diöcese von Rhodes. Ein junger Mann, Namens Dado — so lautet der Bericht — hatte bei der Annäherung der Ungläubigen die Waffen ergriffen, und sich unter Zurücklassung seiner Mutter mit den Kriegern der Gegend eine Strecke weit entfernt. Nachdem die Barbaren alles verwüstet hatten, schleppten sie die alte Frau mit sich fort. Dado, sobald er dies vernommen, sprengte mit einigen Gefährten in voller Rüstung herbei, um sie zu befreien und suchte die Thore der sarazenischen Burg zu erstürmen. Aber die Mauren, hinter ihrem Walle geschützt, verhöhnten lachend das Wutgeschrei ihrer Feinde. Zuletzt jedoch richtete einer von ihnen das Wort an Dado: „Wenn du willst, daß wir dir deine Mutter zurückgeben, so liefere uns das Pferd aus, auf dem du reitest! Weigerst du dich dessen, so töten wir das Weib vor deinen Augen!" Der Jüngling lehnte es ab, dies Begehren zu erfüllen. Da führten die Barbaren seine Mutter auf den Wall, schlugen ihr das Haupt ab und warfen es dem Sohne zu, indem sie riefen: „Hier sieh deine Mutter!" Dado taumelte entsetzt zurück, weinte und stürzte bald hierhin, bald dorthin, indem er Rache heischte. Aber er und seine Gefährten waren zu klein an Zahl, um etwas gegen die Unmenschen auszurichten, und zuletzt zog er sich in die Einsamkeit zurück.

Ziemlich um die nämliche Zeit drangen Scharen von Moslimen an den Rhone, nach der Dauphiné, Lyon und Burgund vor. Die ganze Umgegend von Vienne wurde in eine Wüstenei verwandelt, Lyon, Macon und Chalons an der Saône hatten arge Verheerungen zu erleiden. Viele Kirchen gingen in Flammen auf und Dijon ward bös mitgenommen. Aus allem geht übrigens hervor, daß in Frankreich die Sarazenen nicht wie in Spanien einen Teil der Bewohner auf ihrer Seite hatten. Sie wurden überall als Feinde gehaßt, und nur knirschend ertrugen die Christen ihr Joch. Doch rafften diese sich zu keinem energischen Widerstand unter einem gemeinsamen Führer auf. Karl Martell, der gewaltige Hausmeier der Könige von Austrasien, war zu sehr von dem Kriege gegen die Sachsen und Friesen in Anspruch genommen, als daß er sich dem Vordringen der wilden Horden hätte widersetzen können. Aber auch als er mit den nordischen Feinden fertig geworden, hinderte ihn der Zwiespalt, in dem er mit dem Herzog Eudes von Aquitanien stand, den Kampf mit den Moslimen aufzunehmen. Ein arabischer Chronist erzählt: Mehrere französische Große beklagten sich bei Karl über das Unheil, das die Moslimen anrichteten und nannten es eine Schande, daß die Fremdlinge einer so wohlgeordneten Armee Trotz zu bieten wagten. Karl aber erwiderte ihnen: „Kümmert euch

nicht um sie! Sie sind im Augenblick, wo ihre Kühn=
heit den höchsten Grad erreicht hat, und gleichen einem
Strome, der alles auf seinem Laufe niederwälzt. Die
Begeisterung dient ihnen als Harnisch und der Mut als
sichere Festung. Aber wenn ihre Hände mit Beute ge=
füllt sein, wenn sie Freude an dem Aufenthalt hier im
schönen Lande finden, wenn ihre Führer in Ehrgeiz ent=
brennen werden und sich Zwiespalt in ihre Reihen ein=
geschlichen haben wird, dann ist es Zeit, daß wir uns
auf sie werfen, und wir können sie leicht überwältigen."

Ein neuer Gouverneur, Abd ur Rahman, kam mit
starken, auf seinem Zuge durch Spanien noch gewachsenen
Streitkräften, im Jahre 732 über die Pyrenäen, ver=
wüstete die nördlich von diesen gelegenen Gegenden und
drang nach Bordeaux vor, das schwer zu leiden hatte.
In äußerster Bedrängnis wendete sich Herzog Eudes von
Aquitanien an Karl Martell, der auf die Nachricht vom
Anstürmen neuer Sarazenen einen Teil seiner Heerscharen
aus Deutschland und vom Nordmeer herangerufen hatte.
Bald waren die Grenzen der merowingischen Könige be=
droht, wilde Schwärme von Mohammedanern wälzten
sich nach Poitiers zu und richteten dort furchtbare Ver=
wüstungen an. Dann gingen sie weiter nach Tours, wo
ihnen die reiche Abtei Saint=Martin lockende Beute ver=
sprach. Hier aber rückte ihnen Karl Martell mit einer
zahlreichen Armee bis an die Loire entgegen. Im Herbste
732 entspann sich eine große Schlacht. Die Sarazenen
rüsteten sich mit ihrer ganzen Kavallerie zum Angriff. Ein

arabischer Chronist erzählt, die Mohammedaner hätten
sich in Gegenwart Karl Martells auf die Stadt Tours
gestürzt und dort in Blut und Beute geschwelgt, wodurch
ohne Zweifel der Zorn Allahs gegen sie erregt und so
ihr Unglück herbeigeführt worden wäre. Die christlichen
Schriftsteller dagegen erwähnen nichts von der Einnahme
von Tours und nehmen an, die Ungläubigen hätten sich
an den in der Kirche Saint=Martin aufgehäuften Schätzen
nicht vergriffen. Nachdem die beiden Heere sich acht Tage
lang gegenüber gestanden und ihre Kräfte in kleinen
Kämpfen miteinander gemessen, kam es zu einem all=
gemeinen Zusammenstoß. Der schon angeführte Araber,
und ebenso Roderich Ximenes, dessen Chronik nach arabi=
schen Quellen verfaßt ist, behaupten, die Schlacht habe
in der Umgegend von Tours stattgefunden. Die christ=
lichen Annalisten dagegen geben Poitiers als deren Schau=
platz an. Die Entfernung zwischen diesen beiden Städten
ist zwar beträchtlich; aber da die Heermenge der Strei=
tenden eine außerordentlich große gewesen sein muß, so
läßt sich wohl denken, daß der Kampf auf ein so weites
Terrain sich ausgedehnt habe. Als Zeitpunkt wird der
Oktober 732 angegeben. Karl Martell war überall
zugegen, wo die Gefahr am dringendsten schien. Die
Araber, leicht bewaffnet, suchten durch die Schnelligkeit
ihrer Bewegungen die Reihen der Christen in Unordnung
zu bringen; jedoch umsonst. Den ganzen Tag hindurch
tobte der Kampf. Am folgenden Morgen entbrannte er
von neuem, und die Mohammedaner begannen mit ver=

doppelter Wut den Angriff. Plötzlich wurde ihr Lager
von einer christlichen Heeresabteilung überfallen, und be=
stürzt verließen alle die Schlachtreihen, um ihre Beute
zu verteidigen. Abd ur Rahman suchte die Ordnung wieder=
herzustellen; er wurde jedoch von einem Pfeil tödlich ver=
wundet. Nun riß wilde Verwirrung unter den Sara=
zenen ein, und das Schlachtfeld überdeckte sich mit ihren
Leichen. Am dritten Tage wollte Karl den Kampf er=
neuern: allein die Gegner hielten nicht Stand, und der
größte Teil derselben hatte schon in der Nacht den Rück=
weg nach den Pyrenäen eingeschlagen. Ihre Flucht war
so schnell, daß sie einen großen Teil der Beute zurück=
ließen. Karl verteilte dieselbe unter seine Krieger, ver=
nachlässigte es indes, die Fliehenden zu verfolgen. Un=
mittelbar nach dem Siege ging er über die Loire zurück,
indem er denselben für so glänzend erachtete, daß er
wohl glaubte, in Zukunft habe er nichts von den Un=
gläubigen zu befürchten. Von dieser großen Waffenthat
blieb ihm der Name Martell, weil er wie ein Hammer
die Feinde zerschmettert hatte.

Obgleich die Angabe christlicher Schriftsteller, wo=
nach 350 000 Sarazenen gefallen sein sollen, sicher über=
trieben ist, war der Sieg des merowingischen Hausmeiers
unstreitig einer der größten und entscheidendsten in der
Weltgeschichte. Denn wer mag sagen, ob — wenn er
dem Vordringen der Moslimen keinen Damm entgegen=
gesetzt — sie sich nicht über ganz Europa verbreitet und
die Fahne ihres Glaubens, die schon von den Grenzen

von China bis an das Atlantische Meer und von Nord=
afrika bis an die Garonne wehte, auch auf die Kirchen des
Nordens gepflanzt hätten! Die Kunden, welche uns über
diese gewaltige Schlacht aufbehalten worden sind, lassen
an Genauigkeit viel zu wünschen übrig. Aber sowohl
christliche wie arabische Autoren sprechen von ihr als von
einem ungeheuren Ereignisse. Die letzteren sagen, das
Feld bei Tours sei mit Märtyrern gepflastert worden,
und man höre daselbst noch heute auf der heiligen Wal=
statt die Stimmen der Engel, welche die Frommen zum
Gebete einlüden.

Wie schwer auch die Niederlage der Sarazenen ge=
wesen war und obgleich sie sich zuerst in wilder Flucht
südwärts ergossen, so behaupteten sie sich doch im süd=
lichen Frankreich, und Narbonne blieb dort ihr wichtigster
Haltpunkt. Ein andrer Statthalter, Abd al Malek, den
der Kalif aus Damaskus sandte, suchte ihren Mut zu
einem neuen Kriegszuge gegen Norden zu entflammen.
Doch war sein Bestreben zunächst nicht eben von Erfolg
begleitet. Die Christen im nördlichen Spanien, ange=
feuert durch den Sieg ihrer Glaubensgenossen, ergriffen
wieder die Waffen gegen die Ungläubigen, und es wird
sogar von einem Unternehmen berichtet, welches die An=
hänger des Kreuzes aus Frankreich her über die Pyrenäen
führte und wobei sie Barcelona erobert haben sollen.
Abd al Malek war jedoch sodann in Catalonien, Aragon
und Navarra siegreich, zog nach Frankreich und befestigte
dort die in den Händen der Moslimen befindlichen Städte.

Hierauf machte ein günstiger Umstand es ihm möglich, die Offensive gegen die Christen zu ergreifen. In der Provence und in Septimanien hatten sich verschiedene christliche Große der Herrschaft bemächtigt und lebten untereinander in beständigen Fehden. Um ihre Gegner zu bezwingen, scheuten sich einzelne von ihnen nicht, sich mit den Sarazenen zu verbinden. So machte Mauronte, der sich zum Herrn eines großen Teils der Provence aufgeworfen hatte, gemeinsame Sache mit Jussuf, dem Befehlshaber von Narbonne, überschritt mit ihm den Rhone und bemächtigte sich der Stadt Arles, wo er Kirchen und Heiligtümer verheerte. Von da wandten sie sich nach Avignon und behaupteten diese Gegend vier Jahre lang. Um 735 begab sich Abd al Malek nach den Pyrenäen, um deren aufgestandene Bewohner zu unterwerfen, erlitt aber dort eine gänzliche Niederlage. Der Kalif ernannte nun Okba zu seinem Hauptstatt= halter im Westen, und Abd al Malek behielt nur den Oberbefehl in den Pyrenäen. Okba war von großem Eifer für den Islam beseelt und ließ in Languedoc bis an die Ufer des Rhone Kastelle errichten, um von den= selben aus den Krieg gegen die Christen mit Nachdruck führen zu können. Okbas Krieger drangen über Lyon in die Dauphiné vor. Im Jahre 737 beschloß dann Karl Martell, ihre überhandnehmende Frechheit zu züch= tigen und rückte nach Süden gegen sie vor. Hildebrand, sein Bruder, jagte sie bis nach Avignon zurück und um= schloß diese Stadt. Karl Martell folgte mit einem

starken Heer, und Avignon mußte sich ergeben. Alle
Sarazenen, die in die Gewalt der Christen fielen, wur=
den niedergemacht, und Karl drang weiter bis Narbonne
vor. Dorthin sandte Otba den Christen auf einer Flotte
ein starkes Heer entgegen, und es entbrannte eine Schlacht
zwischen den Kreuzanbetern und den Sarazenen, in wel=
cher die letzteren völlig unterlagen. Die Ungläubigen
wurden von den Siegern mit einem Hagel von Pfeilen
verfolgt, und nur sehr wenigen gelang es, ihre Schiffe
zu erreichen. Narbonne ward jedoch von den Arabern
behauptet, und Karl Martell zog wieder nach Norden
zum Kampf gegen die Friesen.

Seit der Mitte des 8. Jahrhunderts gestaltete sich
die Lage der Christen in Frankreich schlimmer. Denn
die Sarazenen, die bis dahin gewöhnlich durch die
Pyrenäen vorgedrungen waren, begannen von nun an
in ungeheuren Scharen von Afrika und den spanischen
Ufern aus zur See in die Provence einzufallen. Nach
einer mohammedanischen Tradition sollte der Prophet ge=
sagt haben: ein Kriegszug zur See habe in Allahs Augen
ein zehnfach größeres Verdienst, als ein solcher zu Lande.
So behauptete man auch von Aischa, der Lieblings=
gattin des Propheten, sie habe geäußert: wenn sie Mann
wäre, würde sie sich dem heiligen Kriege zur See widmen.

Die Expeditionen der Mohammedaner nach Frank=
reich zu Meer gingen seit dem 8. Jahrhundert beson=
ders von Tunis aus, wo ein eigener großer Kriegshafen
angelegt war. In Spanien residirte ein Emir, dem

vorzugsweise die Leitung der Flotten oblag, und welcher den Titel Emir al Bahr (Admiral) führte. Die Expeditionen der Araber zur See richteten sich im Beginn gegen Sizilien, Korsika und Sardinien, von deren Küsten sie Gefangene und Beute in Menge fortschleppten. Ihre erste Unternehmung gegen Frankreich, um die Mitte des 8. Jahrhunderts galt der durch ihr blühendes Kloster berühmten Insel Larins. Sie landeten daselbst, übten furchtbare Grausamkeiten gegen die zahlreichen, dieselbe bewohnenden Mönche und sollen die letzteren sämtlich, bis auf vier, die sie mit sich schleppten, umgebracht haben. Diesen vier jedoch gelang es später, zu entfliehen, und sie stellten das Kloster wieder her.

Zum Glücke für die Christen verhinderten heftige Parteiungen unter den Orientalen die energische Verfolgung ihrer Siege. Zwischen den Arabern und den Berbern, welche letzteren einen großen Teil der Eingedrungenen bildeten, brachen heftige Streitigkeiten aus, welche ihre weiteren Fortschritte in den Christenländern hemmten. Dazu kam der Untergang der Omajaden, welche den Kalifen aus dem Hause der Abbassiden weichen mußten. Aber unter dem letzten Sprößling des Omajadenhauses, der dem Mordschwert der Abbassiden entging, und sich in Spanien eine unabhängige Herrschaft gründete, dem glorreichen Stifter des westarabischen Reiches in Spanien, Abd ur Rahman I., brach eine glänzende Periode für die Mohammedaner im Abendlande an. Der Beginn der Regierung dieses Fürsten, nach=

dem derselbe sich in Cordova festgesetzt hatte, war aller=
dings nicht glücklich. Die Moslimen wurden im Jahre
759 durch Karls Nachfolger Pipin aus Narbonne ver=
trieben, und eine Zeitlang war ganz Frankreich von den
Ungläubigen befreit. Der Ausbreitung der arabischen
Herrschaft stand die Rivalität zwischen den Abbassiden,
dem Orient und der neugegründeten Omajadendynastie
in Spanien entgegen. Des angestammten Glaubens=
hasses vergessend, verbündeten sich jene mit den Franken,
während Abd ur Rhaman und seine Nachfolger in innige
Vereinigung mit den byzantinischen Machthabern traten.
Es fand ein lebhafter Handelsverkehr zwischen der fran=
zösischen und syrischen Küste statt. Schon gegen die
Mitte des 8. Jahrhunderts zogen zahlreiche Pilger aus
dem Abendlande nach Palästina, und es scheint, daß die
abbassidischen Herrscher ihnen keine Hindernisse in den
Weg legten. Zwischen König Pipin, sowie Karl dem
Großen und den Kalifen des Orients, andrerseits zwi=
schen Abd ur Rahman I. und den byzantinischen Kaisern
gingen Gesandtschaften hin und her, welche die Verbin=
dungen unter den Gebietern des Orients und Occidents
enger schlangen. Allein während die fränkischen Fürsten
freundschaftlichen Verkehr mit den Beherrschern von Bag=
dad pflegten, stellten sie sich den Emiren des Abendlandes
feindselig gegenüber und suchten, ebenso wie die kleinen
christlichen Könige von Nordspanien, ihr Gebiet südwärts
der Pyrenäen auszudehnen. Eine günstige Gelegenheit,
dies zu thun, bot sich dem großen Karl dar, indem drei

aufständische arabische Häuptlinge sich nach Paderborn
begaben, um seine Hilfe wider Abd ur Rahman I. anzu=
flehen. Karl, dem eben die Bezwingung der heidnischen
Sachsen gelungen war, lieh den Vorstellungen dieser
Häuptlinge, die sich von der Herrschaft des Emirs von
Cordova unabhängig machen wollten, ein günstiges Ge=
hör. Er verabredete mit ihnen, daß er in ihrem Geleite
mit einem zahlreichen Heer die Pyrenäen überschreiten
wollte, und daß die arabischen Häuptlinge, die ihn auf
dem Zuge begleiten sollten, seine Oberherrlichkeit anzuer=
kennen hätten. In sämtlichen den Mohammedanern ab=
zunehmenden Gegenden sollte das Banner der mit Karl
verbündeten abbassidischen Kalifen aufgepflanzt werden.
Zum Glück für Abd ur Rahman gelangte jedoch der
ihn bedrohende Feldzug nur auf unvollkommene Weise
zur Ausführung. Zwei der arabischen Häuptlinge, auf
deren Beistand der fränkische Herrscher gerechnet hatte,
erwiesen sich als unzuverlässig. Nur einige der Führer,
mit denen er den Plan verabredet, und unter welchen
der vornehmste Al Arabi war, blieben ihm treu und
folgten ihm vom Fuße der Pyrenäen bis vor die Mauern
von Saragossa, das er zu belagern begann. Kaum aber
hatte der große Frankenherrscher dies Unternehmen be=
gonnen, als ihn wichtige Nachrichten nach Deutschland
abriefen; die schon unterworfenen heidnischen Sachsen
waren auf Wittekinds Ruf von neuem gegen ihn auf=
gestanden. Sie waren bereits bis an den Rhein vor=
gedrungen und hatten sich der Stadt Deutz, Köln gegen=

über, bemächtigt. Karl war so genötigt, nach dem Nor=
den zurückzukehren, und schlug den Weg von Saragossa
durch das Thal von Ronceval nach Frankreich ein. In
der waldigen und felsigen Umgebung dieses von so vielen
Liedern besungenen Thals lauerten die den Fremdlingen
feindlichen und nach Beute begierigen Basken dem frän=
tischen Heere auf. Sie ließen zuerst die Vorhut des
letzteren passiren; als aber die Hinterhut, mit Gepäck
überladen, heranrückte, stürzten sie sich auf dieselbe herab,
machten sie zum größten Teile nieder und töteten auch
ihren Heerführer Ruotland. Sodann plünderten sie das
Gepäck und zerstreuten sich, nachdem sie den Franken eine
vollkommene Niederlage bereitet, in der Umgegend. Dies
ist der einfache Hergang der durch die Tradition und die
Gesänge der Dichter über alles Maß vergrößerten Schlacht
von Ronceval. Abd ur Rahman I. war während des Vor=
ganges in Cordova gewesen; allein er brach auf die
Kunde davon nach dem Norden auf, und unterwarf
wieder das aufständische Saragossa, wie er denn auch
die aufrührerischen Basken zu Paaren trieb.

Nach Abd ur Rahmans im Jahre 778 erfolgtem
Tode faßte sein Sohn Hischam, der nach ihm die Re=
gierung antrat, großartige Pläne zur Ausbreitung des
Islam. Er ließ in den Moscheen die Aufforderung zum
heiligen Kriege verlesen, und infolge seines Aufrufs
strömten die Gläubigen zahlreich zu seinen Fahnen, um
die Christen jenseits der Pyrenäen zu bekriegen. Auf
seinen Befehl wurde von den Kanzeln der Gotteshäuser

eine Kriegserklärung verlesen, die etwa folgenden Wort=
laut hatte:

„Preis sei Allah, welcher den Ruhm des Islam
durch das Schwert der Glaubenskämpfer erhöht hat, und
der in seinem geheiligten Buche allen Getreuen seinen
Beistand und einen glänzenden Sieg verheißen! So hat
der Anbetungswürdige gesprochen: ‚O ihr Gläubigen,
wenn ihr Allah Beistand leiht, so wird er euch helfen
und euren Schritten Festigkeit verleihen! Weiht denn
dem Herrn eure guten Thaten: er allein kann durch seine
Hilfe eure Fahnen zum Triumphe führen. Es gibt
keinen andern Gott außer Allah; er ist der einzige und
hat keine Gefährten; Mohammed ist sein Prophet und
sein geliebter Freund.‘ — O ihr Menschen! Gott hat
euch begnadet, euch unter die Leitung des edelsten seiner
Auserwählten zu stellen, und er hat euch des Geschenkes
seiner Huld gewürdigt. Er wird euch im zukünftigen
Leben ein Glück ohne Grenzen schenken, das noch kein
Auge erblickt, von dem noch kein Ohr vernommen, und
das noch kein Herz empfunden hat. Zeigt euch einer
solchen Wohlthat würdig! Verteidigt die Sache eures
heiligen Glaubens und bleibt dem rechten Pfade treu;
Gott gebietet es euch durch sein geweihtes Buch, welches
euch als Führer dienen soll. Hat doch das höchste Wesen
gesagt: ‚Ihr, die ihr glaubt, bekämpft die ungläubigen
Völker, welche in eurer Nähe sind, und zeigt euch hart
gegen sie!‘ Eilt daher in den heiligen Krieg und er=
ringt euch die Gnade des Herrn aller Wesen! Ihr

werdet den Sieg und die Macht erringen; denn der
höchste Gott hat gesprochen: ‚Es ist eine Pflicht für uns,
den Gläubigen Beistand zu leihen!‘"

Feurige Aufrufe dieser Art entflammten den Eifer
der Moslimen, und sie strömten von allen Seiten zum
heiligen Kriege herbei. Das von Glaubensbegeisterung
trunkene Heer wälzte sich in zwei Abteilungen durch
Asturien und Catalonien der französischen Grenze zu.
Es war ein für Frankreich ungünstiger Moment; denn
Karl der Große befand sich an der Donau. Bei der
Annäherung des arabischen Heeres flohen die Bewohner
Frankreichs voll Entsetzen mehr nordwärts; jenes aber
bemächtigte sich von neuem Narbonnes und drang weiter
bis in die Gegend von Carcassonne vor. Da sammelte
Wilhelm, Graf von Toulouse, eine Schar von Christen
um sich und stellte sich den Eindringlingen entgegen.
Zwischen Narbonne und Carcassonne kam es zu einer
Schlacht, die zwar nicht mit einem entscheidenden Sieg
für die Moslimen endigte, ihnen jedoch reiche Beute eintrug, mit welcher sie triumphirend über die Pyrenäen
zurückkehrten. Den fünften Teil davon verwandte Hischam
für den Bau der großen Moschee zu Cordova, den sein
Vater Abd ur Rahman I. begonnen hatte. Die von dem
letzteren errichtete Abteilung dieses Riesengebäudes stand
bei den Moslimen besonders deshalb im höchsten Ansehen,
weil sie ausschließlich von der den Christen abgenommenen Beute aufgeführt worden war. Als nun der
neue Teil der Moschee hinzugefügt wurde, weigerten sich

viele Moslimen, ihre Gebete in demselben zu verrichten,
indem sie den älteren Bau für den heiligeren hielten.
Aber Hischam ließ durch den Kadi bestätigen, daß auch
die neue Abteilung des Gebäudes ausschließlich von den
den Christen abgenommenen Reichtümern errichtet worden
sei. Nach einigen arabischen Autoren war dieser Teil
der Moschee um so heiliger, als die Erde, auf welcher
er erbaut ward, aus dem jüngst eroberten Landstrich in
einer Entfernung von 200 Meilen auf dem Rücken christlicher Gefangener herbeigetragen wurde.

Die Mohammedaner hatten jetzt zwar keinen festen
Fuß mehr auf französischem Boden; indessen da Barcelona, Saragossa und andre Hauptplätze des nördlichen
Spanien in ihren Händen waren, bedrohten sie noch
immer das südliche Frankreich und machten häufige Kriegszüge dorthin. Zum Hauptstützpunkte für diesen Zweck
diente ihnen das feste Barcelona. Aber Wilhelm, Graf
von Toulouse, beschloß, um der ihn stets bedrohenden
Gefahr zu entgehen, alles daran zu setzen, jene Stadt
in die Gewalt der Christen zu bringen. Er vereinigte
sich daher mit Ludwig, König von Aquitanien, Sohn
Karls des Großen, und setzte, während letzterer in Rom
war, um sich die Kaiserkrone aufs Haupt drücken zu
lassen, ein Unternehmen gegen die catalonische Hauptstadt
ins Werk. Ueber die Belagerung dieser Stadt gibt ein
lateinisches Gedicht von Ermoldus Nigellus nähere Aus-
kunft. „Barcelona,“ sagt er, „war für die Ungläubigen
ein festes Bollwerk geworden. Von hier aus brachen

auf leichten Rossen die Krieger auf, welche in die christ=
lichen Länder einfallen wollten; dorthin kehrten sie mit
reicher Beute zurück. Vergebens richteten die Franzosen
während zweier Jahre furchtbare Verwüstungen um die
Wälle dieser Stadt an, der Befehlshaber ließ sich durch
nichts zur Unterwerfung bestimmen. Als die Krieger
von Aquitanien vor der Stadt angelangt waren, schickte
sich jeder zur Erfüllung der ihm obliegenden Aufgabe
an. Der eine begann Leitern anzulegen, der andre
pflanzte Pfähle in die Erde, der dritte brachte Waffen
herbei; noch ein andrer türmte Steine auf. Pfeile flogen
von allen Seiten; die Mauern widerhallten von den
Stößen der Widderböcke; der Anprall verursachte die
furchtbarsten Verwüstungen. Um den Mut der Belagerten
zu befeuern, verkündete der Befehlshaber, es seien Ver=
stärkungen aus Cordova angelangt. Dann sprach er, mit
der Hand auf die Franzosen deutend: „Da seht diese
hochgewachsenen Männer, die der Stadt keine Ruhe lassen!
Sie sind mutig, geübt in Führung der Waffen, gegen
Gefahren gestählt und voll rüstiger Thätigkeit. Sie
haben beständig die Schwerter zur Hand, an welchen
ihre Jünglinge Wohlgefallen finden, und deren auch ihre
Greise noch nicht überdrüssig sind. Laßt uns denn unsre
Wälle tapfer verteidigen!“

Die Christen unternahmen die Belagerung von
Barcelona in drei Heeressäulen, deren erste die Stadt
angreifen, die zweite aber, unter dem Befehl des Grafen
Wilhelm, sich den aus Cordova heranrückenden Moslimen

entgegenstellen sollte. Die dritte, unter dem Kommando Ludwigs, war auf der Höhe der Pyrenäen aufgestellt, um von dort aus nach dem Bedürfnis des Augenblicks zu operiren. Sadon, der mohammedanische Truppenführer, rückte aus den Mauern den Angreifern entgegen, mußte sich ihnen jedoch ergeben. Der Fall Barcelonas fand im Jahre 801 statt; seine Moscheen wurden in Kirchen umgewandelt. Ludwig schickte seinem Vater einen Teil der in der Stadt gemachten Beute: Küraffe, Helme mit Zimieren und prächtig geharnischte Roffe.

Im nämlichen Jahre empfing Karl der Große eine Gesandtschaft des Harun al Raschid. Derselbe hatte einige Zeit zuvor einen Juden, Isaak, und zwei französische Christen an den Kalifen geschickt. Dieser Gesandtschaft war der Auftrag geworden, sich über Jerusalem nach Bagdad zu begeben und von Harun zu erwirken, daß den Christen der Zugang zur heiligen Stadt erleichtert würde. Auch sollten sie sich einen Elefanten erbitten, um dieses Tier bei ihrer Rückkunft in Frankreich produziren zu können. Harun empfing die Gesandtschaft huldvoll, erteilte Karl dem Großen das Recht, die Sicherheit der heiligen Orte zu überwachen und sandte ihm auch ein Riesentier von der Gattung, die zu Hannibals Zeiten in Europa sehr häufig gesehen worden war, nun aber dort nur dem Namen nach bekannt gewesen zu sein scheint. Endlich schenkte er ihm noch ein prachtvolles Zelt, Baumwoll- und Seidenstoffe, die damals höchst selten in Frankreich waren, zwei Kandelaber von riesiger

Größe und eine messingene Uhr, welche, durch Wasser
getrieben, die zwölf Tagesstunden anzeigte. Der Elefant
und die andern Geschenke wurden, nachdem sie in Pisa
ausgeschifft worden, mit großem Gepränge nach Aachen,
dem Lieblingsaufenthalte des Kaisers, geführt. Die Ab=
gesandten hatten dem letzteren die Grüße des Kalifen
und die Versicherung zu überbringen, daß er dessen
Freundschaft höher als die aller andern Fürsten schätze.

Unterdessen währte der Krieg zwischen den Mos=
limen und Christen in Südfrankreich fort, und oft zum
Vorteil der ersteren, da Karl schon im Norden über=
beschäftigt war. Um die nämliche Zeit mußten die
omajjadischen Herrscher in Spanien sich der Angriffe der
abbassidischen Kalifen erwehren, welche Flotten aus=
schickten, um Andalusien zu unterwerfen. Schon seit
773 hatte Abd ur Rahman I. zu seinem Schutze gegen
diese Ueberfälle Kriegsschiffe und Arsenale in den Häfen von
Taragona, Tortosa, Sevilla, Almeria, Cartagena u. s. w.
konstruiren lassen. Sich gegen die spanischen Sarazenen
zu schützen, unterwarfen sich Sardinien, Korsika und
die Balearischen Inseln Karl dem Großen; und nun
richteten sich die Angriffe dieser spanischen Moslimen, die
in offener Feindschaft mit dem Kaiser lebten, gegen die
genannten Eilande. Sie ermordeten die männlichen Be=
wohner der Inseln und schleppten die Weiber und Kinder
in die Gefangenschaft fort. Solange der mächtige Harun
al Raschid lebte, stand das östliche, mit Karl dem
Großen verbündete Kalifenreich noch unerschüttert da.

Allein als sich unter dessen Nachfolgern Thronstreitigkeiten erhoben, entzogen sich die aghlabidischen Statthalter von Nordafrika, welche in Tunis residirten, der Herrschaft derselben, und unter ihnen begann jenes Seeräuber= unwesen, welches die Küsten des Mittelländischen Meeres solange verheert hat. Der lebhafte Handel, welcher zwischen Frankreich und Italien einerseits, und Aegypten, Syrien und Klein=Asien auf der andern Seite geführt wurde, reizte die Begier der afrikanischen Piraten. Mit den letzteren verbündeten sich die normannischen. Die Küsten der Ostsee, Jütland und Skandinavien waren damals von einer wilden, noch dem Glauben an Odin und Thor anhängenden Bevölkerung erfüllt, und das Streben nach Kriegsruhm und Beute, welches diese Normannen, die unter dem Namen der Wikinger bald der Schrecken aller europäischen Meere wurden, beseelte, führte sie zunächst an die französischen Ufer; ihre Angriffe auf die Küsten von Frankreich wurden so gefährlich, daß Karl der Große den Befehl gab, an den Mündungen der Ströme Ver= teidigungsstürme aufzurichten. Um sich gegen die nordi= schen Barbaren zu schützen, trat Karl der Große mit den mohammedanischen Herrschern von Spanien in Verhandlungen ein. Im Jahre 812 begab sich ein arabischer Gesandter nach Aachen zum Kaiser und schloß daselbst einen Waffenstillstand auf drei Jahre, der indes bald wieder gebrochen wurde. Unter Karls Nachfolger Ludwig dem Frommen dauerte ebenso der Kampf zwischen Franzosen und Arabern, wie der Unfug der moham=

medanischen Piraten an den französischen Küsten fort.
Nach dem Tode Ludwigs, als die Zwistigkeiten seiner
Söhne das Reich verwüsteten, drangen die Sarazenen
bis Arles vor, und zugleich machte ein arabischer Statt=
halter von Tudela in Navarra, Namens Musa, einen
Einfall in die Cerdagne und verheerte das Land. Zur
selben Zeit drangen die normannischen Seeräuber von
den Mündungen der Ströme bis in das Innere von
Frankreich ein und richteten hier furchtbare Zerstörungen
an. Im Verein mit ihnen machten die afrikanischen
Piraten Raubzüge nach den verschiedenen europäischen
Küsten und drangen durch die Tibermündung bis zu den
Thoren von Rom vor, wo sie die alten Basiliken
St. Peter und St. Paul plünderten. Die Riviera von
Genua hatte furchtbar von diesen Seeräubern zu leiden,
und die Priester und Mönche selbst griffen zu den Waffen,
um die Eindringlinge zu vertreiben. Die Normannen,
nicht zufrieden, Frankreich zu verheeren, wagten sich bis
nach Spanien, wo sie Sevilla plünderten, und von wo
sie zu weiteren Zerstörungszügen die Meerenge von
Gibraltar durchschifften. Auf der pyrenäischen Halbinsel
brach infolge von Regenmangel eine furchtbare Hungers=
not aus. Ungeheure Scharen von Heuschrecken ergossen
sich über das Land, und heiße Winde aus der Wüste
ließen das Wasser der Quellen versiegen. Doch war der
Zustand in Spanien, wo Abd ur Rahman II. mit allen
Kräften das Elend seines Landes zu lindern suchte, noch
ein verhältnismäßig besserer, als in den meisten andern

Gegenden Europas. In Frankreich lagen, wie ein gleich=
zeitiges Aktenstück bekundet, in der zweiten Hälfte des
9. Jahrhunderts fast alle Kirchen in Trümmern; die
Städte waren ausgeplündert, die Klöster verwüstet.
Manche Christen ließen ihr Eigentum im Stich, und
wanderten aus, um an befestigten Plätzen Schutz zu
suchen; andre aber zogen den Tod der Auswanderung
vor. Wieder andre verrieten sogar ihren Glauben und
machten gemeinsame Sache mit den Sarazenen oder den
Anbetern des Odin. Diese waren für die Landesbewohner
die gefährlichsten; denn da sie die Gegend genau kannten,
vermochte keiner, ihnen zu entrinnen. Ganz Frankreich
schien sich in eine Wüste verwandeln zu sollen; wo früher
das Land reich bebaut gewesen und Prachtgebäude das
Auge erfreut hatten, sproßten nun Dornen und Nesseln.

Unter der Regierung Mohammeds, des Nachfolgers
Abd ur Rohmans II., erhob ein gewisser Omar Ibn Hassun
die Fahne des Aufruhrs gegen den Herrscher von An=
dalusien und bemächtigte sich, indem er gemeinsame Sache
mit den Christen machte, verschiedener Plätze im nörd=
lichen Spanien. Der Emir Mohammed sah sich durch
ihn so bedrängt, daß er die Hilfe Karls des Kahlen
anrief, und er erreichte von diesem wenigstens, daß er
versprach, den Empörern keine Hilfe zu leisten. Die Ab=
gesandten, welche bei dieser Gelegenheit im Jahre 866
von Karl nach Cordova geschickt worden waren, kehrten
mit Dromedaren, die mit prächtigen Sänften geschmückt
waren und kostbare Stoffe, sowie Spezereien trugen,

zurück. Doch auch als die Gefahr, welche das Emirat von Cordova durch den Aufrührer bedrohte, beseitigt war, blieb der Zustand Spaniens ein trostloser. Pest, Dürre, Hungersnot und Erdbeben verwüsteten das Land. Da um die nämliche Zeit eine totale Mondfinsternis eintrat, glaubten die Moslimen, es sei um ihr Reich geschehen. Die Rechtgläubigen meinten, man müsse den Zorn Allahs durch einen Dschihad oder Glaubenskrieg besänftigen, und es war nahe daran, daß ein Aufstand gegen den Emir Mohammed ausgebrochen wäre, weil derselbe diesem Begehren nicht Folge geben wollte.

Allein wenn die Zustände in Spanien vieles zu wünschen übrig ließen, so waren sie in Frankreich und Italien noch weit entsetzlicher. Karl der Kahle starb im Jahre 876, als er eben im Begriffe stand, die Sarazenen zu bekämpfen, die sich nicht nur Siziliens, sondern auch des ganzen Südens von Italien bemächtigt hatten und den Papst in Rom anzugreifen drohten. Im Verein mit ihnen verwüsteten die Normannen alles Land, und während Frankreich unter den Streichen dieser Eindringlinge blutete, bekämpften sich seine Fürsten und Parteiführer untereinander, als hätten sie die Vernichtung des unglücklichen Reiches zum Ziel ihres Strebens gemacht.

Inmitten dieses allgemeinen Wirrwarrs gelang es einer Schar von Mohammedanern sich in Gegenden festzusetzen, wohin bis da noch kein Moslem gedrungen war. Es ist das eine fast ganz vergessene Episode des Mittelalters, und wer jetzt das grünende Thal des

Wallis durchwandert, denkt schwerlich daran, daß dasselbe
einst von Söhnen der Wüste bewohnt worden ist. Nach=
dem die arabischen Eroberer im ersten Sturmesdrang
ihrer Kriegszüge nicht nur die ganze pyrenäische Halb=
insel in Besitz genommen, sondern auch in unzählbaren
Scharen sich über Frankreich ergossen hatten, glückte es
einigen dieser Eindringlinge, sich an der Küste des Golfs
von St. Tropez im südlichen Frankreich festzusetzen und
hier in unzugänglicher waldiger Gebirgsschlucht eine Burg
Fraxinetum zu gründen, von welcher aus sie Streifzüge
in das innere Land unternahmen, und letztere mehr und
mehr ausdehnten. Dieses Fraxinetum lag wahrscheinlich
an der Stelle, wo sich heute das Dorf Garde=Frainet
befindet, und von wo man in direkter Linie zwischen
dem Meerbusen und dem nordwärts gelegenen Lande
verkehren kann. Hier auf der Höhe der Berge gewahrt
man noch Reste gewaltiger Kriegsbauten, Wände, die in
die Felsen gehauen sind, eine gleichfalls in das Gestein
gehöhlte Zisterne und einige Mauerreste.

Einen politischen Charakter hatten diese Unter=
nehmungen der Araber nicht. Raub und Plünderung
waren ihre hauptsächlichen Zwecke, und die Regierung
der Kalifen von Cordova stand denselben ganz fern.
Auch findet sich darüber, soviel bis jetzt zu ermitteln ist,
bei den arabischen Geschichtschreibern nichts aufgezeichnet.
Von ihrer Festung Fraxinetum aus drangen die Sara=
zenen oder Heiden — wie sie gewöhnlich von den
Chronisten genannt werden — in die Provence und

Dauphiné ein. Die Herren jener Gegenden bedienten sich ihrer, wenn sie bei ihren Streitigkeiten deren Beistand bedurften. Der Schrecken, den sie verbreiteten, war so groß, daß nach dem Ausdruck eines zeitgenössischen Schriftstellers man in ihnen die oft angeführten Worte verwirklicht sah: „Einer unter ihnen wird tausend in die Flucht schlagen; vor zwei von ihnen aber werden zweitausend entfliehen." Das Entsetzen wurde bald allgemein; die wilden Gäste aus dem Osten drangen nach den Alpen vor und fielen über den Mont Cenis in Italien ein. An den Grenzen von Piemont im Thal von Susa bemächtigten sie sich der Abtei Novalese. Die Mönche hatten kaum die Zeit, sich nach Turin zu retten und dort die Reliquien ihrer Heiligen, sowie eine reiche Bibliothek in Sicherheit zu bringen. Die Sarazenen fanden daselbst nur zwei Klosterbrüder, die zurückgeblieben waren, um die Abtei zu bewachen. Sie mißhandelten dieselben, plünderten das Gebäude sowie das naheliegende Dorf und steckten die Kirchen in Brand. Die Bewohner, die keinen Widerstand zu leisten vermochten, flohen vergebens in die Berge zwischen Susa und Briançon, wo das Kloster von Oulx stand. Die Araber verfolgten sie bis dahin und töteten eine so große Anzahl von Christen, daß die Gegend noch später das Feld der Märtyrer genannt wurde.

Bald war der Verkehr zwischen Frankreich und Italien durch die Schwärme von Ungläubigen, welche diese Gegend erfüllten, unterbrochen. Als im Jahre 911 ein Erzbischof von Narbonne in wichtigen Geschäften nach Rom reisen wollte, fand er den Weg dahin durch Schwärme von Sarazenen verlegt. Alle Alpenpässe waren von ihnen besetzt, und wer in ihre Gewalt geriet, sah sich vom Tode bedroht.

Im Jahre 912 brach durch den Regierungsantritt Abd ur Rahmans III., der zuerst den Titel eines Kalifen annahm, eine neue glänzende Periode für Spanien an. Die Könige von Navarra und von Leon setzten ihm zuerst Widerstand entgegen; allein sein Oheim, der, wie er Abd ur Rahman hieß und den Beinamen „der Sieg= reiche" führte, drang im Jahre 920 über die Pyrenäen vor und verwüstete einen großen Teil der Gascogne bis zu den Thoren von Toulouse. Bei seiner Rückkehr indes wurde derselbe von Garcia, König von Navarra, über= fallen und der gemachten Beute beraubt. Wenn nun auch seitdem die Christen des nördlichen Spaniens den Einfällen der Ungläubigen in Frankreich Halt boten, so wurde doch das letztere von der Seeseite her fortwährend von Schwärmen der Mohammedaner heimgesucht. In den Gebirgspässen der Alpen setzten sie sich dauernd fest, und plünderten Reisende und Pilger aus. Auch stiegen sie in die Thäler hinab und brandschatzten die Klöster, die durch ihre Kostbarkeiten berühmt waren. So wurde von ihnen das Kloster St. Maurice niedergebrannt. Der ganze Strich Landes von der Schweiz an bis zum Golf von St. Tropez, dem Stützpunkte ihrer Macht, scheint längere Zeit in ihrer Gewalt gewesen zu sein, so daß sie

alle ihre zusammengerafften Schätze nach Frarinetum in
Gewahrsam bringen konnten. Um den Plünderzügen,
die sie mit immer wachsender Kühnheit, ebenso wie in
den Alpen, an den Küsten des Mittelländischen Meeres
vollführten, ein Ende zu machen, beschloß Graf Hugo
von Provence einen ernstlichen Angriff wider sie, und
hatte den Küstenstrich von St. Tropez, sowie ihre Festung
bereits zu Meer wie zu Lande eingeschlossen, als der
Ausgang dieses Unternehmens vielmehr den Abenteurern
zu nutze kam und ihnen sogar eine Art von Recht zur
Herrschaft verlieh. Graf Hugo sah sich nämlich gerade
in jenem Moment durch den König Berengar von Italien
bedroht, welcher die Hilfe des deutschen Kaisers an=
gerufen hatte und über die Alpen gegen ihn vorzurücken
im Begriffe stand. In dieser Drangsal gab Hugo die
Belagerung von Frarinetum auf und schloß einen Ver=
trag mit den Sarazenen, wonach sie sich verpflichteten,
den Uebergang Berengars über den St. Bernhard oder
die umliegenden Berge zu verhindern. Daß sie dieser
Verpflichtung genügten, ist unzweifelhaft; denn Berengar
verzichtete auf sein Vorhaben und nahm nun seinen Weg
vielmehr durch Tyrol. Von jetzt an schien es, daß die
Söhne Arabiens sich für immer in der Mitte Europas
festsetzen wollten, und es ist ein eigentümlicher Anblick,
wie diese Wüstenbewohner dieselbe Kühnheit, welche sie
auf ihren Zügen durch die unermeßlichen Sandflächen
ihrer Heimat entfaltet hatten, in den wilden Felsschluchten
und zwischen den Gletschern der schweizerischen Alpen

zeigten. Sie überschritten auf ihren Raubzügen die steilen Gebirgshöhen, welche das Wallis von der Ostschweiz trennen, und drangen, überall sengend und plündernd bis nach St. Gallen und dem Bodensee vor. Der Mittelpunkt ihrer Herrschaft scheint aber der St. Bernhard geblieben zu sein. Hier, wie in den umliegenden Thälern, betrachteten sie sich als die Gebieter des Landes und begannen auch Ackerbau zu treiben und das arabische Bewässerungssystem einzuführen.

Nun wuchs ihre Kühnheit, und es gewann den Anschein, als wollten sie im Herzen von Europa ein arabisches Reich gründen. Es fanden häufige Heiraten zwischen ihnen und den Töchtern der christlichen Eingeborenen statt, und sie widmeten sich eifrig der Kultivirung des Landes. Andre besetzten die Höhen und zeigten weniger friedliche Neigungen, überfielen vielmehr die Reisenden und verlangten starke Lösegelder von ihnen. „Die Anzahl derer, die sie töteten," sagt der Chronist Luitprand, „war so groß, daß derjenige allein sie zählen kann, der ihre Namen in das Buch des Lebens eingetragen hat."

Der große St. Bernhard, der ehemals Montjour oder der Berg des Jupiter hieß, hat immer einen Verbindungsweg zwischen dem Wallis und Italien dargeboten. Von hier aus beherrschten die Araber die benachbarten Gegenden und verbreiteten sich in dieselben. An diesen Berg richtete Luitprand die folgenden Verse: „Du läffest die frömmsten Männer untergehen und bietest

den Frevlern, welche Mauren genannt werden, eine Zu=
flucht. Elender! du scheust nicht, deinen Schatten
Menschen darzubieten, welche Blut vergießen und von
Räuberei leben. Was soll ich sagen? Mögst du vom
Blitze aufgezehrt oder in tausend Stücke zerschmettert und
in das ewige Chaos gestürzt werden!"

Man will in neuerer Zeit im Wallis noch Spuren
von alten Schöpfbrunnen und sonstigen Einrichtungen,
welche die Araber zum Zweck ihrer eigentümlichen Be=
rieselung der Aecker anzuwenden pflegten, gefunden haben.
Ob sich das in der That so verhält, vermag ich nicht
zu sagen; jedoch läßt sich eine wirkliche Reminiszenz an
den Aufenthalt der Mohammedaner in diesen Gegenden
noch an verschiedenen Ortsnamen feststellen. Dies ist
der Fall bei dem aus dem Saasthale nach Piemont
gehenden und am Monte Moro vorbeiführenden Moro=
passe, und bei dem an seinem Ausgange liegenden Dorf
Almagell (Almahelm=Station), sowie bei dem Gletscher
Alalain in dem obersten Teile des Saasthales, und bei
den Alpe Aien ebendaselbst, welche beide Quellen ent=
senden und daher ihren Namen von dem arabischen ain,
Quelle, erhalten haben.

Die wichtigste sarazenische Reliquie, welche die Schweiz
besitzt, findet sich nicht im Wallis, sondern in Chur.
Die dortige Domkirche nämlich bewahrt ein Meßgewand,
das aus verschiedenen Teilen zusammengesetzt ist, deren
einer, unstreitig aus einem arabischen Webstuhl hervor=
gegangen, eine Koran=Inschrift in kufischen Buchstaben

enthält. Es ist gewiß eine Kuriosität, sich einen katholischen Priester vorzustellen, wie er, mit einem solchen
Gewande bekleidet, dessen Inschrift, wenn er ihren Inhalt hätte ahnen können, ihm sicher den größten Abscheu
eingeflößt hätte, die Messe las. Ein paar Tiergestalten,
welche dem arabischen Teil dieses Kleidungsstückes ein-
gewebt sind, dienen neben vielem andern dazu, um den
freilich von ganz oberflächlicher Kenntnis festgehaltenen
Glauben zu widerlegen, die Moslimen hätten sich der
figürlichen Darstellung lebender Wesen gänzlich enthalten.

Länger als in der Schweiz behaupteten sich, wie
wir gesehen, die Sarazenen in einem Teil von Südfrankreich. Namentlich in der Provence und Dauphiné
waren viele ansässig und bedrohten die umwohnenden
Christen. Im Jahre 965 wurden sie jedoch gänzlich aus
Grenoble vertrieben, und die Franzosen, welche dies voll-
brachten, teilten sich in ihre Ländereien. Einzelne Familien, die bis in die neuere Zeit in der Gegend
ansässig gewesen sind, rühmten sich, noch an der Vertreibung jener Söhne Arabiens teilgenommen zu haben.

Dieser und verschiedene andre Vorgänge schienen
anzukündigen, daß die Macht der Sarazenen in Frankreich sich dem Ende zuneigte. Ein Vorfall, der sich bald
ereignete, trug viel zur Beschleunigung ihres Schicksals
bei. Der wegen seiner Tugenden allgemein verehrte
heilige Majolus, Abt von Cluny in Burgund, hatte sich
auf eine Pilgerfahrt nach Rom begeben und dachte,
über den Mont Genèvre und die Thäler der Dau-

phiné auf seinen Bischofssitz zurückzukehren. Damals
hatten die Sarazenen eine Höhe zwischen Gap und Embrun
inne, wo sie das Thal von Drac gegenüber der Brücke
von Oreières beherrschten. Als der heilige Mann am
Fuß der Alpenkette anlangte, drängte sich eine Menge
von frommen Christen ihm entgegen. Doch da sie an
den Punkt kamen, wo der Fluß Drac sich in einem engen
Felsenbette fortwälzt, schossen die Sarazenen von den
Höhen herab Pfeile über Pfeile, um den Ankömmlingen
den Tod zu bereiten. Vergebens suchten die Bedrängten
zu entfliehen; die meisten von ihnen, darunter der Abt,
wurden gefangen. Dieser selbst empfing, als er einen
seiner Anhänger beschützen wollte, eine Wunde an der
Hand. Die Christen wurden nach einem abgelegenen
Orte geführt; da die meisten von ihnen arme Pilger
waren, wandten sich die Sarazenen an den Heiligen, als
an die bedeutendste Person, und forschten nach seinen
Vermögensumständen. Derselbe erwiderte: Obgleich von
reichen Eltern geboren, besitze er nichts, weil er allem
seinem Eigentum entsagt habe, um sich ganz dem Dienste
Gottes hinzugeben; er sei jedoch Abt eines Klosters,
welches beträchtliche Besitztümer habe. Hierauf setzten
die Sarazenen das Lösungsgeld für jeden der Gefangenen
auf tausend Pfund Silber fest. Der Heilige wurde auf=
gefordert, den ihn begleitenden Mönch nach Cluny zu
senden, um die ausbedungene Summe herbeizuschaffen.
Zugleich ward ein Termin festgestellt, nach dessen Ablauf
die Gefangenen sämtlich den Tod erleiden sollten. Majolus

übergab dem für die Sendung bestimmten Mönch vor
der Abreise einen Brief, der mit folgenden Worten be=
gann: „An die Brüder von Cluny der gefangene und
mit Ketten beladene Majolus. Die Ströme des Belial
haben mich umzingelt und die Schlingen des Todes mich
erfaßt." Bei der Lesung dieses Briefes zerfloß die ganze
Abtei in Thränen. Die Brüder rafften alles Geld, das
sich im Kloster fand, zusammen, und brachten in der
Umgegend Beiträge auf, so daß sie schließlich die nötige
Summe in Händen hatten. Noch kurz vor dem ange=
setzten Termin war der Betrag im Besitze der Sarazenen,
und alle Gefangenen wurden in Freiheit gesetzt. Von
dem Augenblick an, wo er in ihre Gewalt geraten war,
hatte Majolus versucht, die Ungläubigen von ihrem
frevelhaften Leben abzubringen. Er war aber von den
hierdurch in Wut Geratenen in eine finstere Höhle ge=
sperrt, indes schließlich von den Moslimen, welche die
Milde und unerschütterliche Ruhe ihres Gefangenen rührte,
liebreich behandelt worden.

Die erzählte Gefangensetzung des Abtes von Cluny
und seiner Genossen, welche im Jahre 972 stattfand,
erregte ein außerordentliches Aufsehen. Unter den Christen
ward ein allgemeiner Ruf nach Rache laut. Hoch wie
niedrig erhob sich, um solche Frevelthaten für die Zu=
kunft unmöglich zu machen. In der Umgebung des
Städtchens Sisteron lebte damals ein Edelmann, Namens
Beuwon, der schon verschiedentlich seinen Eifer für die
Befreiung des Landes bekundet hatte. Dieser errichtete,

unter dem Beistand der chriftlichen Bevölkerung jener
Gegend, nicht fern von Sifteron, ein feftes Schloß, wel=
ches gerade der von den Sarazenen eingenommenen Höhe
gegenüberlag. Er beabfichtigte, von dort aus alle ihre
Bewegungen zu erfpähen, um fie bei der nächften Ge=
legenheit zu vernichten. Die Ungläubigen fuchten ver=
gebens, feine Abfichten zu hintertreiben. Der von ihnen
befetzte Berg, welcher Petra Impia hieß, wurde von den
Chriften eingenommen, und alle Moslimen, welche Wider=
ftand wagten, fanten unter ihren Schwertern; die übrigen,
mit Einfchluß des Häuptlings, ließen fich taufen. — Zur
felben Zeit befreiten fich die Bewohner von Gap von
den fremden Eindringlingen. Die Sarazenen der Gegend
wurden von ihnen umzingelt und niedergemacht. Die
Dauphiné war von den Ungläubigen gefäubert, die
Provence follte es auch bald werden. Das Nähere hier=
über wird uns nicht berichtet; man weiß nur, daß
Wilhelm Graf von Provence fich an die Spitze des
Unternehmens ftellte. Die Mohammedaner, welche fich
in ihren letzten Zufluchtsorten bedroht fahen, ftiegen aus
ihren Verfchanzungen herab und lieferten den Chriften
eine erfte Schlacht bei Draguignan, wo noch ein Turm
gezeigt wird, welcher zur Erinnerung an dies Ereignis
erbaut fein foll. Die Araber, vollftändig gefchlagen,
flüchteten in das fefte Schloß. Die Chriften fetzten ihnen
nach und vertrieben fie aus ihrem Haltpunkt. Vergebens
ftrebten die Ungläubigen, fich zu retten; fie wurden von
den fie Verfolgenden teils niedergemacht, teils ergaben fie

sich). Denjenigen, die das letztere thaten, wurde das
Leben geschenkt; auch den die umliegenden Dörfer be=
wohnenden Moslimen ließen die Christen Schonung an=
gedeihen. Manche von diesen begehrten die Taufe und
verschmolzen nach und nach mit der einheimischen Be=
völkerung; die übrigen erhielten sich noch lange als eine
von den christlichen Bewohnern verschiedene Rasse.

Die Einnahme der Burg Frarinetum fand 975
statt. Die gesamte dort gemachte Beute wurde unter
die christlichen Krieger verteilt und zugleich die umliegende
Gegend mehrere Meilen weit verwüstet. Nun besaßen
die Mohammedaner kein Eigentum mehr auf französischem
Boden. Da auch die angrenzenden nördlichen Gegenden
sich in Händen von Christen befanden, so schien Frank=
reich nichts mehr von den Ungläubigen zu befürchten
zu haben. Doch seit, nach dem Tode des Kalifen
Hakem II., der gewaltige Almansur die Herrschaft für
dessen schwachen Nachfolger führte, war die Sache der
Kreuzverehrer in Frankreich ebenso wie in Spanien
noch immer bedroht. Almansur sammelte nicht nur
auf der pyrenäischen Halbinsel, sondern auch im nörd=
lichen Afrika ein gewaltiges Heer, um dem Islam
überall, wo er zurückgedrängt war, zum Siege zu ver=
helfen, und in 56 Feldzügen, die er unternahm, war
sein Banner stets siegreich. Aus Anlaß seiner Kriegs=
fahrten füllten sich die Märkte von Sevilla, Cordova,
Granada und Lissabon mit christlichen Gefangenen, Män=
nern, Weibern und Kindern, welche zum Verkauf aus=

gestellt wurden. Almansur sah diese seine Siege über
die Anbeter des dreieinen Gottes als das größte Ver=
dienst an, das er sich vor Allah erwerben könne, und
ließ stets den Sarg, in dem er einst bestattet sein wollte,
hinter sich herführen. Am Ende jeder Schlacht schüttelte
er in diesen Sarkophag den Staub, mit dem er noch
bedeckt war, und dachte, aus demselben sich ein Lager
zu bilden, auf welchem er geradewegs in den Himmel
erhoben werden würde. Nicht nur die von den Christen
in Besitz genommenen Teile Spaniens, sondern auch
ganze Provinzen von Südfrankreich wurden von ihm auf
fürchterliche Weise verheert. Almansur trug seine Waffen
weiter, als irgend ein Mohammedaner vor ihm. Sant=
iago von Compostella, das große Heiligtum in Galizien,
fiel in die Hände der Sarazenen. Die Stadt wurde
mit Feuer und Schwert verwüstet, und auf Befehl des
Feldherrn schaffte man die Glocken nach Cordova, wo
sie in der großen Moschee aufgehängt wurden, um als
Lampen zu dienen. Seinen Sieg noch glänzender zu
machen, bestimmte der Feldherr, daß die christlichen Ge=
fangenen die Glocken zweihundert Meilen weit auf ihren
Schultern tragen sollten. Es wäre um die Lehre Jesu
in Spanien geschehen gewesen, wenn ihre Bekenner nicht
den Streitigkeiten unter sich ein Ende gemacht hätten.
Glücklicherweise erkannten der Graf von Castilien, die
Könige von Navarra und Leon, sowie die andern christ=
lichen Herrscher die Gefahr und schwuren, sich ganz der
gemeinsamen Sache zu weihen. Selbst Priester und

Mönche verlangten, in Waffen mit den Kriegern aus=
zuziehen. Auch an die Christen von Languedoc, der
Provence und Gascogne erging ein Aufruf, die Fahne
des Kreuzes zu entfalten. Während sich so ein gewal=
tiges Heer an den Nordgrenzen von Castilien sammelte,
vereinigte Almansur unter seinen Bannern eine ungeheure
Armee von Moslimen. Die beiden Heere stießen bei
Soria, nahe den Quellen des Duero, zusammen. Die
Schlacht wütete den ganzen Tag hindurch, das Blut floß
in Strömen; am Abend zog sich Almansur, der ver=
schiedene Wunden erhalten, in sein Zelt zurück, um den
Kampf am Morgen von neuem zu beginnen. Er er=
wartete eine Zeitlang seine Generale und Emire, um mit
ihnen den Feldzugsplan zu verabreden, erfuhr aber dann,
sie alle seien im Kampfe gefallen. Da er sich so als
besiegt erkannte und seine Niederlage nicht überleben
wollte, streckte er sich auf sein Kriegerbett, weigerte sich,
Nahrung zu sich zu nehmen und starb nach wenigen Tagen.
Man beerdigte ihn mit den Kleidern, die er am Tage
des Kampfes getragen, und legte ihn in den Sarg, den
er im voraus sich zu diesem Zwecke bestimmt hatte.
Sein Grab wird noch heute in der Stadt Medina Celi
gezeigt.

Der Tod dieses gewaltigen Mannes war ein un=
ersetzlicher Verlust für das mohammedanische Andalusien,
das später nie wieder von einer so kräftigen Hand ge=
lenkt wurde, wie die seinige gewesen. Er hatte Künste
und Wissenschaften nicht minder gefördert, als den Ruhm

der andalusischen Waffen weithin strahlen lassen. Doch
mit ihm endeten die glänzenden Tage des Islam in
Spanien. Bürgerkriege begannen das Land zu verheeren,
und die Herrschaft des Koran auf der pyrenäischen Halbinsel neigte sich mehr und mehr ihrem Untergange zu.

Mit Almansurs schwachem Sohne Abd al Malet,
der schon im Jahre 1008 verstarb, nahm der Verfall
des Reiches noch mehr zu. Den Christen des nördlichen
Spaniens würde es nicht schwer gefallen sein, das Land
ihrer Väter wieder zu erobern; aber die heftigen Streitigkeiten, die zwischen ihnen wüteten, hinderten solches.
Ihre gegenseitige Feindschaft ging oft so weit, daß sie
sich mit mohammedanischen Fürsten verbündeten, um
ihre Gegner, die gleich ihnen das Kreuz bekannten, zu
bekämpfen. Diese Zwistigkeiten unter den Christen, die
mit vereinigter Macht vielleicht wieder die Mohammedaner
nach Afrika hätten zurücktreiben können, bewirkten, daß
letztere sich noch über vier Jahrhunderte auf der Halbinsel zu behaupten vermochten und nicht bloß die christlichen Staaten Spaniens, sondern auch selbst Frankreich
angriffen. In den Jahren 1003 und 1007 bereits
waren sie in Antibes und Narbonne gelandet, hatten
versucht, die Stadt zu erstürmen, waren indes von den
Einwohnern zurückgetrieben worden. Diejenigen Mohammedaner, die nicht im Kampfe fielen, wurden zu Gefangenen
gemacht und als Sklaven verkauft.

Wie im Morgenlande, so spielte auch im Occident,
soweit er den Arabern unterworfen war oder von ihnen

häufig besucht wurde, der Sklavenhandel eine bedeutende
Rolle. Von Alters her besorgten bei allen mohammeda=
nischen Völkern die Unfreien die schwersten körperlichen
Arbeiten. Doch war der Zustand derselben im entfern=
testen nicht so schlimm, wie derjenige der Unglücklichen,
welche später in Amerika unter der Geißel der Europäer
seufzten. Einem tüchtigen und fleißigen Sklaven wurde
es bei den Arabern leicht, seine Freiheit zu erhalten,
und dann gelang es ihm nicht selten, zu den höchsten
Stellen im Staate aufzusteigen. Schon sehr früh ver=
breitete sich bei den Moslimen der Gebrauch, Gefangene
und Kinder beiderlei Geschlechts zu verkaufen. Die solchen
Handel treibenden Kaufleute führten Eingeborene von
den Ufern des Rheins, von den Mündungen der Elbe
und aus andern Gegenden in die mohammedanischen
Länder, um sie dort zu Markte zu bringen. Auch von
den Ufern des Adriatischen und Schwarzen Meeres wur=
den Kinder der Eingeborenen nach Spanien geschleppt,
um dort öffentlich zum Kauf ausgestellt zu werden.
Ebenso kamen nach Frankreich sehr viele Männer, Weiber
und Kinder aus den verschiedensten Gegenden, woselbst
sie dann an die Meistbietenden verhandelt wurden. Früh
verbreitete sich auch der schändliche Gebrauch unter den
Mohammedanern, die gefangenen Knaben zu verstümmeln,
damit dieselben als Diener in den Haremen verwendet
werden könnten. In Frankreich, besonders in Verdun
und in Lothringen, wurde die Industrie, Eunuchen zu
fabriziren, eifrig betrieben, von wo demnächst die Ver=

schnittenen nach Spanien transportirt und daselbst zu hohen Preisen verkauft wurden. Ein arabischer Schrift= steller berichtet, daß im Jahre 966 französische Große aus Catalonien, um den Kalifen in Cordova günstig für sich zu stimmen, ihm unter andern Geschenken 20 junge slavonische Eunuchen darboten. Ein beträchtlicher Teil der Leibwachen der Kalifen von Cordova bestand aus solchen Slavonen, unter welchem Namen nicht un= bedingt Slaven, sondern Bewohner der östlichen Gegen= den Europas verstanden wurden. Inmitten der Araber und Berbern befanden sich nicht nur viele Heiden aus den nördlichen Gegenden Europas, sondern auch eine Menge Italiener und Franzosen, die, als Christen ge= boren, späterhin zum Islam übergetreten waren. Die Juden trieben einen wahren Seelenhandel, indem sie sich Kinder von Christen aufkauften und diese dann auf den Märkten der Seestädte an die Liebhaber solcher Ware ver= äußerten. Von dort wurden sie auf venetianischen und griechischen Schiffen in die Länder der Sarazenen gebracht. Selbst in der Hauptstadt der Christenheit fand ein solcher abscheulicher Menschenhandel statt. Im Jahre 750 kaufte der Papst Zacharias zu Rom eine große Menge junger Leute, die als Handelsware weggeführt werden sollten, aus den Händen der Venetianer los.

Zu den als Sklaven von den Arabern angekauften Christen kamen noch die zahlreichen Gefangenen, welche in deren Gewalt fielen. Die Menschenjagd wurde von den Sarazenen sehr eifrig betrieben. Nach jedem ihrer

Kriegszüge füllten sich die Märkte von Cordova, Sevilla und den andern Hauptstädten mit solcher Ware. Die ihren Eltern entrissenen Kinder wurden in der Glaubens= lehre des Islam erzogen, und wenn sie Widerstand leisteten, so konnten die Behörden sie zum Gehorsam zwingen; die erwachsenen Christen wurden aber nicht immer genötigt, ihre Religion zu wechseln, indem ein Gebot Mohammeds lautet: „Thut den Menschen keine Gewalt wegen ihres Glaubens an!" Doch manche nahmen freiwillig Dienste unter den Sarazenen und vertauschten das Kreuz mit dem Halbmond. Sogar unter den Christen der eroberten Länder fehlte es nicht an solchen, die sich den Ungläubigen bei ihren Verheerungs= zügen zugesellten.

Als die Mohammedaner zuerst in Spanien ein= brachen, wurden sie infolge der inneren Streitigkeiten, welche in diesem Lande wüteten, auch von vielen Christen unterstützt. Da sie nicht genug Krieger zur Disposition hatten, um die festen Plätze, die ihnen besonders wichtig waren, zu besetzen, so vertrauten sie die Bewachung der= selben Juden an. Unzweifelhaft wurden ihnen ihre Eroberungen auch durch viele treulose Christen, welche ihr Vaterland und ihren Glauben verrieten, erleichtert. Beim Eindringen in die Dauphiné, in Savoyen, Piemont und die Schweiz gesellten sich unbestreitbar viele eingeborene Christen zu den Eroberern. Auf diese Weise kam es, daß nach und nach eine Verschmelzung der Moslimen mit den Christen stattfand. Die ersteren waren, obgleich

sie einen andern Glauben bekannten und eine andre
Sprache redeten, zuletzt mit den Besiegten völlig eins
geworden. Das erhellt aus dem, was ein Chronist des
Novalese über Verwandte von ihm berichtet, die in die
Hand der Sarazenen gefallen waren. Nach einem Kampfe
in der Umgegend von Verceil siegen die Moslimen und
ziehen mit ihren Gefangenen in die Stadt ein. Letztere
werden in den Straßen ausgestellt und jeder Kauflieb=
haber bietet auf sie diejenige Summe, welche ihm ange=
messen erscheint. Unterdessen begeben sich die Verwandten
und Freunde dieser zur Knechtschaft Verurteilten zum
Bischof und den vornehmsten Stadtbewohnern, indem
sie sich in dieses Handelsgeschäft mengen, gerade so, wie
in unsrer Zeit Kaufleute in einer Stadt ankommen,
um dort ihre Ware zu verhandeln.

Als die Sarazenen zuerst in Frankreich eindrangen,
waren es vor allen die Juden, welche ihnen auf ihren
Eroberungszügen Hilfe leisteten. Sie öffneten denselben
nach ihrem Ueberschreiten der Pyrenäen, wie im Leben
des heiligen Theodat erzählt wird, die Thore von Toulouse.
Karl der Große erließ die Verordnung, dieser Verrat
solle dadurch an ihnen bestraft werden, daß die Söhne
Israels einmal in jedem Jahre vor den Thoren der
Kathedrale Ohrfeigen erhielten. Hinzuzufügen ist jedoch,
daß nach andern Chroniken Toulouse nie von den Sara=
zenen eingenommen wurde und daher in jenen Erzäh=
lungen vielleicht eine andere Stadt gemeint ist.

Nur ein Teil der Eroberer sprach arabisch; die

andern redeten berberisch und sonstige afrikanische Idiome.
Außer Mohammedanern befanden sich unter den Ein=
dringlingen viele Heiden und sogar Christen. Die Schar,
welche im Jahre 730 das Belay einnahm, bestand allem
Anschein nach großenteils aus Götzendienern. Was die
Religion der Berbern anlangt, die so großen Teil an den
Eroberungen der Araber in Spanien und Frankreich
nahmen, so besitzen wir geringe Nachrichten über dieselbe.
Man weiß einzig, daß verschiedene von ihren Stämmen
christlich oder jüdisch waren; andre beteten das Feuer,
die Gestirne oder Götzen an. Erst lange Zeit nach der
Besetzung Afrikas traten die Berbern zum Islam über.
Lediglich eine kolossale Unwissenheit konnte die christlichen
Autoren des Mittelalters verleiten, die Mohammedaner
als Götzendiener zu bezeichnen, da gerade Vielgötterei
von den letzteren besonders perhorresziert wird. Trotzdem
war es unter den Christen des Mittelalters allgemeiner
Brauch, die Moslimen, von welchen gerade sie wegen
der Dreieinigkeitslehre als Götzenanbeter verabscheut wur=
den, mit dem Namen Heiden zu bezeichnen. In der
angeblichen Chronik des Turpin wird erzählt, in Spanien
erhebe sich am Strande des Meeres auf einer hohen
Säule eine eherne Statue, welche Mohammed vorstelle
und von den Anhängern des Propheten angebetet werde.
Im „Mirakelspiel von St. Nikolas" ist von einem mos=
limischen Fürsten in Afrika die Rede, der sein Gebet an
einen Götzen Tervagant richte, und welcher das Antlitz
des letzteren mit Goldplatten bedecke, wenn er eine Gunst

von ihm erhalten habe. Endlich, nach dem Roman de
Roncevaur, hatten die Sarazenen von Saragossa eine
Grotte zum Tempel ihrer Götter geweiht. In derselben
befanden sich goldene Bildsäulen, die ein Scepter in der
Hand hielten und mit einer Krone geschmückt waren.
Dort versammelten sich die Mohammedaner, wenn sie den
Himmel günstig für sich stimmen wollten, und verrichteten
ihre Andacht vor solchen angeblichen Götzenbildern,
welche in den mittelalterlichen Romanen außer mit dem
erwähnten Namen Tervagant, oder Termagant, auch mit
andern phantastischen Bezeichnungen versehen werden.
Kurz, bei den Christen waren unglaublich falsche Begriffe
in Bezug auf die Religion des Islam verbreitet, was
schon daraus hervorgeht, daß in dem Spiele von
St. Nikolas eine mit der Mitra bedeckte Statue des
Heiligen ein „gehörnter Mahomet" genannt wird, und
daß die alten Tempel gemeinhin „Mahomerias" heißen.

Wie die Völker, die von Afrika aus in Europa eindrangen, dem Stamme und der Religion nach sehr verschieden waren, so wurden sie auch von sehr verschiedenen
Motiven zu ihren Eroberungszügen getrieben. Bei einigen
war es die Sucht nach Reichtümern und Abenteuerlust;
andre dagegen stachelte der Glaubenseifer, da sie meinten,
durch Bekämpfung der übrigen Religionen sich den Eintritt in das Paradies zu erringen. Ein Moslem, der
mit den Waffen in der Hand gefallen war, brauchte nicht
erst mit dem Leichentuch bedeckt zu werden; auch die
Totenwaschung ward ihm erspart. Das Blut, das er

vergossen, hatte ihn von allen Sünden gereinigt; das
Kleid, in dem er sterbend dahingesunken, galt als sein
schönster Schmuck. Ein Ausspruch Mohammeds lautet:
„Begrabt die Toten so, wie sie gefallen sind, mit ihren
Kleidern, ihren Wunden und ihrem Blut! Wascht sie
nicht! denn ihre Wunden werden am Tage des Gerichts
wie Moschus duften.“

Nach der Vorschrift des Islam mußte der Kriegs=
führer vor dem Beginn der Feindseligkeiten eine Auf=
forderung an das Volk, welches angegriffen werden sollte,
richten, worin er dasselbe ermahnte, den moslimischen
Glauben anzunehmen oder den Tribut zu zahlen. Wenn
diesem Begehren von den fremden Nationen nicht ent=
sprochen wurde, so erfolgte die Kriegserklärung. Die
Tracht und Bewaffnung der ersten Eroberer werden fol=
gendermaßen beschrieben: Sie trugen ein Schwert an
der Seite, eine Keule, die auf das Pferd gestützt wurde,
in der Hand eine Lanze, an der eine Fahne flatterte,
einen über der Schulter hinhängenden Bogen und einen
Turban auf dem Haupte. Mit der Zeit indes änderte
sich diese Ausrüstung und die Mohammedaner suchten
die Christen nachzuahmen. Sie warfen Lanze und Keule
beiseite und nahmen den Schild, den Küraß und den
langen Speer an. Besonders liebten sie die damals sehr
berühmten Schwerter von Bordeaux, und ihre Krieger
wählten statt des Turbans eine indische Mütze als Kopf=
bedeckung. Der französische Gebieter von Catalonien
schenkte dem Kalifen von Cordova 20 slavonische

Eunuchen, zehn Kürasse und 200 französische Schwerter;
der genannte Kalif aber machte seinem Hadschib oder
ersten Minister bei dessen Amtsantritt ein Geschenk von
100 französischen Reitern, die mit Schwertern, Lanzen,
Harnischen, Schilden und indischen Mützen ausgerüstet
waren. Bei den meisten Mohammedanern glichen die
Waffen, die scharlachenen Kriegsröcke, die Sättel und
Fahnen denen, welche im christlichen Europa üblich waren.
Wahrscheinlich behielten die moslimischen Krieger jedoch
stets in ihrer Ausrüstung und Bewaffnung etwas von
der Leichtigkeit bei, die sie seit dem ersten Beginn kenn=
zeichnete. Der Feldherr nahm für den Herrscher den
fünften Teil der Beute, welcher „das Loos Gottes" ge=
nannt wurde; der letztere konnte über das Fünftel nach
Belieben schalten; aber er wandte dasselbe gewöhnlich
zu Werken der Barmherzigkeit an. Der Rest ward an
das Heer so verteilt, daß der Reiter doppelt so viel er=
hielt, als der Fußgänger. Nachdem dies vorüber, ward
eine Art von Markt gehalten, wo diejenigen, welche mit
ihrem Anteil nicht zufrieden waren, denselben verkauften
oder vertauschten. Dem Heere folgten Kaufleute und
Spekulanten, und die veräußerten Gegenstände verbreiteten
sich alsdann durch das ganze Reich.

Sobald ein Christ von den Moslimen gefangen
wurde, band man ihm die Hände auf den Rücken fest.
Nach geschehener Teilung wurde derjenige, welchem der
Gefangene zugefallen war, dessen Gebieter; es stand ihm
frei, ihn in seinem Dienst zu verwenden, ihn zu schlagen,

ja selbst ihn zu töten. Der Gefangene wurde von diesem Augenblick an Mamluk, d. h. ein „Besessener" genannt, weil er sich im Besitze eines andern befand. Ein solcher Sklave wurde von seinem Eigentümer weiter vererbt, und seine Kinder traf dasselbe Loos. Besonders fromme Moslimen suchten ihre gefangenen Christen zum Islam zu bekehren und schenkten denselben, sobald sie ihren Wunsch erfüllten, die Freiheit. Wenn der Eigentümer unbarmherzig war, so fanden sich andre fromme Moslimen, die ein gottgefälliges Werk zu üben glaubten, indem sie den Gefangenen loskauften. Der Neubekehrte hatte, auch wenn er auf diese Art befreit war, gewisse Pflichten gegen den zu erfüllen, dem er die Erlösung aus der Sklaverei verdankte. Der Titel, den er jetzt führte, war ihm mit seinem früheren Gebieter gemeinsam. Er hieß Maula, d. h. „Schutzbefohlener". Wenn ein Christ den Ermahnungen zum Uebertritt, den Drohungen und selbst der gegen ihn geübten Gewalt widerstand, so fesselte man ihm gewöhnlich die Füße, und er ward von seinem Besitzer zu Feldarbeiten oder sonstigen Diensten verwendet. Uebrigens wurden die christlichen Gefangenen, ob sie nun zum Islam übergetreten oder ihrem Glauben treu geblieben waren, wegen ihrer Tapferkeit sehr geschätzt. Es gab deren in den mohammedanischen Heeren, in der Leibwache der Emire und der Kalifen von Cordova, sowie in dem Gefolge der vornehmen Moslimen. Die Sklaven, welche der christlichen Religion treu geblieben waren, hatten noch immer einige

Aussicht, ihre Freiheit wieder zu gewinnen. Denn die mohammedanischen Fürsten und Vornehmen pflegten, sobald ihnen ein glückliches Ereignis begegnet war, ihre Dankbarkeit gegen Allah dadurch zu bezeigen, daß sie ihre christlichen Gefangenen entließen. Als der große Almansur im Jahre 997 erfuhr, daß die Moslimen bedeutende Siege in Afrika davongetragen hatten, gab er aus Dankbarkeit 1800 Gefangene von beiden Geschlechtern frei. In Frankreich und den andern Christenländern nahm man großen Anteil an dem Schicksal der Glaubensgenossen. Alljährlich wurden von dort Unterhändler nach Spanien und Afrika abgeschickt, welche mit Geldsummen versehen waren, um die Unglücklichen aus der Haft zu lösen. Später bildeten sich zu diesem Zweck in den verschiedenen Christenländern Gesellschaften, und manche fromme Männer widmeten sich opferwillig der Aufgabe, ihre gefangenen Brüder aus den Händen der Ungläubigen zu retten. In den Schriftstellern der Zeit wird der Abt Isarn von Marseille wegen der Hingebung gepriesen, mit welcher er sich im Jahre 1047 nach Spanien begab, um die Loslassung einiger Christen zu erwirken, die durch Piraten von den Küsten der Provence geraubt worden waren. Isarn unternahm die Fahrt, obgleich er durch eine lange Krankheit geschwächt war. Mit großer Mühe gelangte er an den Ort, wo die Gefangenen in Ketten schmachteten. Als er sie freigetauft hatte und wieder mit ihnen unter Segel gegangen war, wurden alle von Seeräubern überfallen und von neuem

hinweggeschleppt. Mit weiteren Mühsalen und Gefahren
gelang es dem kühnen Isarn zuletzt, die in Sklaverei
Geratenen nach Frankreich zurückzuführen; doch hier erlag
er bald den überstandenen Mühsalen. Die gefangenen
Christenweiber verwandte man bisweilen in den Haremen
und Serails als Dienerinnen der moslimischen Frauen.
Die durch ihre Schönheit, durch ihr Talent zum Tanz,
zur Musik und zur Stickerei Hervorragenden wurden oft
von arabischen Weibern gekauft, welche ihnen eine sorgfältige Erziehung erteilen ließen und sie zu hohen Preisen
wieder verkauften. Den Kalifen und Großen ließ sich
kein schöneres Geschenk darbieten, als Frauen dieser Art.
Dieselben wurden zunächst Sklavinnen der Gebieter, denen
sie zufielen. Aber wenn letztere sie zu ihren Gattinnen
wählten, erlangten sie, nebst ihren Kindern, hierdurch
die Freiheit.

Wie seltsamen Schicksalen die Christen und Christinnen bisweilen entgegengingen, die aus Frankreich in die
Knechtschaft fortgeführt wurden, mag aus folgendem
erhellen. Ein Krieger aus der Umgegend von Toulouse,
Namens Raimund, war im Beginn des 10. Jahrhunderts zur Pilgerfahrt nach Jerusalem aufgebrochen.
Unterwegs scheiterte sein Schiff an der afrikanischen Küste,
und er fiel in die Gewalt der Sarazenen. Als Sklave
wurde er von seinem Herrn zum Feldbau verwandt.
Raimund, mit diesem Schicksal unzufrieden, gestand seinem
Gebieter ein, daß er nicht zu so niederem Loose, sondern
für das Waffenwerk erzogen worden sei. So wurde er

denn unter die Soldaten des Landes aufgenommen und
that sich bald als Krieger hervor. Während er sich an
den verschiedenen Streitigleiten zwischen den afrikanischen
Stämmen beteiligte, ward er im Verlauf wechselnder
Abenteuer nach Spanien gebracht. Im Jahre 1009
kämpfte er in einer Schlacht mit, welche in der Um=
gebung von Cordova stattfand. Dort setzte ihn nach
einem langen abenteuernden Kriegerleben Sancho Graf
von Castilien in Freiheit. — Einige Zeit vorher war
eine sehr junge, schöne Christin in Gefangenschaft ge=
raten. Dieselbe zeichnete sich als Sängerin und Tänzerin
aus und hatte, als sie nach Medina und andern orien=
talischen Städten geschleppt worden war, das Entzücken
der dortigen Einwohner ausgemacht. Nach ihrer Loos=
lassung und Rückkehr in die Heimat wurde sie vom
Beherrscher Cordovas zu dessen Lieblingsgattin erhoben.

Indes in Frankreich sich Gesellschaften zur Frei=
lassung der christlichen Gefangenen bildeten, bestanden
ähnliche zur Auslösung der sarazenischen bei den Moham=
medanern. Als der Prophet von jemand gefragt
wurde, was er thun müsse, um den Himmel zu ver=
dienen, antwortete ihm dieser: „Befreit eure Brüder von
den Ketten der Sklaverei!" Die moslimischen Gefangenen,
welche zum Verkauf bestimmt waren, wurden nach Arles,
Marseille und Narbonne geführt, wohin sich dann Agenten
ihrer Nation begaben. Bisweilen benützten die Sarazenen,
welche Einfälle auf französisches Gebiet machten, diese
Gelegenheit, um die dort befindlichen Gefangenen zurück=

zuforbern; zuweilen auch sandten die christlichen Befehls=
haber, welche die moslimischen sich günstig zu stimmen
wünschten, ihnen dieselben aus freien Stücken zurück.
Diejenigen Mohammedaner, welche kein Lösegeld zu zahlen
vermochten, traf, ebenso wie die Juden und Heiden, das
Loos der Knechtschaft. Die Sklaven, welche im Frohn
eines Gebieters standen, und die Leibeigenen, die auf
gewissen Grundstücken dienstbar waren, machten im christ=
lichen Europa einen großen Teil sowohl der städtischen,
als der ländlichen Bevölkerung aus; sie konnten weder
etwas besitzen, noch letztwillig vermachen, und gehörten
zum Vermögen ihrer Eigentümer. Man durfte sie ver=
kaufen, schlagen und der Tortur unterwerfen. Die
meisten von ihnen mußten Ketten tragen, damit ihnen
die Flucht unmöglich würde. Doch da dieselben oft
Versuche zum Entweichen machten, und weil die dem
einen Gebieter Entflohenen leicht bei einem andern, der
sie besser behandelte, Aufnahme fanden, gebot die Klug=
heit einem jeden, doch schonend gegen sie zu verfahren.
Und so gestaltete ihr Loos sich in Wahrheit minder
schlimm, als man hätte glauben sollen. Die sarazenischen
Sklaven konnten sich, ebensowenig wie die jüdischen und
heidnischen, mit Christinnen verheiraten.

Während die Sklaverei im allgemeinen in Europa
mit dem zwölften Jahrhundert aufhörte, dauerte sie
gleichwohl für die nichtchristliche Bevölkerung, namentlich
für die Sarazenen, noch fort. Aus spanischen Schrift=
stellern und Dichtern, namentlich den Dramatikern

erhellt, daß sich in den Häusern der vornehmen Spanier noch im 16. und 17. Jahrhundert Sklaven und Sklavinnen befanden; ich erinnere nur an das schöne Schauspiel des Lope de Vega: „Die Sklavin ihres Geliebten". Doch nach und nach wurde allen Bewohnern des Landes, auch denen, die noch in Unfreiheit lebten, ihr Loos erleichtert. Fromme Christen entließen die ihnen Unterwürfigen und diese letzteren verschmolzen allmählich mit den übrigen Einwohnern des Landes.

Bei der Eroberung durch die Sarazenen war die Zahl der Kirchen festgestellt worden, welche in den Händen der Christen bleiben sollten, und sie durften keine neuen bauen. Es war ihnen verboten, öffentliche Prozessionen zu halten, und während des Gottesdienstes mußten ihre Kirchen geschlossen bleiben. Wenn ein Christ zum Islam übertreten wollte, so durften ihm seine Glaubensgenossen keine Hindernisse in den Weg legen.

Schwer ist es, sich einen Begriff von der Art und Weise zu machen, in welcher die Sarazenen mit den Christen mündlich verkehrten. Die Araber haben sich nie beflissen, fremde Sprachen zu erlernen. Auf der andern Seite ist nicht anzunehmen, daß viele Christen in jener barbarischen Zeit sich der schwierigsten Sprache — denn dafür gilt die arabische mit Recht — bemeistert hätten. Erst in der Zeit der Kreuzzüge ward es hiermit anders. Manche der Kreuzanbeter erkannten die Nothwendigkeit, zum Zweck der Verständigung mit den Arabern wenigstens einigermaßen deren Idiom zu erlernen.

In Toledo wurde im Jahre 1142 durch den Abt von Cluny, Peter den Ehrwürdigen, die erste Uebersetzung des Koran in das Lateinische gefertigt. Derselbe verfaßte auch eine Widerlegung der Irrtümer des Koran, und viele andre Schriftsteller folgten ihm in diesem Bestreben.

Daß eine gewisse Kenntnis des Vulgär-Arabischen, welches bekanntlich von der Schriftsprache sehr abweicht, wie unter den spanischen, so auch unter den französischen Christen nicht selten war, kann kaum bezweifelt werden. Dies war die natürliche Folge der Umstände. Die ersten Eroberer sandten stets eine Anzahl von Einwohnern der unterworfenen Länder als Geiseln in die Hauptstadt des arabischen Reiches. Ein Teil von diesen kehrte nachher in ihre Heimat zurück und verbreitete dort einige Kenntniß des semitischen Idioms. Das Nämliche thaten die christlichen Sklaven, sobald sie ihre Freiheit erlangten. Ebenso aber gab es auch gefangene Araber in den meisten Teilen Frankreichs, durch die ihre Sprache einige Verbreitung finden mußte. —

Unter den kleinen Fürsten, in deren Gewalt Andalusien nach dem Untergange der Omajjadenherrschaft fiel, zeichnete sich besonders Modschahid, Fürst von Denia, durch die Kühnheit seiner Angriffe gegen die Christen aus. Derselbe, welcher sich auch der Balearischen Inseln bemächtigt hatte, machte besonders verheerende Einfälle in Korsika und Sardinien und verwüstete auch die Küsten von Pisa und Genua. Die Ufer von Languedoc und

Provence wurden jahrhundertelang noch von wilden
Kriegszügen der Sarazenen heimgesucht. Die Stadt
Maguelone, unfern des heutigen Montpellier, war zwar
längst in Trümmer gesunken, allein ihr Hafen wurde
so oft von den Ungläubigen befehdet, daß er den Namen
Port Sarazin empfing. Auch die Stadt Hyéres, sowie
die weniger bekannte Le Martigues, sollen noch Reste
alter sarazenischer Gebäude enthalten. Im 11. Jahrhundert jedoch wurden die Einfälle der Ungläubigen in
Frankreich immer seltener. In dieser Zeit fand ihre Vertreibung aus Unteritalien durch die Normannen statt*).
Ferner bemächtigten sich die kleinen christlichen Herrscher
Nordspaniens nach und nach der Städte Toledo, Cordova,
Sevilla und andrer. Daß die mohammedanischen Bewohner Andalusiens, nachdem ihre ersten glänzenden
Siegeszüge durch einen beträchtlichen Teil Europas vorüber
waren, erkannten, wie es weiser sei, sich auf ein kleineres
Territorium im Abendlande zu beschränken, geht aus
folgendem Faktum hervor. In der Stadt Narbonne
ward eine Statue errichtet, welche die Hand erhoben
hielt, und an deren Fuße sich die Inschrift befand:
„O Söhne des Islam, wagt euch nicht weiter vor; kehrt
vielmehr um, sonst werdet ihr ausgerottet werden!"

Im südlichen Teil der spanischen Halbinsel dauerte
bekanntlich die Herrschaft der Araber noch mehrere Jahrhunderte fort, bis derselben durch Ferdinand und Isa-

*) S. mein Werk „Die Normannen in Sizilien."

bella ein Ende gemacht und die Söhne Jsmaels, wofern sie sich nicht der Taufe bequemen wollten, gezwungen wurden, die Heimat zu verlassen. In Andalusien sind noch glänzende Denkmale der arabischen Herrschaft zurück= geblieben. Allein die Erinnerung, daß die Moslimen einst auch einen beträchtlichen Teil von Frankreich, Sa= voyen und der Schweiz inne gehabt, ist nahezu er= loschen, und kaum irgend ein Rest von Bauwerken zeugt von ihrer Anwesenheit in diesen Gegenden. Nur einzelne arabische Ausdrücke, welche sich im Französischen wie Italienischen erhalten haben, sowie manche Ortsnamen geben Kunde von dem früheren Aufenthalt des orien= talischen Volkes daselbst. Aber wenn dessen Name in der Geschichte auch nahezu vergessen ist, so dauert er desto glänzender in der Dichtkunst fort. Sie hat die rohen Horden — denn das waren die Sarazenen, welche jene Gegenden verwüsteten — mit einem blendenden Lichtglanz verklärt; und während die Erinnerung an jene wilden Wüstensöhne, die wirklich gelebt, bis auf wenige Namen erloschen ist, wird der Ruhm der Sacrapant, der Medor und Agramant, welche nie dagewesen, in den Gesängen des Bojardo, Pulci und Ariost bis an das Ende der Zeiten fortwähren.